亓建芸　赵可云 著

乡村教育数字化转型的
机理与发展路径探索

清华大学出版社
北京

内 容 简 介

本书系统阐述了乡村教育数字化转型的内涵,并对乡村教育数字化转型的现状、影响因素进行了分析,基于多元主体视角提出了乡村教育数字化转型的总体策略,并从实践视角提出了乡村教育数字化转型的具体路径,介绍了区域乡村教育数字化与个案乡村学校教育数字化转型的案例,以期为乡村教育数字化转型提供借鉴。

本书面向的对象为教育数字化领域的研究人员,也可供从事教育数字化管理工作的相关人员参考。

图书在版编目(CIP)数据

乡村教育数字化转型的机理与发展路径探索 / 亓建芸,赵可云著.

北京 :清华大学出版社,2025.9. -- ISBN 978-7-302-70345-7

Ⅰ. G725-39

中国国家版本馆 CIP 数据核字第 2025HJ7767 号

责任编辑:聂军来
封面设计:常雪影
责任校对:袁 芳
责任印制:沈 露

出版发行:清华大学出版社
  网 址:https://www.tup.com.cn,https://www.wqxuetang.com
  地 址:北京清华大学学研大厦 A 座 邮 编:100084
  社 总 机:010-83470000 邮 购:010-62786544
  投稿与读者服务:010-62776969,c-service@tup.tsinghua.edu.cn
  质量反馈:010-62772015,zhiliang@tup.tsinghua.edu.cn
  课件下载:https://www.tup.com.cn,010-83470410
印 装 者:三河市人民印务有限公司
经 销:全国新华书店
开 本:185mm×260mm 印 张:12.5 字 数:288 千字
版 次:2025 年 9 月第 1 版 印 次:2025 年 9 月第 1 次印刷
定 价:59.00 元

产品编号:111228-01

前　　言

随着全球数字化浪潮的推进,数字化转型已成为国家发展的重要战略。我国在数字经济、数字社会和数字政府建设方面取得了显著进展,教育领域作为社会发展的核心组成部分,也面临着数字化转型的迫切需求。乡村教育作为我国教育体系的薄弱环节,其数字化转型尤为重要。2024 年 5 月,中央网信办等四部门印发《2024 数字乡村发展工作要点》,强调"深化乡村数字普惠服务,着力提升乡村教育数字化水平"。乡村教育数字化转型不仅是数字技术赋能农村教育高质量发展的必然选择,也是缩小城乡教育差距、促进教育公平、助力乡村振兴的重要途径。当前,我国乡村教育数字化转型面临基础设施不足、教师数字化素养待提升、以学生为中心的数字驱动学习模式尚未形成等困境。为此,乡村教育亟须插上数字化之"翼",通过全方位、全要素的转型,推动城乡教育一体化发展,赋能教师专业成长,培养具有数字化思维的新时代人才。

乡村教育的数字化转型是数字技术赋能农村教育高质量发展的必然选择,具有促进城乡教育一体化发展、赋能教师专业发展、培养数字化思维人才等重要价值。本书旨在探索乡村教育数字化转型的机理与发展路径,为乡村教育数字化转型提供可借鉴的思路。

本书共七章。第一章对乡村教育数字化转型的概念、内涵及其价值进行了系统阐述,为后续研究奠定了理论基础。第二章构建了乡村教育数字化影响因素关联模型,提出了数字技术、学校组织和政策环境三个维度的关键影响因素。第三章详细介绍了乡村教育数字化影响因素问卷的设计与调查实施。第四章通过模型验证与分析,探讨了各维度影响因素对乡村教育数字化的作用机制。第五章通过质性研究,对乡村教育数字化发展的个案进行了深入剖析。第六章提出了乡村教育数字化发展的路径探索,为实践提供具体指导。第七章通过区域和学校的实践案例,展示了乡村教育数字化转型的成功经验。

本书由曲阜师范大学的亓建芸、赵可云整体统筹规划并主持编写。曲阜师范大学的研究生刘西静、高静怡、张秀秀、刘瑞、孙科宇、梁凤儒、张乐康、杨雨、辛泽群、宋梓赫、商慧波、崔妍等为了素材收集与数据分析做了大量工作。特别致谢青州电教馆马世国主任与寿光市弥水未来学校张乐文老师为区域乡村与个案学校教育数字化转型提供了很好的案例。本书为山东省哲学社会科学规划项目"山东省乡村教育数字化转型的影响因素及实现路径研究"(项目编号:24CJYJ19)研究成果,获得山东省泰山学者青年专家项目资助(项目编号:tsqn202211130)。

本书通过对乡村教育数字化转型的机理进行深入分析,可为相关政策制定者、教育管理者和研究者提供理论依据和实践参考。最后,我们要感谢所有为本书提供支持和帮助的机构和个人,感谢参与问卷调查和案例研究的乡村学校师生们,他们实践层面的体验为研究提供了宝贵的素材。本书中引用、借鉴了诸多同行的文章和案例(在参考文献和书稿中已注明),再次表示衷心的感谢;如有遗漏,恳请谅解。限于研究者水平,书中难免存在疏漏和不足之处,恳请各位专家、同行及广大读者批评、指正。

作　者

2025 年 3 月

目　　录

第一章　乡村教育数字化转型概述

在数字化浪潮席卷全球的今天,教育领域正经历着前所未有的变革。乡村教育作为国家教育体系的重要组成部分,其数字化转型既是教育现代化发展的必然方向,也是推动教育均衡发展、助力乡村全面振兴的重要路径。本章将深入探讨乡村教育数字化转型的内涵、意义及其在不同领域的具体实践,从全面、系统的视角阐述乡村教育数字化转型的重要性和紧迫性。

第一节　数字化转型的概念界定和内容分析

一、数字化转型的概念界定

数字化转型(digital transformation)概念最早出现于 20 世纪末,在 2004 年司杜特曼(E. Stolterman)和福斯(A. C. Fors)推断数字化转型将对社会生活带来巨大变革,这为数字化转型有关理论内涵和实践研究提供了参考[①]。概念最初起源于出版行业对其产品数字化的需求,随着技术的快速发展和企业对组织结构与业务流程变革的需求,越来越多学者对企业数字化转型进行研究。2020 年美国高等教育技术协会(EDUCAUSE)提出数字化转型即在文化、劳动力和技术方面发生的一系列深刻且协调的变革,可以创新现有教育和运营模式,转变机构的运营策略、战略方向和价值主张[②]。这一概念拓宽了数字化转型的适用范围,推动了众多领域的变革与转型,自此数字化转型相关研究越发丰富。

虽然目前对数字化转型概念还未达成共识,但有学者根据现有描述将其概念归纳为以下两类[③]。第一类观点是将其视为一种策略和手段,如巴拉德瓦志(A. Bharadwaj)等认为数字化转型是为创造差异化价值而利用数字资源制定和执行的组织战略[④]。韦斯特曼(Westerman G)等认为数字化转型即使用技术从根本上提高企业的绩效或影响力[⑤]。恩旺帕(Nwankpa)和鲁马尼(Roumani)认为数字化转型是以数字技术为基础所驱动和构建

---

① Stolterman E,Fors A C. Information Technology and the Good Life[A]. Kaplan B,et al. Information Systems Research Relevant Theory and Informed Practice[C]. Boston:Springer,2004:687-692.

② Driving Digital Transformation in Higher Education[EB/OL]. [2024-11-24]. https://er. educause. edu/-/media/files/library/2020/6/dx2020. pdf? la=en&hash=28FB8C377B59AFB1855C225BBA8E3CFBB0A271DA.

③ 祝智庭,胡姣. 教育数字化转型的本质探析与研究展望[J]. 中国电化教育,2022(4):1-8,25.

④ Bharadwaj A,El Sawy O A,Pavlou P A,et al. Digital Business Strategy:Toward a next Generation of Insights[J]. MIS Quarterly,2013,37(2):471-482.

⑤ Westerman G,Calméjane C,Bonnet D,et al. Digital transformation:a roadmap for billion-dollar organizations. In:MIT Center for Digital Business and Capgemini Consulting,2011:1-68.

的变革和转型①。第二类观点是将其看作是一种过程或模式。如德米尔坎(Demirkan)等人认为数字化转型是指对业务活动、流程、能力和模式进行深刻且加速的转型,以战略性和优先性的方式充分利用数字技术带来的变化和机遇及其对社会的影响②。Warner 和Wäger 认为数字化转型是持续地利用数字技术的先进性构建新的商业模式、协作方式和文化战略以更新过程③。格雷戈里(Gregory Vial)提出数字化转型是一个旨在通过信息、计算、通信和连接技术的组合触发其属性的重大变化来改进实体的过程④。

综上所述,本书对数字化转型的定义如下:数字化转型是以数据要素为基础,运用数字技术和数字化思维,通过计算赋能提升认知水平,进而推动社会系统的流程重塑、结构优化和整体升级的过程⑤。

二、数字化转型的发展阶段

数字化转型是一个多路径、多阶段的动态发展过程,其特征会随着不同发展阶段的变化而呈现出显著差异。国际上一些国家对其发展阶段的划分存在差异,如在 2012 年美国正式将数字化转型提升到国家层面,主要经历信息化阶段、制造业数字化阶段和数字化转型阶段⑥;德国以"工业 4.0"为核心对制造业进行组织结构和生产流程变革,孔翰宁将德国数字化转型阶段分为数字制造工业 4.0 阶段、数字服务化智能阶段、完全数字化转型自制系统阶段⑦;英国积极开展"政府和行业互动"加强数字化转型基础设施的建设,经过了去工业化阶段、工业数字化阶段以及数字化转型阶段⑧;日本以信息化创新技术为核心推动民营企业进行数字化转型并建立专门的数字化转型政府部门,蓝庆新等将其分为信息数字化阶段、智能数字化阶段与全社会数字化转型阶段。而我国工信部根据信息技术发展程度将我国数字化转型分为三阶段:信息化阶段(information digitization)、业务数字化阶段(business digitization)、数字化转型阶段(digital transformation)。具体体现为:1956—2003 年的信息化阶段是我国信息技术发展处于萌芽期,主要靠政府出台的政策驱动商业模式的革新,表现为利用信息技术提供基本的技术支持和技术保障以带动工业化;2003—2016 年的业务数字化阶段是运用数字孪生进行产业优化阶段,主要靠国家战略指导与迭代升级信息化创新技术为消费者提供更优质的营销服务,工业发展处于工业信息化为核心的转型阶段,信息技术应用于运行流程的简化和组织结构的优化;2016 年以后

① Nwankpa J K,Roumani Y. IT Capability and Digital Transformation:A Firm Performance Perspective[C]// International Conference of Information Systems. Dublin,Ireland,2016.

② H Demirkan,J C Spohrer,J J Welser. Digital innovation and strategic transformation[J]. IT Professional,2016,18(6):14-18.

③ Warner K S,Wäger M. Building dynamic capabilities for digital transformation:An Ongoing Process of Strategic Renewal[J]. Long Range Planning,2019,52(3):326-349.

④ Vial G. Understanding digital transformation:A review and a research agenda[J]. The Journal of Strategic Information Systems,2019(28):118-144.

⑤ 程莉莉.教育数字化转型的内涵特征、基本原理和政策要素[J].电化教育研究,2023(4):53-56,71.

⑥ Foster C,Azmeh S. Latecomer economies and national digital policy:an industrial policy perspective[J]. The journal of development studies,2020,56(7):1247-1262.

⑦ 陈堂,陈光,陈鹏羽.中国数字化转型:发展历程、运行机制与展望[J].中国科技论坛,2022(1):139-149.

⑧ 蓝庆新,彭一然.日本"数字新政"战略动机与发展特征[J].人民论坛,2020(25):128-131.

我国为适应国内外环境变化正式进入数字化转型阶段,这是政府政策、技术驱动、行业发展三方共同造就的结果,处于工业智能化为核心的转型阶段,企业对信息技术的进一步发展有着迫切要求,这倒逼数字化转型生态系统的生成。总体而言,各国数字化转型的发展都离不开内部环境与外部环境的推动。

各国的阶段划分不同,不同的学者对数字化转型阶段观点也不同,如 Verhoef 等将其分为三个阶段:数据化阶段(digitization),即进行模拟信息转换为数字信息的操作;数字化阶段(digitalization),即通过业务流程再造提高生产效率,增强客户体验;数字化转型阶段(digital transformation),即重新配置资产以开发新的商业模式[1]。除此之外,Soluk等将其分为流程数字化、产品和服务数字化、商业模式数字化三个阶段[2]。陈沛等将其分为电子化、信息化、智能化三个阶段[3];武常岐等将其分为试点期、拓展期、整合期[4]三个阶段;马永开等将其分为运营效率提升阶段、新产品/服务提供阶段及结果经济阶段[5];安筱鹏将其分成 IT 化阶段、在线化阶段、云端化阶段、双轮驱动阶段、全链路数智化阶段[6]。通过对已有研究的梳理可以发现:首先,尽管不同研究对数字化转型的阶段划分存在差异,但普遍认为数字化转型是一个从局部到整体、从简单到复杂的动态过程;其次,部分研究基于数字技术在组织中的嵌入程度划分阶段,如从数据化阶段逐步过渡到数字化转型阶段;再次,也有研究从转型效果及其后续影响的角度划分阶段,如流程数字化、产品和服务数字化、商业模式数字化等;最后,还有研究根据不同阶段所需资源投入及转型程度的差异进行划分,如试点期、拓展期和整合期。

三、数字化转型的研究内容

(一)数字化转型的驱动因素

数字化转型的驱动因素是在企业、组织或行业迈向数字化的进程中,通过复杂作用机制发挥效能的关键力量。从内部来看,企业、组织或行业自身的战略规划调整、组织架构变革以及员工数字化素养提升为转型筑牢根基;外部层面,快速更迭的技术浪潮、不断变化的市场需求以及国家政策的大力扶持构成强大的外部推力。这些因素相互交织、协同作用,以直接或间接的方式重塑其运营模式、组织架构与业务流程,成为影响企业、组织或行业生态整体性演变效果的核心动力因素,助力其在数字时代实现突破发展。数字化转型是一个受多重因素联合作用的复杂过程,不仅要考虑单一因素的"净效应",更应考虑多个因素的联动影响[7]。

① Verhoef P C,Broekhuizen T,Bart Y,et al. Digital Transformation:A Multidisciplinary Reflection and Research Agenda[J]. Journal of Business Research,2021,36(3):341-349.

② Soluk J,Kammerlander N. Digital Transformation in Family-owned Mittelstand Firms:A Dynamic Capabilities Perspective[J]. European Journal of Information Systems,2021,30(6):676-711.

③ 陈沛,彭昭朕,孙健.企业数字化转型路径及实践[J].管理会计研究,2019,1:73-81,88.

④ 武常岐.准确把握传统企业数字化转型的阶段性特征[J].国家治理,2022,4:62-64.

⑤ 马永开,李仕明,潘景铭.工业互联网之价值共创模式[J].管理世界,2020,8:211-222.

⑥ 安筱鹏."新基建"将支撑新一轮产业变革[J].信息化建设,2020,3:32-35.

⑦ 许秋璇,吴永和.教育数字化转型的驱动因素与逻辑框架——创新生态系统理论视角[J].现代远程教育研究,2023,35(2):31-39.

从数字化转型的相关研究成果可以看出,外部环境变化、国家政策、基础设施建设以及数字技术,都构成数字化转型的关键驱动因素。在外部环境层面,如今外部环境的不稳定性、不确定性、复杂性、模糊性等特征日益凸显,许多企业、组织或者行业选择借助数字技术来应对环境冲击,并实现增长和发展壮大。与此同时,"双循环"新发展格局、实现"碳达峰、碳中和"的战略目标和营商环境的改善也为企业、组织或行业数字化转型提供了重要的战略机遇,越来越多的企业、组织或行业试图借助数字化转型实现高质量发展。在国家政策层面,数字化转型离不开政府的引导和支持,党的十八大以来国家相继提出"创新驱动发展""建设数字中国""建设教育强国"等战略,为各行各业数字化转型提供了思想引领。例如,《教育信息化2.0行动计划》《中国教育现代化2035》《"十四五"数字经济发展规划》等政策文件,为教育数字化转型提供了顶层设计支持。在基础设施建设层面,基础设施建设是推动企业、组织或行业数字化转型的基础保障,新型基础设施建设、交通基础设施建设、智慧城市建设、国家大数据综合试验区以及"宽带中国"等基础设施建设能够为企业数字化转型提供基础条件支持。在数据层面,随着新一代数字技术在教育领域应用的逐渐成熟,数据要素有机融入企业、组织或行业系统结构,将驱动企业、组织或行业从网络、平台、资源、服务等方面对系统结构进行重组与再造,支持企业、组织或行业全方位升级和创新发展。

（二）数字化转型特征

数字化转型是工业革命进程中极为关键的新发展阶段。机械化让生产摆脱人力局限,实现大规模制造;电气化带来动力变革,促使生产效率大幅提升;信息化打破信息壁垒,实现信息快速流通在经历了机械化、电气化、信息化之后,数字化转型应运而生。数字化转型是综合运用数字技术和数字化思维,以数据要素为核心,通过计算赋能提升认知能力,进而推动社会系统的流程重塑、结构优化和整体升级的过程[①]。其特征可以概括为:技术驱动、数据驱动、组织形式变革。

1. 技术驱动

在数字化转型的浪潮中,技术驱动是至关重要的特征。随着科技的飞速发展,技术进步不断推动技术架构升级。移动互联网实现了信息的即时传输,让人们随时随地获取资讯;云计算提供便捷的计算与存储资源,企业不需要大量硬件投入。大数据能深度挖掘海量数据,为决策提供精准依据;人工智能实现智能化分析与决策。这些新一代信息技术相互融合,促使教育信息化技术体系从传统架构迈向云端与人工智能物联网结合的新模式,为企业和组织提供强大技术支持。例如,在物流行业优化配送流程,实现智能调度;在电商领域创新推荐系统,助力产品精准营销,全方位推动数字化转型。

2. 数据驱动

在数字化转型进程中,数据驱动是极为关键的一环。数据作为新兴的生产要素,堪称企业数字化转型的核心资源。企业、组织或行业持续收集并更新各业务环节数据,就像在

---

① 程莉莉.教育数字化转型的内涵特征、基本原理和政策要素[J].电化教育研究,2023,44(4):53-56,71.

生产环节,通过对设备运行数据的分析,能提前察觉潜在故障隐患,及时维护以保障生产连续性;在销售环节,借助客户购买数据,可精准定位客户需求,制定营销策略。然而,当下多数企业、组织和行业尚未充分重视数据要素。不少企业仅仅进行基本的数据收集、统计和比较,在研发、生产到产品销售的整个链路中,未能有效挖掘、分析和转换数据,这就导致大量有价值的数据被闲置和浪费,无法充分发挥其推动业务增长、提升客户价值的全部潜力。

3. 组织形式变革

在数字化转型的大趋势下,组织形式变革成为关键特征。依托数字化、网络化、智能化的新基建,企业、组织乃至行业的组织结构正经历着翻天覆地的变化。以教育领域的智慧课堂为例,它是技术发展与课堂教学深度融合的成果。借助人工智能、大数据等前沿技术,智慧课堂为师生打造出一个智能且高效的学习环境。教师可以利用大数据分析、了解每个学生的学习进度和知识掌握情况,从而实现个性化教学。智能设备的引入,让课堂互动更加多样,比如使用抢答器、在线投票等方式,可极大地激发学生的学习积极性。这种深度整合数字技术与教学实践的模式,不仅推动了教学系统结构从传统的教师主导转变为师生互动的新模式,还催生出如项目式学习、翻转课堂等创新型教学模式,全面提升教学质量与效果。

（三）数字化转型的测度方式

数字化转型的测度方式指的是运用特定的方法和指标体系,对企业或组织在数字化技术应用、数据价值挖掘、组织变革以及业务创新等方面的进展和成效进行量化评估的手段。通过测度数字化转型可帮助企业和组织评估现状与进展、优化资源配置、支持决策制定、提升竞争力、促进持续改进以及增强风险管控,为其在数字化时代的发展提供多方面的重要价值。在当前数字化转型领域的定量实证研究中,学者们主要采用了文本分析法、财务指标法和量表评价法对企业数字化转型的水平进行测度[1]。

在探讨国内数字化转型研究中,文本分析法的运用普遍且关键,其主要分析对象为上市公司的各类公告。采用文本分析法测度数字化转型具有数据来源多样、定性定量结合、能挖掘潜在信息、灵活适应强、相对非侵入且成本低等优点,但也存在有一定的主观性、对文本质量要求高、处理大规模文本难度大的局限。采用文本分析法测度数字化转型的研究通常认为,上市公司在数字化转型过程中有动机披露数字化转型状况这一积极信号,所以可以通过分析上市公司各项公告的内容了解上市公司的数字化转型情况[2]。

财务指标法测度数字化转型同样在当前数字化转型的研究中较为常见,其核心做法是选取上市公司年报中与数字化转型相关的资本性支出作为关键衡量指标。财务指标法测度数字化转型具有以直观量化数据为基础、能反映转型成果对财务状况的影响、可进行横向纵向对比、数据获取相对规范可靠等优点,但也存在滞后性、难以体现转型过程细节

①　冯熹宇,吕文栋,赵耀.热点之下的冷思考:数字化转型测度的困境与发展[J].科学决策,2024(5):1-16.
②　何帆,刘红霞.数字经济视角下实体企业数字化变革的业绩提升效应评估[J].改革,2019(4):137-148.

和非财务影响等局限。例如,祁怀锦等[①]将财务报告附注中披露的年末无形资产明细项中包括数字化关键词的无形资产明细项视作与数字化相关的无形资产,并以这类资产的总值占无形资产总额的比例度量企业数字化程度。

量表评价法测度数字化转型也在部分研究中被采用。许多学者根据研究的需要从不同角度开发了数字化转型的量表。量表评价法测度数字化转型,具有针对性强,能围绕特定维度设计精准测量指标,操作简便且标准化程度高,便于数据收集与比较,但同时可能存在量表设计主观性、对复杂转型情境适应性欠佳以及难以捕捉突发变化等局限。其中,部分学者是基于数字化转型的技术视角开发量表。李辽辽[②]等,从"底层技术运用"和"技术实践应用"两个层面开发量表,综合度量企业数字化转型的水平。通过设计合理的量表,研究者或企业可以有效收集和分析数据,从而做出更明智的决策。

文本分析法、财务指标法和量表评价法在数字化转型水平测度中发挥着重要作用,三者相互补充,能从不同角度对数字化转型进行相对全面的评估,涵盖战略规划、经济绩效、关键维度等多方面内容,为企业和研究人员提供较为综合的分析视角。尽管这三种方法已被广泛应用,在一定程度上实现了对数字化转型的有效测度,但它们也仍存在固有局限,无法完全满足数字化转型快速发展和日益复杂的需求。随着技术的不断革新与研究的深入,未来有望开发出更具创新性、适应性和准确性的测度方式,从而更好地契合数字化转型的动态变化,推动相关理论与实践的进一步发展。

(四)数字化转型的困境

数字化转型作为企业现代化进程的核心命题,在实践中展露出理想图景与现实演进间的明显断层。这场变革并非技术工具的简单叠加,而是涉及战略认知、组织惯性与价值链条的全方位重构。技术层面的快速迭代与既有系统的兼容困境、数据驱动逻辑与传统管理模式的认知冲突、短期成本沉没与长期价值兑现的平衡难题,共同构成了转型的复合性挑战。尽管不同行业受制于特定产业属性和生态位差异,但都在普遍面临着技术应用与制度滞后的错位、局部优化与全局重塑的割裂、颠覆性创新与渐进式改良的路径博弈等共性矛盾。这些困境揭示出数字化转型的本质矛盾:它既是技术赋能的效率革命,也是对组织基因与商业逻辑的深度解构。唯有正视转型过程中必然经历的认知颠覆与利益重组,才能跨越从概念共识到价值落地的实践鸿沟。

企业的数字化转型正在加速演进,但和企业开展数字化转型如火如荼的形势形成鲜明对照的是数字化转型极低的成功率[③]。研究报告统计显示,汽车和制药等传统行业数字化转型成功率仅为 $4\%\sim11\%$,其他行业企业数字化转型的成功率不到 26%。从数字化转型的相关研究成果可以看出,其困境主要为以下几个方面:数据隐私安全与收集层面,主要包括数据隐私安全和隐私保护问题,以及数据收集的局限性;组织架构与人力资

① 祁怀锦,曹修琴,刘艳霞.数字经济对公司治理的影响——基于信息不对称和管理者非理性行为视角[J].改革,2020(4):50-64

② 李辽辽,张亚莉,杨朝君.数字化转型、组织韧性与企业可持续发展——双元学习视角[J].软科学,2024,38(10):69-76.

③ 张继德,张家轩,刘洁,等.企业数字化转型的现实困境、成因和应对研究[J].会计研究,2024(7):13-25.

源配置层面,主要包括组织结构固化和人力资源配置不当等问题。

1.　数据隐私安全与收集困境

新质生产力赋能背景下,数据既是信息的载体,也是企业决策和运营优化的关键要素[①]。

(1)数据安全与隐私保护。在数字化转型过程中,企业因其项目特性在用户数据管理中多涉及大量个人定位、健康信息等敏感数据,数据泄露的风险大大增加。中小型企业通常在供应链数据、消费者数据安全与隐私方面保护措施不足,存在安全漏洞与无序化风险[②]。

(2)数据收集的局限性。企业涉及的环节众多,数据类型多样,采集难度因工件、测量能力等限制而异。许多企业在数字化转型中依赖统一的平台进行数据建模,但这些平台只能进行逻辑建模,而不能进行物理建模,导致实体间的约束关系只能通过应用来限制,容易造成数据混乱。忽视数据安全与隐私保护会导致企业面临数据泄露、法律风险、声誉受损、客户流失等问题,个人则可能遭遇信息被滥用、财产受损甚至人身安全受威胁等情况,这些都会影响行业信任环境和数字经济的健康发展。

2.　组织架构与人力资源配置不当

企业、组织或行业面临产品创新周期短、市场变化快等挑战,其企业系统需要具备良好的灵活性与扩展性,以实现资源的有效配置。

(1)组织结构固化。许多企业的传统组织结构层级过多,决策流程缓慢,难以适应数字化转型的快速变化需求。这种结构上的僵化限制了企业的灵活性和响应市场的能力。

(2)人力资源配置不当。企业在数字化转型中需要跨学科的人才,包括数据科学家、人工智能专家、用户体验设计师等,往往这些人才在传统企业中较为缺乏,或者现有的人才结构无法满足新的需求。同时现有员工可能缺乏必要的数字技能,如数据分析、云计算和网络安全等,这限制了企业在数字化转型中的能力。同时,企业在培训和发展员工新技能方面的投入可能不足。

（五）建设数字政府的困境

建设数字政府是推进治理现代化的关键枢纽,通过数据贯通与流程再造实现政府治理全要素重构,为数字化转型提供制度性支撑与范式创新基础。我国数字政府建设面临一系列困境,这不仅会阻碍政府数字化进程的推进,还可能增加实现国家治理体系和治理能力现代化的成本。当下数字政府建设面临的现实困境主要包括:①组织瓶颈:体制机制不畅;②制度瓶颈:法律固化藩篱;③数据瓶颈:联通应用不足;④合作瓶颈:政企权责不清;⑤能力瓶颈:数字素养不足[③]。

1.　组织瓶颈:体制机制不畅

顺畅的组织机制是数字政府高效运转的"骨架",直接影响资源调配和整体创新的能

---

①　崔倩如,张小林,李元.我国户外运动用品企业数字化转型的国际经验借鉴、现实困境与推进路径[J].武汉体育学院学报,2024,58(6):49-56.

②　李勇坚.中小企业数字化转型:理论逻辑、现实困境和国际经验[J].人民论坛·学术前沿,2022(18):37-51.

③　王伟玲.加快实施数字政府战略:现实困境与破解路径[J].电子政务,2019(12):86-94.

力。当前主要存在两个关键问题：一是部门职责不明确，技术升级和业务改革"谁牵头、谁负责"存在模糊地带，容易出现互相推诿或重复劳动的现象；二是部门协作缺乏具体规范，数据共享和流程的改造常因"各管一摊"的状况而受阻，例如审批系统升级时，部门间仍守着各自的数据"小仓库"，跨部门协作常遇"梗阻"[①]。这反映了传统"上下级垂直管理"模式与数字化时代"跨部门网状协作"需求间的不匹配的矛盾。

2. 制度瓶颈：法律固化藩篱

健全的制度体系是数字政府规范运行的基石，能为技术应用与治理创新提供合法性保障与稳定预期。当前制度层面主要面临三重挑战：一是现有规章制度与数字化治理需求适配不足，部分审批流程仍嵌套冗余环节，难以释放技术赋能的效率空间；二是电子文件效力认定、在线业务规则等新型治理场景与传统制度存在衔接断层，跨系统互认缺乏统一标准；三是数据开放共享的权责边界与操作规范尚未明晰，政务数据流动面临"不敢放、不会用"的双重困局。这些制度性障碍既显现了法律更新的滞后性，也凸显了治理规则与数字实践间的结构性矛盾。

3. 数据瓶颈：联通应用不足

数据高效联通是数字政府智慧治理的基础命脉，决定着公共服务精准化与社会治理颗粒度的实现水平。当前数据流动梗阻点集中于两大层面：一是数据资源分布呈现结构性失衡，政务数据与社会数据长期滞留于政府部门及少数科技企业的封闭生态，多元主体间的共享通道尚未贯通[②]；二是公共数据开放停留在浅层阶段，数据质量参差不齐、更新机制缺失、应用场景模糊等问题并存，难以支撑市场化开发与创新性应用。这种数据价值链的断裂，既源于权属界定与收益分配机制的模糊性，也暴露了数据要素市场化配置规范性框架的滞后。

4. 合作瓶颈：政企权责不清

清晰的政企权责划分是数字政府建设健康发展的基础，直接影响公共服务质量与市场参与效率。当前合作困境的根源在于两方面矛盾：一是公共利益目标与企业商业诉求存在本质差异，容易导致公共项目过度商业化或市场创新动力不足[③]；二是双方合作中关键责任的界定缺乏明确规则，在技术开发、数据管理、风险分担等环节常出现责任推诿或权责重叠。这种模糊性既削弱了数字治理的实际效果，也可能引发公共资源流失或市场垄断等衍生问题。

5. 能力瓶颈：数字素养不足

数字素养的培育是政府实现数字化发展的必要条件，关乎技术工具的有效落地与公共服务的普惠覆盖。当前数字应用能力建设面临双重挑战：一是政府部门复合型数字人才储备与转型需求存在差距，技术应用与治理创新间尚未形成有效衔接；二是数字化服

① 于孟嘉.数字政府建设的价值、困境与出路[J].改革，2021(4)：136-145.
② 赵淼，鲍静，刘银喜.从赋能到包容：数字政府建设非均衡困境生成机制及化解路径[J].中国行政管理，2022(12)：41-48.
③ 朱玲.我国数字政府治理的现实困境与突破路径[J].人民论坛，2019(32)：72-73.

务在推广过程中仍需弥合群体差异,老年人群、基层劳动者等因技术使用习惯或资源限制,尚未充分享受数字化改革的福利。这种数字应用能力发展的不均衡现象,既提示着数字治理体系需增强适应性,也呼唤更具创新的技术赋能路径。

第二节 教育数字化转型的内涵及理论阐释

一、教育数字化转型的概念界定

随着信息技术的迅猛发展及其在各行各业的广泛渗透与深入应用,教育领域正经历着一场深刻的变革——数字化转型正以前所未有的速度持续加速推进。当前国内不同学者对于教育数字化转型的理解可大致分为以下三类。

第一类是将教育数字化转型视为进行教育革命的重要手段,如祝智庭[①]等人认为,教育数字化转型是将数字技术融入教育各层面,推动全方位创新变革,从供给驱动转向需求驱动,实现教育优质公平与终身学习支持,构建开放、适应、灵活、永续的教育生态。赵建波[②]认为,思想政治教育的精髓在于数字技术驱动的育人模式创新,实现全链条深度数字化变革,塑造高效智能的育人新形态。

第二类是将教育数字化转型视为改革传统教学的路径与策略。如程莉莉[③]认为教育数字化转型是教育领域适应数字社会发展、推动新时代教育改革创新的重要战略,是数字化转型在教育领域的落地和实践,是推动教育形态从传统教育走向数字教育的路径和策略。

第三类是将教育数字化转型视为教育变革创新的过程。如袁振国[④]等认为,教育数字化转型可以理解为在5G环境下,以互联网、物联网为载体,以数据资源为关键要素,数字技术与教育要素深度融合,推动教育变革创新的过程。钟志贤等[⑤]认为教育数字化转型是在价值需求导向和战略愿景引领下,利用数字技术驱动和新型能力赋能,创建适应数字文化的理想教育模式的过程。陈丽[⑥]等认为,教育数字化转型是以互联网为核心的颠覆性技术促进教育全要素、全流程、全领域的创新与变革过程,是教育信息化发展的创新阶段。

综上所述,本书将教育数字化转型理解为:教育数字化转型是指在信息技术飞速发展的背景下,以数字技术为支撑,将其深度融入教育的各个层面、要素、流程和领域,推动教育全方位创新变革,实现从传统教育形态向数字教育形态转变的过程。在此过程中,以数据资源为关键要素,通过数字技术与教育要素的深度融合,实现教育从供给驱动转向需

---

① 祝智庭,胡姣.教育数字化转型的理论框架[J].中国教育学刊,2022(4):41-49.
② 赵建波.思想政治教育数字化转型的内涵要义、现实挑战及实践策略[J].思想理论教育,2023(3):85-90.
③ 程莉莉.教育数字化转型的内涵特征、基本原理和政策要素[J].电化教育研究,2023,44(4):53-56,71.
④ 袁振国.教育数字化转型:转什么,怎么转[J].华东师范大学学报(教育科学版),2023,41(3):1-11.
⑤ 钟志贤,卢洪艳,张义,等.教育数字化转型成熟度模型研究——基于国内外文献的系统性分析[J].电化教育研究,2023,44(6):29-37.
⑥ 陈丽,张文梅,郑勤华.教育数字化转型的历史方位与推进策略[J].中国电化教育,2023(9):1-8,17.

求驱动,从而达成教育优质公平与终身学习支持,构建开放、适应、灵活、永续的教育生态,这是教育信息化发展的创新阶段,也是利用数字技术驱动和新型能力赋能,创建适应数字文化的理想教育模式的持续发展过程。

二、教育数字化转型的相关理论

(一)学习科学理论

学习科学理论是研究学习的本质、过程和条件的科学。它关注真实课堂中学生的学习,强调教学需遵循学生身心发展、已有经验、认知规律和认知水平,注重学生学习体验和学习方法,开发有实证依据的教学策略。20世纪80年代前后,一些在传统认知科学领域颇有建树的科学家开始基于真实的学习情境来研究学习,这标志着学习科学研究的初步形成。1991年,英文期刊《学习科学》的正式发行和第一届学习科学国际会议在美国西北大学的召开,标志着现代意义上的学习科学正式形成。自1996年开始,学习科学研究逐渐步入正轨,进入了蓬勃发展的快车道。该时期的学习科学开始从心理学的其他方向以及其他学科领域(如人类学、工程学等)吸纳新的理论和研究方法,如情境认知、建构主义、社会文化理论等,这些理论为学习科学研究提供了新的视角和方法。2007年以来,学习科学迎来了探索升级的崭新发展期。日趋成熟的脑成像技术推动了认知科学向前迈进,基于脑认知机制的教育实践研究开始引起国际社会的关注。同时,基于认知神经结构的学习科学研究渐渐兴起,为人们更深入地思考如何更加科学地促进人类有效学习提供了新的视角。

在教育数字化转型中,学习科学强调以学生为中心,注重学习的个性化、情境化和协作性。这直接影响了教育数字化转型中对学习环境、学习资源和学习方式的重构。通过数字化手段,可以为学生提供更加丰富多样的学习内容和方式,同时实现学习资源的共享和协作,从而提高学习效果。学习科学理论认为数字化转型是增强教育系统韧性的有效思路与取向。教育系统可应用技术调整教学结构和服务方式,有效应对外部干扰、抵御外部冲击,实现教育可持续发展。学习科学理论可以帮助教师更加科学地设计教学活动,优化教学效果;促进资源共享和协作,缩小城乡教育差距;增强学习互动性和情境性,提升学生的学习兴趣和主动性;支持自主学习和终身学习能力的培养,以及推动教育创新和教育公平的实现。

(二)活动理论

活动理论是一个强调以活动为中心的理论框架,它认为人的心理和行为是通过与周围环境的互动而不断发展的。在教育领域,活动理论被广泛应用于教学设计、学习情境创设、学习资源利用等方面,旨在提高教学效果和学生的学习体验。活动理论是在黑格尔的古典哲学、瑞士心理学家皮亚杰的发展认识论、马克思的辩证唯物主义等系列理论基础上孕育的以"活动"为核心研究范畴的哲学框架。而后,经过苏联心理学家维果茨基、列昂捷夫,芬兰心理学家恩格斯特姆等学者的不断完善,活动理论逐渐成熟,发展成为一个系统的理论结构模型。该模型由主体、客体、共同体、工具、规则和劳动分工六个相互影响的要素构成,六个要素相互作用形成生产、分配、消耗与交流四个子系统①。

活动理论对教育数字化转型具有积极的推动作用。它可以帮助教师更加科学地设计教学活动,促进学习资源的整合与共享,支持协作学习与交流,推动教学模式的创新与变革,以及优化学习评价与反馈机制。这些作用有助于提升教育数字化转型的质量和效果,促进教育的公平、高效和可持续发展。

(三)数字治理理论

数字治理理论是治理理论与网络信息化等数字技术结合催生的新型公共管理理论,主张通过大数据、云计算等先进的数字技术促进公共治理权力共享,从而促进数字时代公共服务的协同发展。数字治理是一个涵盖广泛的概念,它包括利用现代信息技术,特别是数字化和智能化技术,来改进和优化治理结构和过程。这一概念可以细分为两个主要方面。

一是基于数字化的治理:这一方面强调的是将数字化技术作为提升现有治理体系效能的工具。具体来说,它涉及将信息技术融入政府、企业、社会组织等治理主体的决策、执行、监督和评估等各个环节中。例如,通过建立电子政务平台,政府可以更高效地处理公民的服务请求,通过数据分析来优化政策制定和执行,以及通过数字化手段提高透明度和公众参与度。这种治理方式的目的是利用数字化手段提高治理的效率和效果,减少人为错误,提升公共服务质量。

二是对数字化的治理:这一方面关注的是数字时代特有的治理问题,如数据安全、隐私保护、网络犯罪、数字鸿沟等。这些问题是随着数字化进程的深入而新出现的,需要新的治理理念和方法来应对。例如,随着技术的发展,如何确保数据的合理使用和隐私保护成为一个重要议题。对数字化的治理要求制定新的政策和法规,建立新的监管框架,以及推动国际合作,共同应对数字化带来的全球性挑战。

数字治理理论对乡村教育数字化转型的作用在于,它通过数字技术的赋能,促进了乡村教育治理现代化的发展。具体来说,数字治理理论强调利用数字平台形成乡村教育多元治理主体格局,通过数字思维推动乡村教育治理机制的革新,以及利用数字技术激发乡村学校发展的内生动力。这些措施有助于打破时间和空间限制,扩大优质教育服务覆盖面,提高教学质量,同时优化乡村教育服务体系的运行机制,提升数字技术赋能乡村教育服务的精准度和契合度。

(四)信息生态理论

生态系统的概念起源于自然科学领域,用于形容生物科学中各种生物群落与非生物自然因素之间的相互关系及其所构成的各种系统整体。后来生态系统的概念发展成为一种范式,涵盖了其生命与非生命成分之间的复杂相互作用。生态系统中相互关联、相互作用的概念维度有助于探索生物生态系统对于其他学科的隐喻潜力。斯宾塞将生物学与社

---

① 汪燚.教育数字化转型背景下高职学生数字素养培育的路径——基于活动理论的分析视角[J].宁波职业技术学院学报,2024,28(5):70-75.

会学联结起来,指出生物有机体和社会有机体的内在关系准则是一致的。教育作为社会活动的子系统,教育系统可以被隐喻为一个生态系统,通过生态系统这个"透镜"来理解教育系统是非常实用的,因为它能让人们认识到正在经营的和研究的是怎样的一个复杂系统,能更好地理解其适应性使其发挥更大的效用。教育作为一个复杂的生态系统,具有开放性、多元性、非线性、涌现性、混沌性等特性,在对教育的复杂性问题的认识中,隐含着复杂科学的关联视角。复杂性科学范式假设教育系统本质上是不可预测、不可控制的,并且容易受到缓慢的增量变化和快速变化事件的影响,初始条件的微小变化会随着时间的推移导致重大差异,从而无法准确预测除最短时间之外的任何事件的结果。这种现象与"蝴蝶效应"相类似,初始条件下微小的变化能带动一个系统长期巨大的连锁反应。此外,复杂适应系统(complex adaptive system,CAS)理论认为系统演化的动力本质上源于系统内部,微观主体的相互作用生成宏观的复杂性现象。比如,以数字化作为生存与实践主导方式的新一代学习者,其数字化需求推动了教育系统的内生发展。在复杂系统自组织和适应的概念框架内,主体层面的交互作用将对系统的持续演化产生重要影响。[①]

信息生态理论是生态学、信息科学和系统科学的跨学科研究,关注信息与人及周围环境的相互影响、相互作用的关系,目的是通过合理的管理战略促使信息生态系统平衡协调发展。信息生态理论为教育数字化转型提供了一个全面的理论框架,不仅指导实践,还促进了教育模式的创新、教育公平的提升、个性化教育的实现、教育评价方式的转变,增强了教育系统的韧性,并推动了教师数字素养的提升,从而推动了教育的高质量发展。这一理论对于认识和优化终身学习数字化转型具有重要的方法论意义和实践应用价值。

(五) 新质生产力

2023年9月,习近平总书记在黑龙江考察调研时强调,"整合科技创新资源,引领发展战略性新兴产业和未来产业,加快形成新质生产力""积极培育新能源、新材料、先进制造、电子信息等战略性新兴产业,积极培育未来产业,加快形成新质生产力,增强发展新动能""实践发展永无止境,我们认识真理、进行理论创新就永无止境"。在准确把握时刻变化的国际环境和国内形势的基础上,习近平总书记植根中国实践,不断推动马克思主义生产力理论的中国化、时代化,创造性提出新质生产力概念。从构词看,新质生产力是由"新质"与"生产力"组合而成的偏正短语,"新"是超越传统、变革旧式、打破惯例的"新";"质"是注重质量、追求品质、更为优质的"质"。因此,新质生产力在字面上意指新型的、新式的、先进的生产力。从关联看,新质生产力是以科技创新为牵引,以作为创新型产业的战略性新兴产业和未来产业为母体,表现为发展新动能的生产力[②]。

以现代信息技术为突出代表的新质生产力正以巨大的力量重塑教育领域。这种新质生产力的兴起,既是技术上的革命,也是教育理念和教学方式上的深刻变革。建立在数字技术和人工智能基础上的现代信息技术为教育提供了新的发展契机。使用数字化教学平

① 祝智庭,胡姣.教育数字化转型的理论框架[J].中国教育学刊,2022(4):41-49.
② 蒲清平,向往.新质生产力的内涵特征、内在逻辑和实现途径——推进中国式现代化的新动能[J].新疆师范大学学报(哲学社会科学版),2024,45(1):77-85.

台和智能教学系统,能够使教学方式更加灵活多变,学生学习体验感显著增强。在线课程和远程实训这一新的教学模式应运而生,突破了时间和空间的限制,学生可以在任何时间和任何地点学习知识,真正达到教育资源共享和优化配置的目的。同时,新质生产力的提出还促进了教育理念的改革。传统教育通常只重视知识灌输与技能培养,却忽略了学生的主体性与创新性。新质生产力强调以学生为中心,关注学生的个性化需求和发展,推动教育从"以教为中心"向"以学为中心"转变,促使学生积极参与、积极探索,培养其创新思维与实践能力,从而能更好地适应今后职业市场的变化。另外,新质生产力也推动了教育课程体系重构。传统课程体系通常以学科分类为依据,但新质生产力注重课程的跨学科性与综合性。其依据现代职业对人才的要求,对课程体系进行重新设计,把不同方面的知识与技能有机结合,构成一个更适应实际需要的课程体系。该课程体系既有利于促进学生综合素质的提高,又能更好地适应企业用人需求,使教育和企业深度融合[①]。

第三节 乡村教育数字化转型的发展与价值

一、乡村教育数字化转型的概念界定

我国乡村教育数字化转型的概念起始于 2022 年 1 月召开的全国教育工作会议,会议提出要推动国家教育数字化战略行动[②]。这一举措标志着教育数字化转型,包括乡村教育数字化转型,在国家政策层面得到了正式确立。尽管会议并未对乡村教育数字化转型展开详细阐述,但教育数字化战略行动的整体部署为乡村教育数字化转型提供了政策基础和发展方向。而从其具体实践活动推进来看,早在 2020 年,《教育部关于加强"三个课堂"应用的指导意见》就明确提出了"专递课堂"的概念,并指出其主要针对农村薄弱学校和教学点缺少师资,开不出或开不足、开不好国家规定课程的问题[③]。专递课堂通过互联网技术,将优质教育资源输送到偏远乡村,帮助乡村学校开齐、开足、开好国家规定课程。这一政策虽然未直接使用"乡村教育数字化转型"这一术语,但其核心内容与数字化转型的目标高度契合,可以视为乡村教育数字化转型的早期实践形式。近年来国家还出台了一系列相关政策,以推动乡村教育数字化转型。2022 年,《数字乡村发展行动计划(2022—2025 年)》提出要加快乡村教育数字化建设,推动"互联网＋政务服务"向基层延伸,提升乡村公共服务水平,包括教育、医疗、文化等领域的数字化建设[④];教育部 2022 年工作要点明确提出要把乡村教育融入乡村建设行动,更好发挥农村中小学的教育中心、文化

---

① 郑鹏飞.新质生产力赋能教育数字化转型:理论内涵、现实困境及其突破路径[J].科教文汇,2024(22):140-143.

② 中华人民共和国教育部.2022 年全国教育工作会议召开[EB/OL].(2022-01-17)[2024-12-30].http://www.moe.gov.cn/jyb_xwfb/gzdt_gzdt/moe_1485/202201/t20220117_594937.html.

③ 中华人民共和国教育部.教育部关于加强"三个课堂"应用的指导意见[EB/OL].(2020-03-05)[2024-12-30].http://www.moe.gov.cn/srcsite/A16/s3342/202003/t20200316_431659.html.

④ 中央网信办等 10 部门.数字乡村发展行动计划(2022—2025 年)[EB/OL].[2025-03-17].https://www.cac.gov.cn/2022-01/25/c_1644713313939252.htm.

中心作用；《2024 年数字乡村发展工作要点》提到深化乡村数字普惠服务，着力提升乡村教育数字化水平，持续推进乡村数字健康发展[①]；《乡村全面振兴规划（2024—2027 年）》提出要推进"互联网＋"政务服务向基层延伸，加强乡村教育、医疗、文化数字化建设[②]。这些政策文件为乡村教育数字化转型提供了明确的方向和行动指南，推动了乡村教育信息化和现代化发展。

　　乡村教育数字化转型是一个多维度的概念，涉及技术、教育、社会等多个领域。不同学者从不同角度对其进行了定义和阐释。从技术赋能视角出发，王天平[③]等指出，乡村教育数字化转型指将数字技术整合到乡村学校教育的各个层面，推动乡村教育全方位的数字化创新与变革，构建乡村教育的良好生态。数字化转型不仅包括硬件设施的升级，还包括教学模式、管理方式、评价体系等方面的创新。王飞[④]等认为乡村教育数字化转型是利用云计算、大数据、人工智能、物联网、区块链等数字技术，推动乡村教育系统结构、功能和文化的变革与重塑。这种转型不仅是技术的应用，更是教育系统内部自我变革与外部环境调适的过程。从乡村教育数字化转型的时代性来看，付卫东[⑤]等认为乡村教育数字化转型是指乡村学校需要从物质层面的各类基础设施建设与非物质层面的理念、模式、过程、效果中均获得"质"的突破，实现乡村教育高质量发展，全面推进高质量教育体系建设进程。从乡村教育数字化转型的人才性来看，乡村教育数字化转型是指通过数字化技术支撑下的创新人才培养模式，为乡村规模化、个性化、智能化创新人才培养保驾护航，实现智能时代乡村人才供给侧与需求侧精准对接，促使乡村教育决胜智能时代。从乡村教育数字化转型的治理性来看，乡村教育数字化转型是指通过应用数字分析、数字评估、数字教学等教育技术，构建多元异构的融合型乡村教育治理体系，逐步形塑乡村教育治理精细化的实践样态，优化教育经费、师资、场所、课程等资源的利用效率，促进乡村教育治理方法、流程、标准及机制的优化，从而提高乡村教育的治理效率与治理效能，构建互联、融通、可视的智能乡村教育治理生态。从乡村教育数字化转型社会性来看，乡村教育数字化转型是指通过完善乡村教育数字化基础设施、大力提升居民数字素养、优化教育发展环境、扩大乡村教育资源辐射范围，实现乡村正式教育与非正式教育间的有效衔接，从而有效提升乡村劳动者认知能力、适应能力与创新能力，充分发挥乡村教育数字化转型的溢出效应，推动数字技术赋能乡村建设提质增效。从乡村教育数字化转型的公平性来看，乡村教育数字化转型是指通过深入运用数字技术到农村教育过程之中，打破传统的区位阻隔所造成的城市农村教育资源分配不均的壁垒，实现优质数字教育资源的共享共育，确保农村孩子享受到更加均衡的教育，促进城乡教育一体化发展。

　　① 中央网信办等四部门. 2024 年数字乡村发展工作要点[EB/OL]. (2024-05-15)[2025-03-17]. https://www. cac. gov. cn/2024-05/15/c_1717449025941328. htm.

　　② 中共中央　国务院. 乡村全面振兴规划（2024—2027 年）[EB/OL]. (2025-01-22)[2025-03-17]. https:// www. gov. cn/zhengce/202501/content_7000499. htm? jump=true.

　　③ 王天平, 李珍. 乡村教育数字化转型的价值取向与实践路向[J]. 重庆高教研究, 2023, 11(4)：14-22.

　　④ 王飞, 杨宝忠. 乡村基础教育数字化转型的图景及其实现[J]. 西华师范大学学报（哲学社会科学版）, 2025, (1)：67-79.

　　⑤ 付卫东, 卢春华. 教育数字化转型中乡村教师焦虑的形态、动因及消解路向[J]. 电化教育研究, 2023, 44(10)：32-39.

二、乡村教育数字化转型的研究现状

目前学术界关于乡村教育数字化转型的研究尚属起步阶段,乡村教育数字化转型的发展目前集中在对乡村教育数字化转型价值意蕴、现实困境和实践路向等方面。

(一)乡村教育数字化转型的价值意蕴

乡村教育一直是我国教育的薄弱环节,教育数字化转型将成为乡村教育高质量发展的重要手段。因此,厘清乡村教育数字化转型的内涵及其价值是助推乡村教育发展的重要前提。王天平和李珍的研究指出,乡村教育数字化转型的价值主要体现为数字技术对乡村教育相关主体需求的满足程度。具体而言,这种价值取向可以从三个层面进行分析:首先,国家层面,乡村教育数字化转型的价值取向聚焦于推动教育现代化、促进城乡教育公平以及提升整体教育质量。通过数字化转型,国家能够缩小城乡教育差距,优化教育资源配置,推动教育体系的现代化进程。其次,乡村社会层面,数字化转型的价值取向体现在调动乡村数字治理主体的积极性、促进乡村数字经济发展以及重塑乡村数字文化。这一过程不仅增强了乡村社会的治理能力,还为乡村经济的数字化转型提供了动力,同时推动了乡村文化的现代化重塑。最后,育人层面,乡村教育数字化转型的价值取向不仅体现在通过数字化手段推动育人方式的变革,提升乡村教育的效率;还体现在全面提升乡村学生的数字素养,使他们能够更好地适应数字化时代的需求[1]。蒋士会和孙杨提出,乡村教育数字化转型通过重塑乡村性、重建教育性和重现文化性凸显了其在乡村教育现代化中的社会价值、生命价值和文化价值。所谓社会价值,是指乡村教育数字化转型为乡村振兴提供了技术支持和人才保障,促进了乡村社会生产力的提升和特色产业的发展。所谓生命价值,是指乡村教育的数字化转型,通过在乡村数字化环境中培养适应数字化时代生存的乡村人才,重建乡村教育的教育性。所谓人文价值,是指乡村教育数字化转型将乡村教育数据嵌入乡土文化中理解,在数字人文的方法论指导下认识乡村教育现代化建设中的新型乡土文化,重现具有乡土特色的乡村数字人文景观[2]。张季平在研究中指出,农村教育数字化转型是数字技术赋能农村教育高质量发展的必然选择,具有以下重要价值:

一是打破城乡教育资源分配不均的壁垒,实现优质数字教育资源共享共育,促进城乡教育一体化发展;二是提升农村教师的数字素养,增强其数字技术应用能力与自我效能感;三是借助优质教育资源云平台,提升农村教育办学满意度,促进学生全面发展,培养乡村数字化人才,助力乡村人才振兴[3]。

(二)乡村教育数字化转型的现实困境

为全面把握乡村教育数字化转型的发展脉络与实践挑战,深入分析其现实困境具有重要的理论与现实意义。对此,一些研究人员和学者进行了分析。贺小荣和李琼通过对

① 王天平,李珍.乡村教育数字化转型的价值取向与实践路向[J].重庆高教研究,2023,11(4):14-22.
② 蒋士会,孙杨.数字化转型之下的乡村教育现代化:价值、蓝图和策略[J].当代教育论坛,2023(5):89-97.
③ 张季平.数字时代农村教育数字化转型:价值意蕴、面临困境与路径选择[J].农业经济,2024(9):120-121.

乡村教育治理特性及其运作机理的深入分析,指出数字时代乡村教育治理现代化建设面临的主要问题。首先,乡村教育治理存在供需错位问题。一方面,城市本位的教育逻辑弱化了乡村教育治理功能,以城市为中心的数字资源和技术供给难以有效提升乡村教育治理效能;另一方面,单一线性供给机制导致技术资源滞后,进一步加剧供需错位。其次,数字时代乡村教育治理目标的价值虚化问题突出。过度依赖数字技术而忽视教育治理主体的主观能动性,容易弱化教育的终极目标和治理主体性,使数字化目标掩盖治理过程的公共性,导致教育治理的"目标替换"和"动因漂移"。最后,乡村教育治理的脱域问题亟待关注。数字技术对乡土文化的冲击可能加速乡村教育目标的脱域,导致乡村教育场域分裂和文化禀赋解构,甚至引发"无根化"问题。同时,技术思维可能切割乡村教育的复合场域,减少教育主体间的交流互动,削弱教育的连接功能,使教育和学习日益个体化,成员间的社会黏性减弱[①]。付卫东和汪琪对我国当前乡村教育发展状况进行审视,指出智能技术为乡村教育发展增值赋能的同时,也隐匿着乡村教育者权利转移、传统乡土文化迷失、政府教育治理塌陷、乡村学校教育城市化等多方面风险。首先,乡村教育主体因数字素养不足,教育权利被技术系统取代,导致教师和家长成为技术附庸,学生被算法主导,削弱了乡村社会发展的主体力量。其次,数字化转型使乡村教育面临文化迷失的风险,乡土文化的价值和信仰被技术理性解构,导致学生对乡土文化的认同感减弱。再次,乡村教育治理也面临挑战,数字刚性治理与乡村柔性治理需求冲突,基础设施薄弱和数据协同机制缺失导致治理主体信息断裂,难以形成协同治理格局。同时,基层治理因技术依赖出现数字迷信,治理成效虚化。最后,乡村学校在数字化转型中盲目复制城市模式,忽视本土资源,导致乡村教育既无法与城市教育同步,也无法融入乡村社会,加剧了教育边缘化[②]。

(三)乡村教育数字化转型的实践路向

在深入探讨乡村教育数字化转型的价值意蕴与现实困境之后,学界对其未来发展路向展开了广泛研究,形成了多元化的理论视角与实践路径。通过对现有文献的梳理,可以发现,当前关于乡村教育数字化转型实践路向的研究主要集中在数字资源、数字教学模式、教育服务模式和数字支教四个方面。首先,乡村教育数字化转型的核心痛点之一是优质教育资源的匮乏,尤其是数字教育资源的短缺。针对这一问题,学者们从资源建设与应用的视角提出了诸多解决方案。李华等人聚焦乡村学校数字教育资源缺乏和优质教师资源不足的现状,以数字教育资源校本化建设与应用为突破口,提出了系统的实践框架。该框架强调通过校本化资源的开发与应用,提升教师的数字素养与教学能力,从而实现课堂质量的整体提升。这一研究不仅为乡村学校提供了可操作的资源建设路径,也为教师专业发展提供了新的思路。此外,还有学者提出,应通过政府主导、企业参与、学校协同的多方合作模式,构建开放共享的数字教育资源平台,以解决资源分布不均的问题,推动优质

① 贺小荣,李琼.数字时代乡村教育治理现代化的实践困境及优化策略[J].中州学刊,2023(11):93-101.
② 付卫东,汪琪.乡村教育数字化转型:价值意蕴、风险隐忧与策略调适[J].河北师范大学学报(教育科学版),2024,26(5):83-90.

教育资源向乡村学校的深度渗透①。其次,在数字资源建设的基础上,如何利用数字技术创新教学模式,成为乡村教育数字化转型的另一重要研究方向。邓崧等以新疆阿勒泰地区吉木乃县的教育数字化转型实践为例,提出了"2＋3＋4"数字化教学模式。该模式以"去中心化"为核心理念,强调通过两大变革核心(技术赋能与教学创新)、三个圈层效应(区域协同、学校联动、课堂实践)和四方助力发展(政府、企业、学校、家庭)的有机结合,推动乡村教育的系统性变革②。这一研究不仅为乡村教育数字化转型提供了可复制的实践路径,还揭示了数字技术在乡村课堂中的具体应用场景及其潜在价值。此外,还有学者提出,应探索基于人工智能、虚拟现实等新兴技术的个性化教学模式,以满足乡村学生多样化的学习需求,进一步提升教学效果。再次,乡村教育数字化转型不仅涉及教学层面的变革,还需要从教育服务的整体视角出发,构建高效协同的服务模式。穆肃等基于协同学理论和"服务金三角"模型,提出了数字环境中乡村教育服务的 G-4C 协同模式。该模式强调通过多元服务供给主体的有序联动、多样化需求的精准匹配、教育服务数字底座的构建以及需求导向的服务供给方式,实现乡村教育服务的数字化转型③。这一研究为乡村教育服务的系统性优化提供了理论支撑和实践指导。此外,还有学者提出,应通过建立区域教育服务联盟、引入社会力量参与等方式,进一步完善乡村教育服务的供给机制,确保数字化转型的可持续性。最后,乡村教育数字化转型过程中,数字鸿沟问题始终是一个不可忽视的挑战。针对这一问题,李彦垒从数字包容的理念出发,提出数字支教是弥合城乡教育数字鸿沟、推动教育优质均衡发展的重要途径。他基于数字支教的实践案例,从价值导向、制度建设、资源供给和教学共同体建设等维度提出了具体的实践策略④。例如,通过建立城乡教师结对帮扶机制、开发适合乡村学生的数字课程资源、构建线上线下融合的教学共同体等方式,缩小城乡教育差距。此外,还有学者提出,应加强对乡村教师和学生的数字素养培训,提升其数字技术的应用能力,从而为乡村教育数字化转型提供内生动力。

(四) 乡村教育数字化转型中教师的发展

梳理目前关于乡村教育数字化转型的研究,发现除了针对乡村教育数字化转型的价值、困境和实践路径进行研究外,众多学者还对乡村教育数字化转型过程中乡村教师的发展进行了较深入的研究。

首先,关于乡村教育数字化转型中乡村教师的角色与身份变化。付卫东和卢春华的研究聚焦于乡村教师在教育数字化转型中的焦虑情绪及其成因。研究指出,乡村教师的焦虑主要源于三个方面:一是乡土文化不适,乡村教师对乡土文化的认知局限以及传统

①　李华,孙娜,马小璇.数字教育资源校本化的研究、实践与未来发展[J].中国电化教育,2022(8):92-99.

②　邓崧,周娅婷,王正敏."去中心化"情境下数字技术赋能乡村教育高质量发展——基于吉木乃县教育数字化转型的实践研究[J].教育学术月刊,2023(8):87-94.

③　穆肃,周德青,胡小勇.乡村教育服务数字化转型的 G-4C 协同模式及应用[J].电化教育研究,2024,45(9):29-36.

④　李彦垒.数字包容理念下乡村教育数字化转型:挑战与应对——基于 H 大学在 X 县的数字支教探索[J].河南大学学报(社会科学版),2025,65(1):121-125,156.

角色与乡土文化的冲突使其难以适应数字化转型；二是数字化困境，包括数字技术应用能力不足、数字基础设施薄弱和教育数据治理不完善，限制了乡村教师对数字技术的有效应用；三是内生发展不足，表现为知识更新缓慢、教学理念滞后和职业发展动力不足，难以实现自我驱动的发展。为缓解这些焦虑，研究提出了三种对策：一是统筹建立复合式监管，通过政府、教育主管部门、学校和教师的协同推进，优化资源配置，完善治理机制；二是赋能数字化就绪度，依托"强师计划"和国家中小学智慧教育平台，提升乡村教师的数字素养和教学能力；三是加强自我导向学习，激发乡村教师的内生动力，促进其主动适应数字化转型，实现职业可持续发展[①]。其次，关于乡村教师数字素养的现状与提升路径。邓亮和邓情情指出，教师是实现教育数字化转型和乡村教育高质量发展的关键力量，乡村教师的数字素养提升对推动乡村教育高质量发展至关重要。然而，当前乡村教师数字素养提升面临诸多现实困境，包括乡村地区数字素养政策支持不足、学校数字化教育资源匮乏、教师和学生的数字素养能力整体偏弱。为有效提高乡村教师的数字素养，研究提出了三条应对路径：一是政府出台相关政策，支持教师数字素养的培养；二是优化数字教育环境，保障教师数字化教学的顺利开展；三是树立智慧教育理念，学习数字教育知识和技能[②]。最后，关于数字化转型赋能乡村教师专业发展的路径。方红和张天雅运用帕森斯AGIL［adaption(适应)、goal attainment(目标达成)、integration(整合)、latency pattern maintenance(潜在模式维持)］模型，解析了数字化转型赋能乡村教师专业发展的现实阻力，发现存在以下问题：内生发展动力不足，数字行动进展迟缓；研修培训存在偏差，教师角色难以转变；共建主体参与有限，支持体系保障乏力；数字价值认同缺失，数字责任有待强化。基于AGIL模型，研究提出了乡村教师专业发展的实践路径：一是激活专业发展自觉，确保数字行动落地；二是创新教师培育方式，明确数字行动策略；三是释放主体支持活力，畅通资源支持体系；四是形塑数字价值认同，践行数字社会责任[③]。

三、乡村教育数字化转型的重要价值

在当今时代，数字化转型浪潮席卷而来，为乡村教育发展带来了前所未有的机遇与变革。以下将从时代、人才、治理、社会四个维度深入剖析数字化转型对乡村教育发展的重要价值。

（一）时代价值：数字化转型是乡村教育高质量发展的必然要求

习近平总书记强调，教育是国之大计、党之大计。乡村教育是国家教育的重要组成部分。在教育现代化之路上，教育数字化转型是实现教育现代化的重要路径，也为乡村教育发展指明了新方向。党的二十大报告明确提出推进教育数字化，这一政策导向促使乡村

---

①　付卫东、卢春华.教育数字化转型中乡村教师焦虑的形态、动因及消解路向[J].电化教育研究,2023,44(10): 32 30.

②　邓亮,邓情情.乡村教师数字素养提升的探索与思考[J].教学与管理,2024(7):26-30.

③　方红,张天雅.数字化转型赋能乡村教师专业发展：现实阻力与实践路向——基于"AGIL"模型视角的分析[J].中国电化教育,2024(6):61-69.

教育积极融入数字化进程①。众多学者研究指出,乡村教育应抓住这一战略契机,以适应新时代教育发展的需求。乡村教育数字化转型符合国家整体教育发展战略,是推动乡村教育从传统模式向现代化模式转变的关键力量。通过数字化转型,乡村教育能够突破地域、资源和师资的限制,为学生提供更加优质、公平的教育机会。通过构建技术融合的生态服务供给环境、基于知识图谱与学习分析技术实现个性化学习支持、借助虚拟现实与元宇宙技术构建智能虚拟学习环境,乡村教育能够突破传统模式的限制,为学生提供更加优质、公平的教育机会。

教育数字化转型构建技术融合的生态服务供给环境,能够助力乡村学生获取优质教育资源。乡村教育长期以来面临资源匮乏、师资力量薄弱等问题,导致乡村学生难以获得与城市学生同等的教育机会。数字化转型为解决这一问题提供了新的路径。通过构建技术融合的生态服务供给环境,乡村学生可以借助数字教育平台获取优质的数字教育资源。这些资源不仅包括丰富的课程内容,还涵盖名师讲座、在线辅导、互动学习工具等,极大地拓展了乡村学生的学习视野。数字教育平台能够打破地域限制,将优质教育资源输送到偏远乡村。例如,通过在线课堂,乡村学生可以实时参与城市名校的课程,与城市学生同步学习。这种资源共享模式不仅缩小了城乡教育差距,还为乡村学生提供了更多元化的学习选择。数字教育平台具有灵活性和可扩展性,能够根据乡村学生的实际需求动态调整资源供给。此外,技术融合的生态服务供给环境还能够促进乡村教师的专业发展。通过在线培训和资源共享,乡村教师可以不断提升自身的教学能力和信息化素养,从而更好地适应教育数字化的要求。这种"教师＋技术"的双重赋能模式,不仅提升了乡村教育的整体质量,还为乡村学生的全面发展奠定了坚实基础。

基于知识图谱与学习分析技术,教育数字化可满足乡村学生个性化学习需求。乡村学生的个性化学习需求长期以来未能得到充分满足,主要原因在于传统教学模式难以精准识别每个学生的学习状况和薄弱点。数字化转型通过引入知识图谱和学习分析技术,为乡村学生提供了精准化的学习支持服务,有效解决了这一问题。知识图谱技术能够将学科知识体系化、结构化,形成可视化的知识网络。通过这一技术,乡村学生的学习路径可以被清晰地呈现出来,教师和学习系统能够快速识别学生的知识掌握情况和学习难点。学习分析技术则通过对学生多模态学习数据的采集和分析,实时监测学生的学习状态。这些数据包括学生的学习行为、作业完成情况、测试成绩等,能够全面反映学生的学习进展。基于这些数据,适应学习系统可以为学生生成个性化的知识诊断图谱,并根据诊断结果推荐适合的学习内容、学习策略和学习规划。这种精准化的学习支持服务,不仅能够提高乡村学生的学习效率,还能够增强他们的学习自信心和主动性。通过个性化的学习路径设计,乡村学生能够在适合自己的节奏中逐步提升学业水平。

教育数字化转型借助虚拟现实与元宇宙技术,构建了智能虚拟学习环境。乡村教育长期以来受限于经费、场所和设备等因素,许多课程和实验无法正常开展。数字化转型通

---

① 习近平.高举中国特色社会主义伟大旗帜为全面建设社会主义现代化国家而团结奋斗——在中国共产党第二十次全国代表大会上的报告[EB/OL].（2022-10-16）[2024-12-30].https://www.gov.cn/xinwen/2022/10/25/content_5721685.htm.

过引入虚拟现实(virtual reality,VR)和元宇宙等新兴技术,为乡村学生构建了智能虚拟学习环境,有效弥补了这些不足。虚拟现实技术能够通过沉浸式体验,将抽象的知识转化为直观的视觉和感官体验。例如,在科学课程中,乡村学生可以通过 VR 技术"走进"虚拟实验室,进行化学实验或物理实验。这种沉浸式学习方式不仅能够激发学生的学习兴趣,还能够帮助他们更好地理解复杂的科学原理。此外,虚拟现实技术还可以用于历史、地理等学科的教学,通过虚拟场景还原历史事件或地理环境,增强学生的学习体验。元宇宙技术则进一步拓展了虚拟学习环境的边界。通过元宇宙平台,乡村学生可以进入一个高度仿真的数字空间,与来自全国甚至全球的学生进行实时互动和协作学习。例如,在元宇宙课堂中,乡村学生可以与城市学生共同完成一个项目,或者参与一场跨地域的学术讨论。这种协作学习模式不仅能够拓宽乡村学生的视野,还能够培养他们的团队合作能力和创新思维。智能虚拟学习环境的构建,不仅解决了乡村教育硬件设施不足的问题,还为乡村学生提供了更加自主、交互和探究的学习空间。通过虚实交互,乡村学生能够在虚拟环境中进行自主探索和实践,从而提升学习的深度和广度。

(二) 人才价值:数字化转型是培育乡村创新人才的重要方式

在新时代背景下,创新人才已成为推动社会进步和经济发展的核心动力。当前我国乡村高素质创新人才队伍数量依旧匮乏,人才素质提升任务艰巨。乡村教育作为培养乡村创新人才的主战场,长期以来受限于传统的应试教育模式和单一的教学方法,难以满足数字时代对创新人才的需求。数字化转型为乡村教育带来了新的机遇,通过数字技术赋能教学方式创新、推动教学要素变革、优化教学环节,乡村教育能够突破传统模式的限制,为乡村学生提供更加优质和多元化的学习体验,为培养具备多元化知识和技能、创新思维和解决问题能力、跨学科和跨文化能力、终身学习和自主发展能力的创新人才提供有力支撑。

数字技术赋能教学方式创新,激发乡村学生创新潜能。传统的乡村教育模式以应试为核心,侧重于知识的传授和考试成绩的提高,但在学生个性化发展和创新能力培养方面存在不足。数字化转型通过引入数字技术,为乡村教育提供了多样化的教学方式,从而激发乡村学生的创新潜能。数字技术能够支持翻转课堂、混合式教学等新型教学模式的实施。翻转课堂通过将知识传授环节前置,让学生在课前通过数字平台自主学习,课堂上则专注于问题讨论和实践操作。这种教学模式不仅能提高课堂效率,还有利于培养学生的自主学习能力和批判性思维。混合式教学则结合线上与线下学习的优势,为学生提供灵活的学习路径和丰富的学习资源。数字技术还能够支持异步远程课堂的开展。通过异步远程课堂,乡村学生可以不受时间和空间的限制,随时随地进行学习。这种教学模式不仅能够弥补乡村教育资源不足的问题,还能够为学生提供更多元化的学习机会。总之,数字技术赋能的教学方式创新,为乡村学生提供了更加灵活和多样化的学习路径,激发了他们的创新潜能,为培养乡村创新人才奠定了坚实基础。

数字技术推动教学要素变革,培养乡村学生综合能力。数字化转型不仅改变了教学方式,还推动了教学要素的全面变革。通过数字技术的深度应用,乡村教育能够优化教学内容、教学方法和教学评价,从而培养乡村学生的综合能力。在教学内容方面,数字技术能够支持跨学科教学和大单元教学的开展。跨学科教学通过整合不同学科的知识,帮助学生建立全面的知识体系,大单元教学则通过将知识点串联成完整的知识单元,帮助学生理解知识之间的内在联系。在教学方法方面,数字技术能够支持个性化学习和协作学习的开展。个性化学习通过分析学生的学习数据,为学生提供定制化的学习内容和学习路径,协作学习则通过数字平台支持学生之间的互动和合作。在教学评价方面,数字技术能够支持多元化和智能化的评价方式。传统的教学评价以考试成绩为主,忽视了学生的综合能力和创新潜力。数字化转型通过引入多模态学习数据分析,能够全面评估学生的学习进展和能力发展。例如,系统可以通过分析学生的学习行为、作业完成情况和课堂表现,生成个性化的学习报告,帮助教师和学生了解学习效果和改进方向。总之,数字技术推动的教学要素变革,为乡村学生提供了更加丰富和多元化的学习体验,培养了他们的综合能力,为乡村创新人才的成长提供了有力支持。

数字技术优化教学环节,赋能乡村学生终身学习能力。数字化转型不仅关注学生的当前学习需求,还注重培养他们的终身学习能力。通过数字技术的深度应用,乡村教育能够优化教学环节,为乡村学生提供持续学习和发展的机会。数字技术能够支持终身学习平台的构建。通过终身学习平台,乡村学生可以在完成基础教育后,继续学习新知识和新技能。乡村学生可以通过在线平台学习编程、设计、营销等实用技能,提升自身的职业竞争力。这种终身学习模式不仅能够帮助乡村学生适应快速变化的社会需求,还能够激发他们的学习兴趣和动力。数字技术还能够支持学习数据的长期跟踪和分析。通过分析学生的学习数据,系统可以为学生提供个性化的学习建议和发展规划。系统可以根据学生的学习兴趣和能力倾向,推荐适合的职业发展方向和学习路径。这种数据驱动的学习支持,不仅能够帮助乡村学生明确学习目标,还能够提升他们的学习效率和效果。此外,数字技术还能够支持乡村学生的自主学习和探究学习。通过数字平台,乡村学生可以自主选择学习内容和学习方式,进行深度学习和实践探索。通过在线资源乡村学生可以学习某一领域的专业知识,并通过实践项目验证和应用所学知识。这种自主学习和探究学习模式,不仅能够培养乡村学生的自主学习能力,还能够提升他们的创新能力和解决问题的能力。数字技术优化的教学环节,为乡村学生提供了持续学习和发展的机会,培养了他们的终身学习能力,为乡村创新人才的成长提供了持久动力。

(三)治理价值:数字化转型是乡村教育治理增效的关键方略

乡村教育治理是实现乡村教育高质量发展的重要保障,也是推动乡村振兴战略实施的关键环节。传统的乡村教育治理模式面临数据分散、决策粗放、主体协同不足等问题,难以适应新时代乡村教育发展的需求。数字化转型通过引入大数据、人工智能等先进技术,为乡村教育治理提供了全新的思路和工具,能够显著提升治理效能,推动乡村教育治理从粗放式向精细化、从被动式向主动式转变。以下从治理手段、治理过程和治理主体三个方面,论述乡村教育数字化转型的治理价值。

从治理手段来说,大数据平台赋能科学决策,提升乡村教育治理精准性。传统的乡村教育治理主要依赖经验判断和定性分析,缺乏对教育数据的系统性收集和深度挖掘,导致决策的科学性和精准性不足。数字化转型通过构建分布式大数据平台,能够对政府、社会、市场、学校等多维异构的乡村教育数据进行靶向收集和整合分析,为乡村教育治理提供科学依据。首先,大数据平台能够实现乡村教育数据的全面采集和动态更新。通过整合政府统计数据、学校管理数据、社会调查数据等多源数据,平台可以构建覆盖乡村教育全领域的数据资源库。其次,大数据平台能够通过数据挖掘和预测分析,发现乡村教育治理中的潜在问题。通过对学生成绩数据的分析,平台可以识别出教育资源分配不均、教学质量存在的不足等问题,为政策制定提供精准的决策依据。此外,大数据平台还能够构建定量化的教育治理模型,支持政策实施和评估的科学化。例如,在乡村教师队伍建设中,平台可以通过数据分析预测教师流失率,并提出针对性的政策建议。在教育资源配置中,平台可以通过模拟分析优化资源分配方案,提高资源使用效率。这种数据驱动的治理模式,不仅能够提升决策的科学性,还能够赋予乡村教育治理"未雨绸缪""防患于未然"的预防性和主动性。总之,大数据平台赋能科学决策,是乡村教育数字化转型的重要治理手段。通过这一手段,乡村教育治理能够实现从经验判断向数据驱动的转变,显著提升治理的精准性和有效性。

从治理过程来说,数字技术可以优化治理流程,从而提高乡村教育治理效率。传统的乡村教育治理过程存在形式化、测算难、成本高等问题,难以满足乡村教育高质量发展的需求。数字化转型通过引入算法归并、数据追踪、风险管控等先进技术,能够优化治理流程,提高乡村教育治理的效率。数字技术能够实现对乡村教育治理过程的全程追踪和动态监控。在师资队伍建设中,平台可以通过数据分析技术动态监测教师的流动情况和教学效果,为政策调整提供依据。数字技术能够通过算法归并和风险管控,提高治理过程的智能化水平。在教育项目风险评估中,平台可以通过算法分析预测项目的潜在风险,并提出相应的风险防控措施。在教育资源配置中,平台可以通过智能算法优化资源配置方案,提高资源使用效率。此外,数字技术还能够支持乡村教育治理的实时反馈和动态调整。在政策实施过程中,平台可以通过数据分析实时监测政策效果,并根据反馈结果进行动态调整。这种实时反馈和动态调整机制,不仅能够提高政策实施的灵活性,还能够降低治理成本,提高治理效率。数字技术优化治理流程,是乡村教育数字化转型的重要治理过程。通过这一过程,乡村教育治理能够实现从粗放式向精细化、从被动式向主动式的转变,显著提高治理效率。

从治理主体来说,数字技术促进多元协同,增强乡村教育治理合力。传统的乡村教育治理主体单一,政府、企业、学校、社会组织等主体之间缺乏有效的协同机制,导致治理效果不佳。数字化转型通过构建智能平台和数据资源库,能够突破时空局限,缩短不同治理主体之间的距离,促进多元主体的协同参与。数字技术能够为多元治理主体提供统一的数据共享平台。政府、企业、学校、社会组织等主体可以通过平台共享教育数据,共同参与乡村教育治理。这种数据共享机制不仅能够提高数据的利用效率,还能够增强治理主体之间的协同性。数字技术能够通过智能平台支持多元主体的协同决策。在教育资源配置中,政府、企业、学校等主体可以通过平台共同制定资源配置方案,确保资源的合理分配。在师资队伍建设中,政府、学校、社会组织等主体可以通过平台共同制订教师培训计划,提高教师队伍的整体素质。此外,数字技术还能够支持多元主体的协同监督和评估。在教育经费使用中,政府、企业、社会组织等主体可以通过平台共同监督资金使用情况,确保资金的透明性和规范性。在政策实施中,多元主体可以通过平台共同评估政策效果,提出改进建议。这种协同监督和评估机制,不仅能够提高治理的透明性和公正性,还能够增强治理主体的责任感和参与感。数字技术促进多元协同,是乡村教育数字化转型的重要治理主体。通过这一主体,乡村教育治理能够实现从单一主体向多元主体的转变,显著增强治理合力。

(四)社会价值:教育数字化转型是构建数字乡村的必要环节

数字乡村建设是乡村振兴战略的重要组成部分,旨在通过数字技术的深度应用,推动乡村经济、社会、文化等领域的全面升级。在这一过程中,乡村教育数字化转型不仅是数字乡村建设的重要内容,更是构建数字乡村的重要环节。通过数字乡村建设的推动,乡村教育得以实现转型升级;同时,教育数字化转型为数字乡村建设提供了内在动力。在这一过程中,乡村教育能够突破传统模式的局限,为乡村居民提供更高质量的教育服务,培养适应乡村经济社会发展需求的数字化人才。数字化转型不仅能够提升乡村居民的数字素养,还能够优化教育资源配置,促进乡村经济社会发展,为数字乡村建设提供强有力的支撑。

数字乡村建设倒逼乡村教育转型升级。数字乡村建设的深入推进,为乡村教育带来了新的机遇和挑战。随着大数据、人工智能、5G 等数字技术在乡村医疗、网络、交通、购物等生活领域的广泛应用,乡村居民的生活方式发生了深刻变化。这种变化不仅提升了乡村居民的生活质量,也激发了他们对高质量教育的需求。乡村居民希望借助数字技术,享受个性化、多元化的教育服务,获得更好的就业和职业发展机会。这种需求倒逼乡村教育必须加快转型升级,以适应数字乡村建设的要求。数字乡村建设要求乡村教育结构向现代化、高质量方向转型。传统的乡村教育模式以应试为核心,侧重于知识的传授,但在学生个性化发展和创新能力培养方面存在不足。在数字乡村建设的背景下,乡村教育需要通过数字化转型,构建高质量、优服务、持续内生发展的现代化教育体系。数字乡村建设要求乡村教育培养适应乡村经济社会发展需求的数字居民。数字乡村建设不仅需要先进的技术和设备,更需要具备数字素养和创新能力的乡村居民。乡村教育数字化转型通过提升学生的数字技能和创新能力,为乡村经济社会发展提供了人才支撑。数字乡村建设的推进促使乡村教育加快转型升级,要求乡村教育通过数字化转型,构建现代化教育体系,培养能够适应乡村经济社会发展需求的数字化人才。

教育数字化转型为数字乡村建设提供内生驱动。数字乡村建设面临农村居民数字素养不高、数字基础设施不完善、数字技术创新应用不足等问题。教育数字化转型通过提升乡村居民的数字素养、优化教育资源配置以及推动乡村经济社会发展,为数字乡村建设提供了内在动力。教育数字化转型通过完善乡村教育数字化基础设施,为数字乡村建设提供了硬件支撑。数字乡村建设需要完善的数字基础设施作为保障,而乡村教育数字化转型通过建设智能教室、在线教育平台等,为乡村居民提供了接触和使用数字技术的机会。教育数字化转型通过提升乡村居民的数字素养,为数字乡村建设提供了人才保障。数字乡村建设需要具备数字素养的乡村居民作为主体,而教育数字化转型通过数字技能培训、在线课程等方式,提升了乡村居民的数字素养。此外,教育数字化转型通过优化教育发展环境,扩大了乡村教育资源的辐射范围,为数字乡村建设提供了社会基础。教育数字化转型通过在线教育平台、远程教育等方式,将优质教育资源输送到偏远乡村,缩小了城乡教育的差距。教育数字化转型通过完善乡村教育数字化基础设施、提升乡村居民数字素养、优化教育发展环境,为数字乡村建设提供了内生驱动,推动了数字技术赋能乡村建设提质增效。

综上所述,数字化转型在乡村教育发展中具有不可替代的重要价值,为乡村教育的现代化发展提供了新路径。从时代发展的宏观视角到人才培养的微观层面,从教育治理的优化到社会公平与文化传承,数字化转型为乡村教育带来了全方位的变革和提升。在未来的发展中,应进一步加大对乡村教育数字化转型的投入和支持,充分发挥其价值,推动乡村教育迈向更高质量的发展阶段,为乡村振兴战略的实施提供坚实的教育支撑。

四、乡村教育数字化转型面临的挑战

数字化浪潮在乡村教育领域的不断推进,虽然带来了诸多机遇,但也不可避免地促生了一系列风险。以下将从权利让渡、文化失落、治理悬置、教育附庸四个方面深入探讨乡村教育数字化转型过程中面临的挑战。

(一)乡村教育者权利转移风险

在乡村教育数字化转型进程中,数据成为关键要素。教育数字化平台的构建使得学生和教师的各类数据被大量收集和分析,这一过程中存在着乡村教育者权利转移的风险。由于数据的控制权往往集中于技术提供方或平台运营者,导致乡村教育者在数据的产生、使用和共享过程中缺乏主导权。例如,一些在线教育平台收集学生的学习数据,但乡村教师对这些数据的获取和应用权限有限,因此难以根据学生的个性化数据调整教学策略,导致教育教学的主导权在一定程度上被削弱。

数字化转型过程中,教育决策逐渐依赖数据和算法。乡村教育者由于技术能力和数据资源的限制,在教育决策中的参与度逐渐降低。相关研究表明,在数字化教育资源的分配和使用决策中,乡村教育者的意见往往得不到充分重视。例如,在选择数字化教学设备和软件时,乡村教育者可能无法参与决策过程,导致所采用的设备和软件与乡村教育实际需求不匹配,影响教学效果,使乡村教育者在教育教学过程中的话语权和决策权受到削弱。

(二)传统乡土文化迷失风险

数字化带来的现代文化和城市文化通过网络迅速传播,对传统乡土文化造成强烈冲击。在乡村教育数字化转型过程中,教育内容和教育方式逐渐向数字化、城市化靠拢,乡土文化在教育中的体现日益减少。一些乡村学校在引入数字化课程时,忽视了乡土文化的融入,导致学生对本土文化的认知和传承受到影响。例如,在教育教学中缺乏对乡村传统手工艺、民俗文化系统性的传承和弘扬乡土文化,面临着被边缘化的风险,使得乡村教育在文化传承方面出现断层。

乡村学生在接触大量数字化信息的过程中,容易受到城市文化和外来文化的影响,对乡土文化的认同感逐渐降低。教育数字化转型过程中,如果缺乏对乡土文化价值的挖掘和传承,乡村学生可能会在文化认同上产生困惑。例如,在数字化教材和教学资源中,乡土文化元素的缺失导致学生难以建立对家乡文化的自豪感和归属感,进而引发文化认同危机,影响乡村文化的可持续发展和乡村社会的稳定。

（三）政府教育治理能力不足风险

乡村教育数字化转型过程中,部分地区过度依赖技术手段,忽视了政府在教育治理中的主导作用。一些乡村学校在数字化建设过程中,过于注重技术设备的引进和平台的搭建,而政府在教育规划、资源配置、监督管理等方面的职能未能充分发挥。例如,在数字教育资源的引进和整合过程中,缺乏政府的统一规划和协调,导致重复建设和资源浪费,同时也使得教育治理主体单一化,难以形成多元主体共同参与的治理格局。

数字技术的快速更新换代对政府的教育治理能力提出了更高要求。然而,部分乡村地区政府部门在数字化治理方面的能力和经验相对不足,难以适应技术发展的需要。在教育数据安全管理、数字教育资源质量监管等方面存在漏洞。例如,政府可能缺乏有效的手段来应对网络安全威胁,保障学生和教师的信息安全;在数字教育资源的审核和评估方面,缺乏科学的标准和机制,导致部分低质量的资源流入乡村教育市场,影响教育质量,从而使政府教育治理在数字化转型过程中面临能力不足风险。

（四）乡村学校教育城市化风险

在乡村教育数字化转型过程中,部分乡村学校盲目模仿城市教育模式,追求与城市学校相同的教育目标和评价标准。这导致乡村教育忽视了自身的地域特色和学生的实际需求,教育目标变得模式化和单一化。例如,一些乡村学校过度强调考试成绩和升学指标,而忽视了乡村学生在农业生产、乡村建设等方面的实际需求,使得乡村教育失去了与乡村社会发展的紧密联系,无法为乡村振兴提供针对性的人才支持。

乡村学校在教育数字化转型过程中,往往过度依赖外部输入的数字化教育资源,而对本土教育资源的挖掘和利用不足。同时,城乡教育资源的差距在数字化转型过程中可能进一步拉大。城市学校凭借其优势资源在数字化教育资源的获取和应用方面更具竞争力,而乡村学校则相对滞后。例如,在优质线上课程、数字教材等资源的分配上,乡村学校往往难以与城市学校竞争,导致乡村学生无法享受到与城市学生同等水平的教育资源,乡村教育逐渐沦为城市教育的附庸,反过来加剧了城乡教育的不均衡发展。

综上所述,乡村教育数字化转型过程中的权利让渡、文化失落、治理悬置和教育附庸等风险不容忽视。这些问题不仅影响乡村教育的健康发展,也对乡村社会的稳定和可持续发展带来挑战。在推进乡村教育数字化转型的过程中,需要充分认识这些风险,采取有效措施加以防范和解决,以确保乡村教育数字化转型能够真正服务于乡村教育的高质量发展和乡村振兴战略的实施。

本　章　小　结

本章旨在探讨乡村教育数字化转型的内涵、意义及其在不同领域的具体实践,为理解乡村教育数字化转型的重要性和紧迫性提供一个全面的、系统的视角。本章首先界定了数字化转型的概念,并分析了其在不同领域的发展阶段和研究内容。接着,从教育数字化转型的角度出发,探讨了其内涵及理论基础,并进一步分析了乡村教育数字化转型的发展与价值。

数字化转型被定义为以数据要素为基础,运用数字技术和数字化思维,通过计算赋能提升认知水平,进而推动社会系统的流程重塑、结构优化和整体升级的过程。数字化转型的驱动因素、特征、测度方式以及所面临的困境也在本章得到了详细的阐述。在教育领域,数字化转型被视为教育革命的重要手段,改革传统教学的路径与策略,以及教育变革创新的过程。本章通过学习科学理论、活动理论、数字治理理论、信息生态理论和新质生产力等理论视角,阐释了教育数字化转型的理论基础,并强调了数字化转型在推动教育全方位创新变革中的作用。

本章对乡村教育数字化转型的概念界定及其重要价值进行了深入分析。乡村教育数字化转型不仅是教育现代化发展的必然方向,也是推动教育均衡发展、助力乡村全面振兴的重要路径。其价值体现在时代、人才、治理和社会四个维度,为乡村教育的高质量发展提供了新的方向和动力。然而,乡村教育数字化转型也面临多重挑战,包括权利让渡、文化流失、治理困境和教育依附等问题。这些挑战可能对乡村教育的健康发展产生影响,并对乡村社会的稳定和可持续发展带来潜在风险。

后续章节将构建乡村教育数字化转型的影响因素关联模型,进一步分析和验证这些影响因素及其相互作用,为乡村教育数字化转型提供实证支持。通过对影响因素的深入研究,可以更好地揭示乡村教育数字化转型的复杂性,为制定有效的策略和措施提供科学依据,确保乡村教育数字化转型能够真正服务于乡村教育的高质量发展和乡村振兴战略的实施。

第二章　乡村教育数字化影响因素关联模型构建

在第一章中,我们对乡村教育数字化转型的概念、内涵及其价值进行了深入探讨。要实现这一转型,关键在于厘清影响其进程的关键因素。厘清这些因素不仅是推动乡村教育数字化转型的前提与基础,也是最为关键的环节。本研究基于教育学、心理学和社会学领域的现有文献,以 SOR(stimulus-organism-response,刺激—机体—反应)理论为理论基础,结合 TOE(technology-organization-environment,技术—组织—环境)框架,从数字技术、学校组织和政策环境三个维度,分析乡村教育数字化转型的关键影响因素。然后建立这些因素之间的关系假设,并详细描述这些假设。接着,我们将构建一个乡村教育数字化转型的关联模型,该模型将涵盖上述三个维度的关键因素,并探讨它们如何相互作用,共同影响乡村教育的数字化进程。这一模型的实证检验将在第三章和第四章中详细展开。

第一节　理　论　框　架

理论基础的准备与研究框架、方法等方面的设计是研究顺利开展的必要前期工作,下面将主要对研究前期的主要准备工作进行具体阐述。

一、刺激—机体—反应(SOR)理论

刺激—机体—反应理论(SOR)由 Mehrabian 和 Russell 于 1974 年提出,主要应用于解释外部环境刺激对机体感知及行为关系的影响。刺激(S)是指能够影响个体的外部环境因素;有机体(O)是指个体内在的认知与情感;反应(R)是指个体综合外部刺激因素及个体内在感受过程后做出的行为决策。研究表明,SOR 理论在不同情境下具有不同的研究维度,具有一定的灵活性。在乡村教育数字化转型行为的决策中,外部环境刺激无法单独地对转型决策产生影响,而是整合个体内在感受,共同影响其转型行为。综上所述,本文将其作为研究乡村教育数字化转型影响因素的理论基础,在此基础上剖析乡村教育数字化转型的外部刺激、机体感知和机体行为的作用机制。

(一) SOR 理论的起源

1929 年,美国心理学家 Robert S. Woodworth 提出了"刺激—反应"(stimulus-response,S-R)理论[①]。这一理论认为,人的行为是对特定刺激的反应,当个体受到外部刺激后,会产生相应的反应。该理论未能关注到刺激接收者内在的心理意识与感知,只能用于分析

---

① Woodworth R,Marquis D. Psychology(psychology revivals):A study of mental life[M]. Psychology Press,2014.

和表达外显的刺激和结果。为弥补这一不足,"S(刺激)—O(机体)—R(反应)"理论应运而生。1951 年,托尔曼(Tolman)在他的书籍中指出,外界刺激(S)与接受者的反应(R)之间的联系并非直接的、机械的,刺激接收个体(O)的内化感知,即"有机体内部状态"在个体(O)的行为从刺激(S)至反应(R)这一过程中发挥着重要的中介作用[1]。1974 年,Mehrabian 和 Russell 从环境心理学角度出发,引入内在认知与情感活动,即"机体"因素,深入研究人的内在反应,正式提出"刺激—机体—反应"理论模型[2],具体过程如图 2-1 所示。其中,刺激(S)是引发个体行为的触发因素,包括各种能够影响个体的外部环境因素,这些因素既可以源于物理环境和社会环境,也可能源于个人内部;有机体(O)是指个体自身的特征和状态,包括认知、情感、动机、需求等因素,机体对刺激的反应会受到个体自身特征的影响,从而产生不同的行为反应;反应(R)是指个体综合外部刺激因素及个体内在感受过程后作出的行为决策,个体对刺激的反应会受到机体特征的影响,不同的机体特征会导致不同的行为反应。SOR 模型解释了外界刺激(S)会促使机体(O)的认知和情感产生变化,进而引发行为反应(R),认为通过外界环境因素的刺激可以影响受众的认知和情绪,从而进一步对受众的决策、意愿或行为产生影响,刺激因素为自变量,机体为中介变量,反应为因变量。

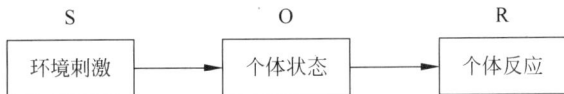

图 2-1　SOR 理论模型

(二)SOR 理论的相关研究

作为认知心理学的代表性经典理论,国内外 SOR 理论在不同情境下有不同的研究维度,具有一定的灵活性,不仅在环境心理学中得到了广泛应用,还在消费者行为学、旅游心理学等多个领域得到了实证检验和应用。在消费者行为学中,贝尔克(Belk)结合前人研究提出了 SOR 的拓展模型,并将其应用于电子商务领域中的用户消费研究[3]。罗伯特(Robert)等学者则将 SOR 模型应用于零售研究当中,研究发现店铺的装修氛围等因素会影响消费者的情绪,从而进一步影响消费者的消费行为[4]。后来,埃罗格鲁(Eroglu)等学者将该模型应用到网络购物研究当中,通过实证研究构建了线上购物影响因素模型,发现网站氛围等刺激因素会影响受众的情感与认知变化,进而对消费者在购物网站的购物消费等行为产生影响[5]。学者毕晓普(Bishop)则利用 SOR 模型开展购物网站的特征对客

①　Tolman E C. Purposive behavior in animals and men[M]. California: Univ of California Press,1951: 8-19.

②　Russell J A, Mehrabian A. Distinguishing anger and anxiety in terms of emotional response factors[J]. Journal of consulting and clinical psychology,1974,42(1): 79.

③　Belk R W. Situational variables and consumer behavior[J]. Journal of Consumer Research,1975,3: 172-176.

④　Donovan R J, Rossiter J R. Store atmosphere: an environmental psychology approach[J]. Journal of Retailing,1982,1: 60-62.

⑤　Eroglu S A, Machleit K A, Avis L M. Atmospheric qualities of online retailing: A conceptual model and implications[J]. Journal of Business research,2001,54(2): 177-184.

户消费行为等方面的影响因素研究，发现其特征会直接影响顾客对购物网站的满意度、忠诚度等①。陈楠等运用 SOR 框架将传统网站的互动特性与产品类型解释为外界刺激、参与者的认知情感为中介、落脚到消费者购买意愿②。在旅游心理学中，陈素平和成慕敦（2016）基于 SOR 框架将旅游地整体形象和结伴对象影响作为刺激因素，以个人特质和具有旅游经验的亲朋同事影响为机体体验，实证分析了单身女性休闲旅游消费行为③。宋蒙蒙等（2019）通过 SOR 框架探索旅游产品购买行为的形成路径，将旅游目的地连通性等因素构成的感知交互作为外部刺激，将旅游感知价值和沉浸感作为有机体验，将旅游产品购买行为作为最终反应④。余昊坤（2021）运用 SOR 理论模型探寻了具身体验、情感认知、消费行为三者之间的影响关系⑤。刘雷（2021）以动机、机会和能力刺激因素，以消费者感知有用性、易用性和风险为有机因素，用 SOR 构建体育旅游消费行为意向的影响因素⑥。

　　随着 SOR 理论的广泛应用，教育领域也逐渐引入了 SOR 理论的应用。在教育数字化转型背景下，王娟等人以 SOR 模型为理论框架，构建了国家中小学智慧教育平台应用影响因素模型，确定被测量变量为持续使用意愿，测量变量为期望确认度、感知有用性、社会影响、学习满意度，对影响学生持续使用平台的主要因素进行了探究⑦。面对人工智能生成内容（AI generated content，AIGC）掀起的新一轮智能革命，欧志刚等人对 AIGC 在国际中文教育的应用进行了研究，依托 SOR 理论，整合语音合成、文本翻译、图像生成等 AIGC 技术，构建了由需求分析、智能生成和质量管控三个模块组成的人工智能多模态教学资源生成框架⑧。吕文蓉和宁芳从增强刺激因素、匹配机体认识以及识别行为反应的角度，构建了 SOR 综合行为模型，用以指导在线教育平台的交互设计方法⑨。

　　综上所述，SOR 理论模型在探究各类影响因素的研究领域中积累了深厚且广泛的研究基础。随着 SOR 理论应用的不断拓展以及数字技术的蓬勃兴起，教育领域的众多学者已敏锐地察觉到数字技术在教育变革中的关键作用，并将其纳入 SOR 理论中的刺激因素范畴以进一步研究。在此背景下，本研究聚焦于乡村教育数字化转型这一关键议题，拟借鉴 SOR 理论模型为核心架构，构建出一套系统、科学的研究框架，以期全面、精准地剖析

---

① Mummalaneni. Increasing participation in online communities：A framework for human-computer interaction [J]. Jonathan Bishop. Computers in Human Behavior，2005，23（4）：1881-1893.

② Chen N，Funk D C. Exploring destination image，experience and revisit intention：A comparison of sport and non-sport tourist perceptions[J]. Journal of Sport & Tourism，2010，15（3）：239-259.

③ 陈素平，成慕敦. 基于 SOR 模型系统的单身女性休闲旅游消费行为分析[J]. 贵州社会科学，2016（3）：154-162.

④ 宋蒙蒙，乔琳，胡涛. 基于 SOR 理论的社交网络互动对旅游行为的影响[J]. 企业经济，2019（5）：72-79.

⑤ 余昊坤. SOR 理论背景下具身体验对消费行为的影响分析[J]. 旅游纵览，2021（10）：129-132.

⑥ 刘雷，史小强. 新冠肺炎疫情背景下体育旅游消费行为影响机制——基于 SOR 框架的 MOA-TAM 整合模型的实证分析[J]. 旅游学刊，2021，36（8）：52-70.

⑦ 王娟，张雅君，王冲，等. 国家中小学智慧教育平台应用现状调研与路径优化——基于全国 30 605 名中小学生的样本数据[J]. 电化教育研究，2024，45（6）：50-56，65.

⑧ 欧志刚，刘玉屏，覃可，等. 人工智能多模态教学资源的生成与评价——基于 AIGC 在国际中文教育的应用 [J]. 现代教育技术，2024，34（9）：37-47.

⑨ 吕文蓉，宁芳. 基于 SOR 综合行为模型的在线教育平台交互策略研究[J]. 机电产品开发与创新，2024，37（2）：233-236.

乡村教育数字化转型过程中所涉的多元影响因素,为推动乡村教育的数字化进程提供有力的理论支撑与实践指导。

(三) SOR 框架在研究中的对应关系

通过对 SOR 理论框架的思想起源及拓展应用等进行的梳理,可以明确 SOR 理论涵盖三大要素,即 S—刺激(stimulus)、O—机体(organism)、R—反应(response)。其中,S是外界环境刺激,本研究中的外界环境刺激是影响乡村教育数字化转型的各种因素。O为机体对外界刺激的心理内化,即将刺激"内化于心",本研究中的心理内化是教师和管理者的自我效能感。R是机体在外界环境刺激下的行为反应,即将刺激"外化于行",对应本研究,行为反应就是乡村教育数字化成效。

根据 SOR 理论核心思想,SOR 三者间的关系为:S(刺激)分别直接作用于 O(机体)和 R(反应),O(机体)直接作用于 R(反应),S(刺激)以 O(机体)为中介作用于 R(反应)。对应本次研究对象,则代表在该理论指导下,我们有理由认为:S(外界环境)分别直接作用于 O(自我效能感)和 R(乡村教育数字化);O(自我效能感)直接作用于 R(乡村教育数字化转型);S(外界环境)以 O(自我效能感)为中介作用于 R(乡村教育数字化转型)。为了深入探究乡村教育数字化转型的外部影响因素,明确 SOR 理论中 S(外界环境)的具体构成要素,我们需进一步拓展对刺激因素的研究。在此基础上,下面引入 TOE 框架,以系统地分类和分析外界环境因素。

二、技术—组织—环境(TOE)框架

(一) TOE 框架的起源

TOE 理论即"技术—组织—环境"理论框架,是由托尔纳茨基(Tornatzky)和弗莱舍(Fleischer)两位学者于 1990 年在《技术创新的流程》一书中首次提出。该理论框架以创新扩散理论(diffusion of innovation theory,DOI)和技术接受模型(technology acceptance model,TAM)为基础,主要主要用以探究企业采纳创新技术的影响因素。作者认为除了技术本身所固有的特点,新技术的采纳应用同时还受到组织结构特征以及所处的客观环境的影响。作者从 TOE 框架的技术因素、组织因素和环境因素三个维度分析组织的创新采纳,认为任何一项组织新技术的应用均可以从这三个方面进行分析(见图 2-2)[1]。其中,技术层面主要关注技术的独特性及其在组织内部的整合与影响,包括反映组织现有的技术优势以及未来技术发展潜力情况等一系列因素;组织层面是将组织架构、资源配置以及高管团队等纳入分析,包括反映组织自身特征、组织所拥有的能力及资源情况等一系列因素;环境层面则是关注政策制度、市场动态和竞争态势,包括政治、经济、文化等多个方面的因素。

---

① Tornatzky L G,Fleischer M. The processes of technological innovation Lexington[J]. MA:Lexington Books,1990.

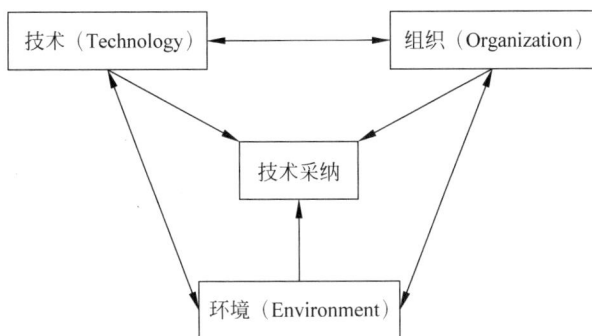

图 2-2　TOE 模型基础框架

（二）TOE 框架的应用

这一理论分析框架最初被用来分析企业采纳创新技术的影响因素,随着不同学者在不同领域对其进行理论延伸和框架融合,TOE 理论框架开始被广泛应用于电子政务、电子商务、资源开放共享、公共政务创新、政府数据开放共享等多个领域。学者们在 TOE 理论框架下,从组织因素、技术因素以及环境因素切入,研究发现这些因素的组合都会影响组织创新技术以及组织创新应用在组织的采纳程度。

近年来,TOE 框架被广泛应用于新兴技术的研究中,特别是数字技术影响因素的分析中。冯朝睿以 TOE 为分析框架,采用必要条件分析(NCA)和模糊集定性比较分析(fsQCA)相结合的方法,从组态视角深入挖掘我国境内高水平数字政府建设的影响因素及推进路径,总结了 TOE 框架的三部分内容,其中,技术因素主要是指信息系统领域的各类技术手段、技术的创新性、技术与组织的适配性等,具体包括大数据发展水平、数字基础设施和数字技术人员等;组织因素涉及组织的方方面面,包括组织资源、为达成目标的组织行为等,主要包含组织创新能力、财政资源供给和组织注意力分配等;环境因素主要涉及政策环境、经济环境等,主要包含公民需求、府际竞争[①]。林海、胡亚美等通过构建 TOE 模型,以 31 个省份为例,从技术条件(具体包括大数据发展水平、数字基础设施和数字技术人员三个二级条件)、组织条件(具体包括组织创新能力、财政资源供给和组织注意力分配三个二级条件)、环境条件(具体包括区域市场化水平、居民外部需要和技术市场发展水平三个二级条件)三方面构建了区域数字化发展的模型,分析归纳不同省份的数字化发展的动力要素,得出推进不同区域数字化发展的组态路径[②]。阮霄阳综合运用 LDA-DEMATEL-ISM 组合模型法,通过对 127 份数字政府相关政策文件进行文本挖掘,对数字政府建设影响因素展开研究,并在 TOE 框架下将各种影响因素整合归纳,得出的研究结果表明,数字政府建设受到技术、组织和环境三大要素共 10 个具体因素的影响。在技术层面,构建了基础设施水平、数据开放与利用水平、数字技术能力、信息安全防范能力共

---

① 冯朝睿.高水平数字政府建设的影响因素及推进路径[J].河北大学学报(哲学社会科学版),2022,47(6):117-130.

② 林海,胡亚美,陈金华.什么决定了区域数字化发展?——基于"技术—组织—环境"(TOE)框架的联动效应分析[J].科技管理研究,2022,42(14):24-32.

四个二级影响因素；在组织层面，构建了组织准备度、财政投入力度、标准化建设程度共三个二级影响因素；在环境层面，构建了数字经济水平、公众参与程度、公众需求规模共三个二级影响因素[①]。张敏等人从组态视角出发，基于 TOE 框架，从数字技术、学校组织和教学环境三个层面分析了数字化转型驱动因素与高等教育高质量发展的关系[②]。徐显龙等针对当前我国教育数字化转型面临的数字鸿沟广泛存在、硬件配置未能落地、微观实践系统缺失、宏观环境制度调整等困境，基于 TOE 框架构建了教育数字化状态与影响因素持续推进模型，从技术、教育组织、外在环境三方面对教育数字化转型的状态及关键影响因素进行分析[③]。程仙平等人以 TOE 理论框架为指导，建立教育数字化赋能学习型乡村的分析框架，基于"技术适用性""组织准备度"和"环境影响力"三个层面考察和分析教育数字化赋能学习型乡村的限度[④]。

（三）TOE 框架在研究中的关系

通过对 TOE 框架的起源和应用进行分析，可以发现 TOE 框架已经从最初用于分析企业组织技术采纳行为的手段，演化为剖析组织技术整合动态的关键工具，每个维度下的具体变量并未进行明确规定，研究者可以根据不同的研究问题选择不同的条件变量。乡村教育数字化转型的本质是在数字技术支撑下对乡村教育体系进行整体重构的过程及结果。这一转型不仅顺应了新时代国内外高等教育领域所面临的复杂环境和发展态势，也体现了技术创新推动下组织变革所带来的新需求。TOE 理论框架从技术、组织和环境三个维度对技术应用的理论问题进行了深入提炼，非常适合用来分析教育数字化转型的主题。本文采用 TOE 框架，从数字技术、学校组织、政策环境三个维度出发，确定了影响乡村教育数字化转型的关键条件变量。依据 SOR 理论模型，TOE 框架中三方面的影响因素共同构成了 SOR 模型中 S（外部刺激）部分的内容，其理论框架构建如图 2-3 所示。

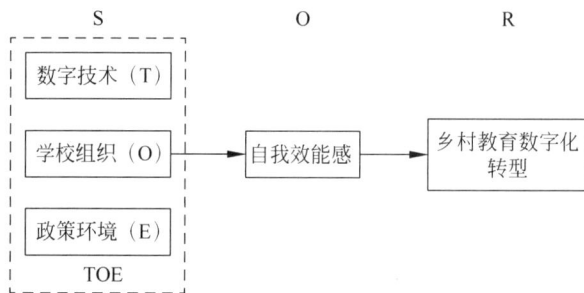

图 2-3　TOE 模型理论框架

①　阮霁阳.数字政府建设影响因素研究——基于 127 份政策文件的大数据分析[J].西南民族大学学报（人文社会科学版），2022，43（4）：185-191.

②　张敏，姜强，赵蔚.数字化转型赋能高等教育高质量发展——基于 TOE 框架的组态路径分析[J].电化教育研究，2024，45（3）：54-61.

③　徐显龙，江鑫广，许洁，等.教育数字化转型持续推进的理论模型、关键因素与提升策略[J].中国电化教育，2024（11）：28-36.

④　程仙平，张雪燕，徐斌立.教育数字化背景下学习型乡村建设的风险与路径——基于 TOE 理论分析框架[J].中国职业技术教育，2024（34）：52-59.

第二节　影响因素的提出与确立

从教育数字化转型这一乡村教育数字化转型的外部相关影响因素出发进行分析,厘清乡村教育数字化转型的外部影响因素。借鉴国内外相关数字化发展的研究,依托 TOE 框架,将乡村教育数字化转型的外部影响因素确立为数字技术、学校组织和政策环境,中介因素确立为教师自我效能感(见表 2-1)。

表 2-1　乡村教育数字化转型影响因素

变　　量	维　度　划　分
乡村教育数字化转型影响因素	数字技术(基础设施、教学资源)
	学校组织(实施机制、共同体建设、管理评价)
	政策环境(政策制度、愿景规划)
中介变量因素	自我效能感

一、数字技术维度影响因素的确立

乡村教育数字化转型是将技术作为内驱力推动乡村教育治理方式、体系结构、运行机理等方面实现系统性、深层次转变的过程,给乡村教育改革发展带来深远影响,使其朝着更加人性化、智能化与便捷化的目标持续努力。数字技术对乡村教育带来的变革主要体现在不同地区和学校之间的界限被打破,数据交换和教育资源的共享成为可能[①],促进了优质教育资源的均衡分布,使得每一个人都能获得平等的教育机会,推动了教育公平的实现。此外,云计算、虚拟现实等前沿技术的应用,更为乡村教育开辟了新天地。这些技术不仅拓展了教育教学的时间和空间,使学生的学习不再局限于固定的教室和时间,还为远程教学和智慧课堂的开展提供了无限可能,使教和学的过程变得更加高效、便捷。

数字技术犹如强劲的引擎,全力驱动着乡村教育驶入数字化转型的快车道,而数字化基础设施建设和数字资源建设则是这一进程中不可或缺的双轮,协同发力。共同承载着乡村教育数字化转型的重任。它们在乡村教育的广阔天地中,从不同角度精准切入,全方位塑造着乡村教育的新面貌。因此,从技术层面深入探究基础设施和教学资源两个维度对乡村教育数字化转型的影响,具有重要意义。

(一)基础设施维度影响因素的确立

1. 基础设施对于推动教育数字化转型的重要意义

随着大数据、5G 和云计算等新兴技术的汇聚叠加,乡村教育迎来了数字化转型的契机。依托数字技术完善乡村教育基础设施建设,已成为推动乡村教育变革的必然选择。以新型数字基础设施建设为驱动,将数字技术贯穿于乡村教育全过程,不仅能有效释放数

[①]　江涛,杨兆山.西部地区职业教育数字化转型的逻辑、愿景与进路[J].民族教育研究,2023,34(6):76-83.

字技术的动能,还能扩大乡村教育的发展实效,重构乡村教育新生态。国家教育部门高度重视乡村教育改革,针对数字基础设施建设出台了一系列政策措施。2021 年,教育部等六部门在《关于推进教育新型基础设施建设构建高质量教育支撑体系的指导意见》中指出,教育新型基础设施建设是国家新基建的重要组成部分,是信息化时代教育变革的牵引力量,是加快推进教育现代化、建设教育强国的战略举措①。2022 年,中央网信办等十部门印发《数字乡村发展行动计划(2022—2025 年)》,进一步明确了继续夯实乡村地区教育信息化基础,协同推进教育专网建设,加快推动乡村地区学校数字校园建设,持续改善乡村地区薄弱学校网络教学环境的目标②。

随着国家层面推进教育信息化与教育数字化转型发展的政策体系日趋完善,众多学者也对基础设施建设在乡村教育数字化中的重要作用进行了深入探讨,为教育改革发展奠定了坚实基础。戴妍和王奕迪从历史发展视角对乡村教育振兴的未来图景进行了探讨,认为构建互联互通的信息化网络平台能够提升乡村教育振兴全局的作用,促使更广阔时空范围内的优质教育资源实现最优化配置,深入推进教育均衡发展,并全方位、多层次、立体化赋能乡村教育整体性变革③。王天平和李珍指出,乡村教育数字化转型过程中存在数字技术供需错配的问题,需加快建设和更新乡村教育新型基础设施,搭建乡村教育数字化转型的硬件平台,提升乡村教育的网络服务质量,输送优质的教育资源④。邱利见和刘学智指出,新型基础设施不足是人工智能时代乡村教育振兴的资源障碍,政府应继续加大倾斜力度,增加财政的投入,通过多方努力,共同解决乡村教育新型基础设施不完善的问题,扫除硬件障碍⑤。

2. 基础设施维度的测量指标

完善的数字基础设施是实现数字技术赋能乡村教育的前提。根据相关数据,目前全国中小学(含教学点)互联网接入率达到 100%;99.9% 的学校出口带宽达到 100 兆以上,超过四分之三的学校实现无线网络覆盖,99.5% 的学校拥有多媒体教室。这表明数字化基础设施在满足学校基本教学需求方面已有较大进展。然而,仍有部分地区在软硬件设施方面存在缺口。因此,本研究在梳理相关已有研究的基础上,主要从校园安防、基础网络、教学环境和创新空间四个方面剖析乡村教育数字化转型过程中基础设施的建设情况。

(1)校园安防是指通过一系列技术手段与管理措施,对校园内的人员、财产及教学活动等提供安全保障。在乡村教育数字化转型背景下,其意义重大。一方面,先进的安防系统如智能监控、门禁等数字化设备,能保障乡村校园师生的人身安全与校园财产安全,为

---

① 中华人民共和国教育部.关于推进教育新型基础设施建设构建高质量教育支撑体系的指导意见[EB/OL].(2021-07-08)[2025-01-19].http://www.moe.gov.cn/srcsite/A16/s3342/202107/t20210720_545783.html.

② 中央网信办.数字乡村发展行动计划(2022—2025 年)[EB/OL].(2022-01-26)[2025-01-19].https://www.cac.gov.cn/2022-01/25/c_1644713313939252.

③ 戴妍,王奕迪.中国乡村教育振兴的未来图景及其实现——基于百年乡村教育发展连续统的视角[J].西南大学学报(社会科学版),2022,48(3):157-170.

④ 王天平,李珍.乡村教育数字化转型的价值取向与实践路向[J/OL].重庆高教研究,2023,11(4):14-22.

⑤ 邱利见,刘学智.人工智能时代的乡村教育振兴:机遇、挑战及对策[J/OL].教育学术月刊,2023(5):47-53.

教育教学活动营造稳定安全的环境。另一方面,这些数字化安防设备所产生的数据,可助力学校安全管理的精细化与智能化,如通过数据分析掌握校园安全隐患高发区域与时段以便提前采取预防措施。从这一层面探讨影响,是因为只有安全的校园环境,才能让师生安心投入教育数字化转型的进程中,否则任何数字化教学活动都难以顺利开展。

(2)基础网络主要涵盖互联网接入、网络带宽以及无线网络覆盖等方面,是实现乡村教育数字化的信息传输通道。稳定且高速的基础网络,能让乡村学校实时获取丰富的优质教育资源,如在线课程、数字图书馆等,打破地域限制,缩小城乡教育资源差距。此外,支持线上教学、远程教研等活动,促进乡村教师与外界优秀教育者的交流与合作,提升教学质量。从这一层面探讨影响,是因为基础网络如同数字教育的"血管",若网络不畅或覆盖不足,数字化教育资源便无法高效传输与应用,乡村教育数字化转型将成为空谈。

(3)教学环境在此指教室内部用于教学活动的硬件设施与软件资源,包括多媒体教室设备、电子教学工具、数字化教材等。良好的教学环境是数字化教学理念与方法得以实施的载体。多媒体教室能通过图片、视频等多种形式展示教学内容,增强教学的直观性与趣味性,提高乡村学生的学习积极性与参与度。数字化教材与电子教学工具则提供了更为丰富的学习资源与互动方式,有助于培养学生的自主学习能力。从这一层面探讨影响,是因为它直接作用于教学活动本身,是教师开展数字化教学、学生进行数字化学习的直接场景,其优劣程度直接影响到乡村教育数字化转型的实际效果。

(4)创新空间是为乡村师生提供开展创新教育活动的特定场所与资源,如创客实验室、虚拟仿真实验室等,以及相应的创新教育课程与活动。它为乡村学生提供了可以实践创新想法、培养创新思维与实践能力的平台。在数字化时代,创新能力是学生必备的素养之一。通过在创新空间开展的项目式学习、创意实践等活动,能激发学生对科学技术的兴趣,引导他们将数字技术应用于解决实际问题,为未来的学习与工作奠定基础。从这一层面探讨影响,是因为创新空间代表着乡村教育数字化转型的深度与前瞻性,它培养的创新能力将为乡村教育的长远发展注入新动力,推动乡村教育紧跟时代步伐,实现可持续发展。

(二)教学资源维度影响因素的确立

1. 教学资源对于推动教育数字化转型的重要意义

乡村教育的痛点在于教育质量不高,其问题的关键是缺少优质的教师资源和数字教育资源。在教育数字化转型进程中,国家有关部门和教育部提出了一系列实施基础教育数字化战略行动,通过数字化手段着力解决乡村学校师资不足、数字资源匮乏的难题。2020年3月,教育部发布《关于加强"三个课堂"应用的指导意见》明确指出"到2022年,实现三个课堂在广大中小学校的常态化按需应用,建立健全利用信息化手段扩大优质教育资源覆盖面的有效机制[①]"。2021年7月,中共中央办公厅、国务院办公厅印发了《关于

---

① 中华人民共和国教育部. 关于加强"三个课堂"应用的指导意见[EB/OL]. (2020-03-05)[2025-01-16]. http://www.moe.gov.cn/srcsite/A16/s3342/202003/t20200316_431659.html.

进一步减轻义务教育阶段学生作业负担和校外培训负担的意见》,进一步提出,教育部门要征集、开发丰富优质的线上教育教学资源,利用国家和各地教育教学资源平台以及优质学校网络平台,免费向学生提供高质量专题教育资源和覆盖各年级各学科的学习资源,推动教育资源均衡发展,促进教育公平[①]。2022年,教育部提出,实施基础教育数字化战略行动,大力推进优质教育资源共建共享,强化信息技术与教育教学深度融合应用,并上线了国家中小学智慧教育平台[②]。2024年,为深入实施国家教育数字化战略行动,进一步加强数字教育资源安全有序汇聚,提升优质数字教育资源供给能力,教育部对2022年5月印发的《国家智慧教育平台数字教育资源内容审核规范(试行)》进行了修订,旨在保证国家智慧教育平台数字教育资源内容的安全[③]。

与此同时,国内众多学者对教学资源在数字化转型过程中的作用和影响进行了相关研究。李华等人瞄准乡村学校数字教育资源缺乏、优质教师资源不足的要害问题,探寻问题解决的方法路径,以数字教育资源校本化建设与应用作为解决问题的抓手,总结提出了数字教育资源校本化实践框架[④]。尹鸾和潘真清对教育数字化转型的现实困境进行了探讨,指出信息化教学资源分布不均、偏远地区信息化教育资源缺乏等问题,导致了数字技术在教学中的应用存在地域性差异,未能公平有效地进行知识传递[⑤]。任胜洪等人针对数字技术赋能乡村教育数字化转型的问题,提出优质教育资源不仅是提高教育质量的基础和前提,也是实现教育公平的重要支撑,乡村学校教学资源匮乏是乡村生源和师资流向城镇的重要原因之一,更是乡村学校发展的两难境地[⑥]。潘新民和金慧颖以教育生态学理论为指导,把乡村学校数字化教学资源供给视为一个各因子相互作用的复杂生态系统,尝试分析数字化教学资源供给在乡村学校场域所面临的问题,以揭示造成资源供给不适的深层次因素,并尝试提出促进乡村学校数字化教学资源良性供给的路径[⑦]。

2. 教学资源维度的测量指标

综上所述,数字化资源建设是推动课堂教学数字化转型、促进优质教育资源共享的关键基石,对乡村教育数字化转型具有至关重要的影响。本研究在梳理相关研究的基础上,主要从资源可用性、资源丰富度和资源动态性这三个方面,深入剖析乡村教育数字化转型过程中的教学资源情况。

---

①　中共中央办公厅,国务院办公厅.关于进一步减轻义务教育阶段学生作业负担和校外培训负担的意见[EB/OL].(2021-07-24)[2025-01-16].http://www.moe.gov.cn/jyb_xxgk/moe_1777/moe_1778/202107/t20210724_546576.html.

②　教育部办公厅.关于印发《国家智慧教育平台数字教育资源内容审核规范(试行)》[EB/OL].[2025-01-16].http://www.moe.gov.cn/srcsite/A16/s3342/202211/t20221108_979699.html.

③　教育部办公厅.关于印发《国家智慧教育平台数字教育资源内容审核规范》的通知:教科信厅〔2024〕1号[A/OL].(2024-06-06)[2025-01-16].https://www.gov.cn/zhengce/zhengceku/202407/content_6961948.htm.

④　李华,孙娜,马小璇.数字教育资源校本化的研究、实践与未来发展[J].中国电化教育,2022(8):92-99.

⑤　尹鸾,潘真清.赋能与蝶变:职业教育数字化转型的现实困境与改革路径[J].大理大学学报,2024,10(1):63-69.

⑥　任胜洪,张蓉,胡梦.教育数字化赋能乡村教育现代化:应为、难为与可为[J].中国电化教育,2024(1):85-90,103.

⑦　潘新民,金慧颖.乡村学校数字化教学资源良性供给研究——基于教育生态学视角[J].教育学报,2024,20(2):43-52.

（1）资源可用性是指数字化教学资源在乡村学校实际教学场景中，教师能够便捷获取、使用，并可根据教学实际情况进行修改和加工，同时学校为教师使用这些资源提供必要协助的程度。乡村地区教育资源相对匮乏，教师信息技术能力参差不齐。若资源可用性差，即便有丰富的数字化资源，教师也难以有效运用到教学中，无法推动教育数字化转型。从这一层面探讨，能清晰了解乡村学校在资源落地实施环节的状况。

（2）资源丰富度体现为数字化教学资源在内容广度和形式多样性上的表现，不仅要覆盖各个年级和学科的知识内容，还需具备多种呈现形式，如文本、图片、视频、音频等，并且能够根据教师的个性化教学需求提供定制化资源。丰富的教学资源是满足乡村学生多样化学习需求、提升教学质量的基础。不同学科、年级的学生有不同的学习特点，单一形式的教学资源难以激发学生兴趣。教学资源丰富度的不足会限制乡村教育数字化转型的深度和广度。

（3）资源动态性意味着学校要持续提供最新的数字化教育资源，并定期对已有资源进行丰富和更新，同时在更新过程中对资源质量进行严格把控，确保资源的时效性和准确性。教育领域知识不断更新，教学理念和方法也在持续发展。乡村学校若不能及时获取最新资源，会与时代教育发展脱节，难以实现高质量的教育数字化转型。通过这一层面探讨，可衡量学校在资源与时俱进方面的能力。

二、学校组织维度影响因素的确立

教育数字化转型绝非技术在教育领域的简单应用，它需要全方位的支持与准备，而组织层面的支撑更是其中不可或缺的关键要素。一个完善且适应数字化时代的学习组织是推动乡村基础教育数字化转型稳步前行的核心力量。推进数字化学校组织治理，不仅是教育体制改革迈向深化阶段的必然选择，更是我国在追求总体教育现代化、努力跻身教育强国行列征程中的关键一步。学校组织因素涵盖了多个方面，主要聚焦于组织内部对技术的认知、接纳与运用情况。其中，组织实施机制关乎数字化转型举措的具体落地与推进，它决定了转型行动能否有序开展；组织内容人员治理包括学校内各类人员在数字化转型过程中的角色定位、能力培养与协同合作，这是转型得以顺利推进的人力保障；而组织的管理评价机制，则如同指南针，为数字化转型指明方向，并对转型效果进行科学评估。这些因素相互交织、共同作用，不仅决定着乡村教育数字化转型的速度，更左右着其发展方向，是乡村教育在数字化浪潮中能否实现"敢转型""能转型""会转型"的内在动力源泉与核心依托[①]。从本质上讲，教育数字化转型是一个组织系统性进阶变革的过程，从组织变革的视角出发，它必然引发学校教育管理体制的深度重塑以及多主体间的协同共治。

从学校组织的层面进一步剖析，不难发现，不同的教育实施机制，决定了数字化教育资源与技术融入日常教学的方式与程度；共同体建设情况，影响着学校内部以及学校与外部各方力量在数字化转型过程中的协同合作深度与广度；管理评价制度，则直接关系到对数字化转型成效的衡量与反馈，进而影响后续转型策略的调整与优化。基于此，下文将从教育实施机制、共同体建设和管理评价这三个维度，深入探讨学校组织对乡村教育数

①　胡姣,彭红超,祝智庭.教育数字化转型的现实困境与突破路径[J].现代远程教育研究,2022,34(5):72-81.

字化转型的具体影响。

（一）实施机制维度影响因素的确立

1. 实施机制对于推动教育数字化转型的重要意义

对于乡村教育数字化转型而言，不仅需要在静态的人、财、物方面大力投入，而且需要真正将技术融于教学过程中，形成教育参与者习以为常的数字化教育实施机制。实施机制是指实施的程序和过程，是制度内部各要素之间彼此依存、有机结合和自动调节所形成的内在关联和运行方式。在乡村教育数字化转型中，学校数字化实施机制的建立是确保技术与教育深度融合的关键，它不仅是技术落地的保障，更是教育理念、教学模式和管理方式变革的核心驱动力。

从理论与实践层面看，诸多学者的研究为我们深入理解实施机制在教育数字化转型中的作用提供了宝贵的视角。吴南中和陈恩伦基于适配理论，按照技术、制度和情境的作用逻辑，梳理高校组织适配的需求、条件和内容，建构了以目标适应性调整、结构整体性调适、权责一致化配置为指向的组织适配机制，在组织层面为高校数字化转型提供认知引导、聚情共鸣和功用协同[1]。侯笑春和田爱丽引入组织变革理论视角，从典型案例中探寻学校教育数字化转型的动因、构型，提出学校在推进教育数字化转型进程中，应该分析外部环境，评估内部需求和能力，从而确保组织内外各要素之间协调一致形成教育数字化转型构型，并且在变革进程中予以反复回顾和重新设计。徐显龙等对教育数字化转型的理论模型和关键因素进行分析，指出从教育组织的层面看，不同的组织规模与范围、人力资源状况、管理者支持水平以及组织内部的过程性监测与评估都会影响教育数字化转型的成效[2]。

2. 实施机制维度的测量指标

综上所述，学校数字化实施机制的有效建立能够确保乡村学校在数字化转型过程中，从硬件设施到软件应用、从教师培训到学生培养等各个方面形成协同发展的合力，从而实现乡村教育的全面升级。通过梳理文献和总结已有研究，对于实施机制的评估需要从数字化队伍、数字化设施、数字化资源、数字安全和数字化应用五个方面开展。

（1）数字化队伍主要指乡村学校中能够熟练运用数字化技术开展教育教学及管理工作的人员群体，包括教师、教育管理人员以及技术支持人员等。教育组织内的参与人员是落实教育教学及其数字化的实际执行者，同时也是数字化转型的"最后一公里"，决定了数字化转型能否成功[3]。教师作为核心力量，需具备数字化教学设计、教学工具运用、在线教学组织等能力；教育管理人员要掌握数字化管理理念与方法，如利用信息化手段进行

①　吴南中，陈恩伦.高校教育数字化转型中的组织适配机制及其建构路径[J].现代远距离教育，2023（6）：53-60.

②　徐显龙，江鑫广，许洁，等.教育数字化转型持续推进的理论模型、关键因素与提升策略[J].中国电化教育，2024（11）：28-36.

③　祝智庭，孙梦，袁莉.让理念照进现实：教育数字化转型框架设计及成熟度模型构建[J].现代远程教育研究，2022，34（6）：3-11.

学校规划、资源调配、绩效评估等;技术支持人员则负责保障学校数字化设施的正常运行、网络维护以及新技术的引入与应用指导。数字化队伍是乡村教育数字化转型的直接推动者与执行者,他们的专业素养和数字化能力决定了数字化教育能否真正落地并取得实效。缺乏专业的数字化教学队伍,即便拥有先进的设施与资源,也难以将其转化为实际的教育教学优势。

(2)数字化设施是乡村学校开展数字化教育所需的硬件基础,包括计算机设备、多媒体教学终端、网络通信设备、智能交互黑板等。这些设施为数字化教学活动、资源传输与共享以及师生的在线学习交流提供了物理载体。数字化设施是实现乡村教育数字化转型的物质支撑,没有完善的数字化设施,数字化教育就如同无本之木,其性能、数量与覆盖范围直接限制了数字化教育的开展形式与规模。

(3)数字化资源指适用于乡村教育的各类数字化教学材料,包括电子教材、在线课程、教育软件、数字图书馆资源、虚拟实验室等。这些资源以数字化形式存储和传播,具有丰富性、共享性和可更新性等特点。数字化资源是数字化教育的核心内容,是教师教学与学生学习的重要素材,优质且丰富的数字化资源能够弥补乡村学校传统教学资源的不足,为多样化的教学活动提供支持。

(4)数字安全在乡村教育领域涵盖网络安全、数据安全以及信息隐私保护等方面。网络安全确保学校网络环境不受恶意攻击、病毒侵扰,保障数字化教学活动的正常开展;数据安全则涉及学生成绩、教师教学资料、学校管理数据等各类信息的存储、传输安全,防止数据丢失、被篡改或被泄露;信息隐私保护旨在保护师生个人信息不被非法获取和滥用。数字安全是乡村教育数字化转型的重要保障,一旦出现数字安全问题,不仅会影响正常的教学秩序,还可能对师生的权益造成损害,甚至引发信任危机,阻碍数字化转型的推进。

(5)数字化应用是指将数字化技术与乡村教育教学、管理等业务深度融合,形成的各种具体实践形式。例如,利用在线教学平台开展远程授课、借助教育大数据分析学生学习状况并进行个性化辅导、运用数字化管理系统进行学生考勤与教师评价等。数字化应用是检验乡村教育数字化转型成效的关键环节,它将数字化队伍、设施、资源以及数字安全等要素有机结合,将数字化理念转化为实际的教育教学与管理效益。

(二)共同体建设维度影响因素的确立

1. 共同体建设对于推动教育数字化转型的重要意义

乡村教育数字化转型的有序推进依赖于其内外部系统的耦合与协调。这一过程既需要通过协同合作机制来保障多元主体的协作活动,也需要通过城乡深度融合来让乡村教育数字化转型精准对接社会需求和教育改革的目标。在乡村教育数字化转型过程中,共同体建设是关键,主要包括城乡学校共同体建设和学习共同体建设两大部分。

城乡学校共同体建设的数字化转型是推进城乡教育一体化发展的重要战略选择。赵磊磊和王一凡基于社会整合理论,对城乡学校共同体建设数字化转型的逻辑、现实挑战与实践进路进行了系统研究[①]。通过数字化转型,城乡学校共同体能够打破城乡教育资源分配不均衡的壁垒,促进城乡教育资源在宏观结构上的均衡配置。其核心目标是实现城乡义务教育基础设施的"一体化",尤其是强化农村学校的标准化建设,从而确保教育资源的公平覆盖与高效利用。这种建设模式不仅能够弥补乡村学校在硬件设施上的不足,还能够通过数字化手段将城市优质教育资源引入乡村,为乡村学生提供更广阔的学习空间和更丰富的学习资源。

与此同时,学习共同体建设也在乡村教育数字化转型中发挥着重要作用。余瑞霞在研究乡村振兴背景下的学习型乡村建设时指出,加快学习共同体建设能够有效帮助乡村地区解决学习资源匮乏、学习时空受限等问题[②]。在学习共同体中,学习者基于共同的学习兴趣及需求,以完成共同的学习任务为载体,对共同体产生强烈的归属感和认同感。这种归属感和认同感能够激发学习者的积极性和主动性,使他们更加主动地参与到学习活动中。通过数字化平台,学习者可以随时随地获取学习资源,突破时间和空间的限制,实现学习的自主化和个性化。更重要的是,学习共同体能够实现学习者的个体知识、实践经验和共同体的集体知识、实践经验等学习资源的相互转化和拓展,从而满足不同类型学生的学习需求。

2. 共同体建设维度的测量指标

城乡学校共同体建设和学习共同体建设相辅相成,共同为乡村教育数字化转型提供了强大的支撑。城乡学校共同体建设通过优化资源配置,为乡村教育数字化转型奠定了坚实基础;而学习共同体建设则通过激发学习者的内在动力,为乡村教育数字化转型注入了活力。两者的协同发展,不仅能够推动乡村教育的高质量发展,还能为乡村振兴战略的实施提供有力保障。为进一步深入探究共同体建设在乡村教育数字化转型中的重要影响,本研究将从数字团队配备、人员培训研讨、专业人员联动、社会力量参与四个方面对乡村教育数字化转型的影响因素进行探究。

(1)数字团队配备是指学校在数字化转型过程中,是否拥有具备数字化领导能力的校长、具备较高数字化专业水平的管理人员,以及能够帮助教师提升数字化能力的专业人员(如信息技术教师等)。这一维度关注的是学校内部的数字化人才储备和组织架构。从这一维度探讨乡村教育数字化转型的影响,是因为一个具备数字化能力的团队能够为学校数字化转型提供坚实的组织保障和专业支持。只有当学校内部的领导和专业人员具备足够的数字化素养时,才能有效推动数字化资源的整合与应用,提升学校的数字化教学水平,从而为乡村教育数字化转型奠定坚实基础。

(2)人员培训研讨是指学校为提升教师数字化能力所采取的一系列措施,包括鼓励教师参与校内外的数字化教学研修活动、推荐教师参加数字技术培训以及开展校内数字化建设与应用培训等。这一维度关注的是教师数字化能力的持续提升。通过参与各类培训和研讨活动,教师能够不断更新教育理念,掌握最新的数字技术应用方法,从而更好地

① 赵磊磊,王一凡.社会整合视角下城乡学校共同体建设数字化转型的实践进路[J/OL].四川轻化工大学学报(社会科学版),2025(1):105-114.

② 余瑞霞.乡村振兴背景下学习型乡村建设路径[J].中国成人教育,2023(10):76-80.

将数字化手段融入日常教学中,提升教学质量和效率。从这一维度探讨乡村教育数字化转型的影响,是因为教师是教育数字化转型的直接实施者。只有当教师具备足够的数字化能力时,才能有效利用数字化资源和工具开展教学活动,激发学生的学习兴趣和积极性,推动乡村教育的高质量发展。因此,人员培训研讨对于提升乡村教育数字化转型质量具有重要意义。

（3）专业人员联动是指学校与外部专业力量(如其他学校的骨干教师、教育数字化专家、科研院所等)的合作与交流。这一维度关注的是学校如何借助外部专业力量提升自身的数字化水平。通过与其他学校的骨干教师交流研讨,学校可以学习到先进的教学经验和数字化应用模式;通过邀请教育数字化专家进行培训和指导,教师能够获得更系统的数字化知识和技能;通过与科研院所建立合作关系,学校可以参与到前沿的数字化研究项目中,提升自身的科研水平和创新能力。从这一维度探讨乡村教育数字化转型的影响,是因为外部专业力量能够为乡村学校提供更广阔的视野和更丰富的资源。通过与外部专业人员的联动,学校能够突破自身的局限,借鉴先进的经验和模式,提升数字化转型的效率和质量,从而更好地推动乡村教育的数字化发展。

（4）社会力量参与是指学校在数字化建设过程中,如何发挥家长、公益组织、企业、志愿者等社会力量的作用。这一维度关注的是学校如何整合社会资源,形成多方协同推进数字化建设的良好局面。从这一维度探讨乡村教育数字化转型的影响,是因为乡村学校在数字化建设过程中往往面临资源不足的困境。通过引入社会力量,学校能够获得更多的支持和帮助,形成多方协同合作的良好局面,从而更好地推动乡村教育数字化转型的进程,提升乡村教育的整体质量。

（三）管理评价维度影响因素的确立

1. 管理评价对于推动教育数字化转型的重要意义

在乡村教育迈向数字化转型的征程中,构建科学的管理评价体系具有极为关键的作用。它能够充分激发乡村地区广大教师和学生的积极性与创造性,促使数字技术真正成为推动乡村教育高质量数字化建设的"快变量"。我国教育数字化已有 20 多年的发展历程,教育基础设施建设方面已取得显著成效,然而在学校学习方式变革方面,效果仍不够理想[①],一个重要原因就在于目前尚未形成与教育数字化目标和价值导向相匹配的完整评价体系。要顺利推动乡村教育数字化转型,必须以评价为导向,实现学校评价、课程评价、课堂教学评价、教师评价、学生评价等评价体系的整体联动。通过这种联动,促进评价政策导向、理论研究、实践运行三者的协同创新,从而健全乡村教育数字化转型管理评价体系,为乡村教育数字化转型提供有力的支撑和保障。

一些学者对教育数字化转型的管理评价体系进行了深入研究,为乡村教育数字化转型的评价体系建设提供了有益的参考。部分学者从宏观层面探讨了评价体系构建的重要性和目标。程蓓指出,建立现代化学校评价体系是实现教育治理现代化的关键举措,县域

---

① 陈云龙,孔娜.我国教育数字化转型的基础、挑战与建议[J].中国教育学刊,2023(4):25-31.

义务教育学校评价数字化转型有助于推进优质均衡发展并激活数据潜能①。这为乡村教育数字化转型提供了宏观视角，强调了评价体系在优化资源配置和提升教育质量方面的重要作用。同时，学者们也关注到教育评价数字化转型面临的诸多挑战。金劲彪等人指出，技术标准不统一、多元评价主体协调困难、场景适应性不足等问题制约了评价体系的有效实施②。这些问题在乡村教育数字化转型中同样突出，提示我们在构建乡村教育评价体系时，需要重点关注如何解决这些共性问题，以确保评价体系的科学性和实用性。在实践层面，一些学者通过实证研究和方法探索，为评价体系的构建提供了具体思路。聂竹明和张迪运用文献法、德尔菲法和层次分析法构建了智慧学校评估指标体系，为乡村教育数字化转型的评价指标体系构建提供了方法借鉴③；许秋璇基于成熟度评价视角，构建了中小学校教育数字化转型成熟度评价指标体系，为乡村教育数字化转型的评价提供了新的思路和工具④。也有学者指出当前评价机制的不足。刘思来和薛寒指出，目前我国各学校或地区虽利用数字技术赋能评价取得了一定成效，但数字化转型的相关评价机制尚未完善，以评促改和以评促转的机制尚未形成⑤。这一观点揭示了当前评价体系在推动教育变革方面存在的短板，也为乡村教育数字化转型的评价体系建设指明了努力方向。

2. 管理评价维度的测量指标

管理评价体系的构建对于乡村教育数字化转型具有至关重要的意义，当前已有研究为乡村教育数字化转型的评价体系建设提供了丰富的理论和方法支持。通过对现有研究的梳理，本研究将从设施资产管理评价、学生管理评价、教学数字化管理评价和教务数字化管理评价四个层面，深入探讨管理评价维度对乡村教育数字化转型的影响。

（1）设施资产管理评价主要关注学校在教育设施、用房与用地信息、无形资产（如专利、著作权、商标权等）以及设施资产统计分析与评价等方面的数字化管理水平。这一维度的评价旨在通过数字技术提升学校对各类资产的管理效率和透明度，确保资产的有效利用和合理配置。乡村学校往往面临资源有限、管理手段落后的困境。通过设施资产管理评价，可以推动乡村学校利用数字技术提升资产管理水平，优化资源配置，确保有限的资源能够得到高效利用，从而为乡村教育数字化转型提供坚实的物质基础。

（2）学生管理评价主要涉及学生基础信息管理与维护、家庭困难学生申请与管理、学生状况统计分析与评价等方面。这一维度的评价旨在通过数字技术实现对学生信息的精准管理，为学生提供个性化的支持和服务，促进学生全面发展。乡村学校的学生往往面临着家庭经济困难、教育资源匮乏等问题。通过学生管理评价，可以利用数字技术实现对学

---

① 程蓓.县域义务教育学校办学质量评价数字化转型的现实问题及推进策略[J].中国教育学刊,2024(S2)：12-14.

② 金劲彪,许松,章清.教育评价数字化转型的挑战及实现路径[J].贵州社会科学,2024(4)：111-117.

③ 聂竹明,张迪.基于教育数字化转型要素的智慧学校评估指标体系构建[J].现代远程教育研究,2024,36(1)：73-83,112.

④ 许秋璇,吴永和,戴岭.中小学校教育数字化转型成熟度评价指标体系构建及测度方法[J].电化教育研究,2024,45(3)：62-69.

⑤ 刘思来,薛寒.我国基础教育数字化转型动因阐释、现实困境及行动路径[J].教育理论与实践,2024,44(13)：17-25.

生信息的精准管理,为学生提供个性化的支持和服务,帮助乡村学生更好地适应数字化学习环境,提升学习效果,从而推动乡村教育数字化转型的顺利进行。

(3)教学数字化管理评价主要关注教师教学质量的精准评价、教师画像生成与专业发展预警、课程实施的管理与评价等方面。这一维度的评价旨在通过数字技术提升教学管理的科学性和精准性,促进教师专业发展,提高教学质量。乡村学校普遍面临着教师资源不足、教师专业发展受限等问题。通过教学数字化管理评价,可以利用数字技术实现对教师教学质量的精准评价和教师专业发展的精准支持,提升教师的教学能力和专业素养,从而为乡村教育数字化转型提供高质量的师资保障。

(4)教务数字化管理评价主要涉及学生、教师与班级信息的便捷录入、查询与修改,成绩采集与考试数据分析,学生评教与教师评学,考务管理,教室借用审批等方面。这一维度的评价旨在通过数字技术提升教务管理的效率和透明度,优化教学流程,提高教学管理的科学性和规范性。乡村学校在教务管理方面往往存在流程烦琐、信息不透明等问题。通过教务数字化管理评价,可以利用数字技术实现教务管理的高效化和透明化,优化教学流程,提升教学管理的科学性和规范性,从而为乡村教育数字化转型提供有力的管理支持。

三、政策环境维度影响因素的确立

在教育数字化转型的宏观背景下,任何教育组织均置身于特定的社会、文化与经济环境之中,其数字化转型成效必然受到这些外部环境因素的深刻影响。教育数字化转型是一个涉及多方面的系统性改革工程,它要求在宏观层面对教育体系的政策法规架构进行审视与重构,并在体制机制建设以及供给侧要素方面同步推进整体性变革。因此,政策环境因素在社区教育数字化转型中扮演着至关重要的角色。它不仅为转型提供外部条件和动力,还影响着社区教育机构的内部决策和行为。乡村教育数字化转型作为国家数字化转型战略的重要构成部分,在转型进程中,国家政策支持与愿景规划扮演着举足轻重的角色,例如,党的十八大以来,我国相继提出"创新驱动发展""打造数字中国""建设教育强国"等顶层战略,为教育及乡村数字化转型提供了思想指导。因此,本研究在深入探讨乡村教育数字化转型的环境影响因素时,将重点聚焦于政策制度和愿景规划两个关键层面展开剖析,深入探究政策环境对乡村教育数字化转型的具体作用机制与影响路径。

(一)政策制度维度影响因素的确立

1. 政策制度对于推动教育数字化转型的重要意义

政策制度作为乡村教育数字化转型的重要环境因素,其重要意义有以下几个层面。首先,国家层面的政策文件明确了乡村教育数字化转型的目标和任务,强调了数字技术在乡村教育中的应用价值。这些政策文件不仅为乡村教育数字化转型指明了方向,还通过宏观规划,推动了乡村教育与国家发展战略的紧密结合。地方政府依据国家政策,结合本地实际情况,制定具体的实施细则和配套措施,以推动国家政策在乡村教育领域的有效实施。其次,国家和地方政府通过财政支持、项目资助等方式,为乡村学校建设数字化基础设施、采购数字化设备、开发数字化教育资源等提供了资金支持。同时,政策还通过引导社会资本参与,优化资源配置,确保乡村教育数字化转型的可持续发展。再次,政策环境通过优化教育资源分配,推动乡村教育数字化转型,促进教育公平与均衡发展。国家政策强调优质教育资源的共享和均衡分配,通过数字化手段打破城乡教育资源分配不均衡的现状,缩小城乡教育差距。最后,政策环境通过宣传推广和政策引导,增强全社会对乡村教育数字化转型的认知和参与度。国家和地方政府通过开展数字化教育宣传活动、举办教育信息化培训等方式,提升乡村学校、教师、学生和家长对数字化教育的认知和接受度。同时,通过政策引导,鼓励社会各界参与乡村教育数字化转型,形成全社会共同推动乡村教育发展的良好氛围。

近年来,众多学者在探究教育数字化转型的影响因素时,也指出了政策制度因素的重要作用。张乐乐和顾小清的研究表明,外界支持和潮流压力直接影响教师对人工智能的判断、决策和使用,政策法规对人工智能技术在教育领域创新扩散的影响程度仅次于潮流压力,外在政策环境对于教师技术接纳具有重要意义[1]。伊秀云和孙涛基于创新生态系统理论的"政策驱动"分析,提出国家战略和相关政策的支持引导是教育数字化转型的重要条件和宝贵契机[2]。徐显龙等人构建了教育数字化状态与影响因素持续推进模型,在研究中指出政府教育部门的政策法规代表了其在较长的时间段内会坚定推进的教育方向。如果地方政府不够重视教育数字化,疏于制定教育数字化政策和规则,则难以营造较好的数字化改革氛围,难以形成良好的教育数字化生态[3]。

2. 政策制度维度的测量指标

通过梳理相关文献和分析,发现政策制度是乡村教育数字化转型的重要外部支撑,具体包括国家宏观政策的顶层设计、地方政府的规范引导以及宣传推广等多方面因素,共同构成了乡村教育数字化转型的政策保障体系。因此,本研究为深入探究政策制度维度对乡村教育数字化转型的影响,将从政策支持、规范指南、宣传推广三个层面展开探究。

(1)政策支持是指政府通过制定和实施一系列推动乡村教育数字化转型的政策措施,为乡村教育数字化发展提供资源、资金和项目等方面的支持。政策支持是乡村教育数字化转型的关键推动力。国家层面的宏观政策为乡村教育数字化转型明确了方向和目标,提供了战略指导。地方政府依据国家政策,结合本地实际情况,制定具体的实施细则和配套措施,以推动国家政策在乡村教育领域的有效实施。从政策支持维度分析乡村教育数字化转型的影响,是因为政策支持直接决定了资源投入的力度和发展进程的速度。政策的连贯性和持续性能够保障乡村教育数字化转型的长期稳定推进,避免因政策波动导致的项目停滞或资源浪费。同时,及时更新和优化政策能够适应数字化技术的快速发展和乡村教育的实际需求变化,确保政策的有效性和针对性。

(2)规范指南是指政府为乡村教育数字化转型制定的一系列标准、规范和操作指南,

① 张乐乐,顾小清.人工智能在教育领域创新扩散的影响因素研究——基于 TOE 理论框架[J].中国远程教育,2023,43(2):54-63,82.

② 伊秀云,孙涛.数字化赋能乡村教育高质量发展:价值意蕴、现实挑战与推进路径[J].中国电化教育,2024(1):77-84.

③ 徐显龙,江鑫广,许洁,等.教育数字化转型持续推进的理论模型、关键因素与提升策略[J].中国电化教育,2024(11):28-36.

包括技术标准、教学标准、评估标准等,旨在为乡村教育数字化转型提供明确的操作框架和质量保障。规范指南是乡村教育数字化转型的重要保障,通过发布教育数字化发展的规范和指南,政府能够明确乡村教育数字化转型的技术路径和质量要求,确保数字化转型的科学性和规范性。从规范指南维度探讨乡村教育数字化转型的影响,是因为规范指南能够为乡村教育数字化转型提供明确的技术和操作标准。规范指南的制定和更新能够确保乡村教育数字化转型的科学性和可持续性,避免因技术选择不当或操作不规范而导致的问题。同时,规范指南还能够为乡村教育数字化转型提供质量保障,提升乡村教育的整体水平。

(3)宣传推广是指政府通过多种渠道和方式,向乡村学校、教师、学生和家长普及乡村教育数字化转型的政策、措施以及成功案例,从而提高全社会对乡村教育数字化转型的认知和参与度。宣传推广是乡村教育数字化转型的重要推动力,通过宣传推广,政府能够增强社会各界对乡村教育数字化转型的理解,提升乡村学校、教师、学生和家长对数字化教育的接受度和参与积极性。从宣传推广维度探讨乡村教育数字化转型的影响,是因为宣传推广能够有效提升乡村教育数字化转型的社会认知度和参与度。宣传推广能够消除乡村学校、教师、学生和家长对数字化教育的误解和疑虑,增强他们的信心和积极性。通过宣传推广,还能够吸引更多社会资源参与乡村教育数字化转型,形成多方合力推动乡村教育发展的良好局面。

(二)愿景规划维度影响因素的确立

1. 愿景规划对于推动教育数字化转型的重要意义

乡村教育数字化转型是在价值需求导向和战略愿景引领下,通过数字技术驱动和新型能力赋能,构建适应数字时代的现代化教育体系的过程。在这一转型过程中,愿景规划发挥着不可替代的引领作用。愿景规划是指地方政府部门深刻理解国家及省市教育数字化发展战略,结合本地实际情况,制订具有前瞻性和可操作性的转型方案。这要求当地政府部门深刻领悟国家教育数字化转型的整体布局,结合乡村教育的现实需求与资源条件,制订出具有针对性和可操作性的本地转型方案。通过愿景规划,乡村教育数字化转型能够明确方向、凝聚共识,并为后续的政策制定、资源配置和项目实施提供清晰的蓝图。

在当前学术研究中,愿景规划在教育数字化转型中的重要作用得到了广泛关注和深入探讨。国际教育技术学会(International Society for Technology in Education,ISTE)明确指出,学校组织的共同愿景和有效的实施计划是数字技术融入学科教学的必要条件[①]。这表明,愿景规划不仅是教育数字化转型的战略指引,更是确保技术与教学深度融合的关键环节。余胜泉进一步强调,制订整体规划方案能够为学校教育数字化转型指明方向和路径,指导和规范学校的数字化转型建设[②]。这种规划不仅涉及技术层面的创新,还包括教育理念的更新、教学模式的变革以及教育资源的优化配置。通过明确的愿景规

---

① 　International Society for Technology in Education. Technology and student achievement—The indelible link. [EB/OL]. (2016-06-22)[2025-02-05]. https://computerexplorers.com/Student-Achievement-Brief.pdf.

② 　余胜泉.教育数字化转型的关键路径[J].华东师范大学学报(教育科学版),2023,41(3):62-71.

划，教育机构能够更好地整合资源、协调各方力量，推动数字化转型的顺利实施。在乡村教育数字化转型的背景下，愿景规划的作用尤为突出。乡村教育面临着资源短缺、师资不足、教育质量参差不齐等诸多挑战，而愿景规划能够为乡村教育数字化转型提供清晰的目标和实施路径。穆肃等人指出，通过制订符合乡村实际的数字化转型规划，可以有效整合区域内外的教育资源，利用数字技术打破教育资源分配的不均衡[①]。同时，愿景规划还能激发乡村教育工作者和社区的参与热情，形成推动教育数字化转型的强大合力。此外，肖菊梅和赵静指出，愿景规划还能够促进乡村教育治理体系的现代化，借助数字技术，乡村教育治理可以实现从传统的单一管理模式向多元主体协同治理的转变[②]。总之，愿景规划在乡村教育数字化转型中具有不可替代的重要作用。它不仅是实现教育数字化转型的战略蓝图，更是推动乡村教育高质量发展的核心动力。通过科学合理的愿景规划，乡村教育能够更好地适应数字时代的发展需求，实现教育公平与质量的双重提升。

2. 愿景规划维度的测量指标

在推进乡村教育数字化转型过程中，必须高度重视愿景规划的制定与实施。只有通过科学的规划引领，才能确保乡村教育数字化转型沿着正确的方向稳步推进，最终实现教育公平和质量提升的双重目标。本研究为深入探究愿景规划维度对乡村教育数字化转型的影响，将从愿景和规划两个层面展开探究。

（1）愿景是乡村教育数字化转型的引领性目标，是一种对未来发展的前瞻性设想，描绘了乡村教育在未来的发展蓝图。它不仅是一种期望，更是一种精神指引，赋予行动以意义和价值。清晰的愿景能够为乡村教育数字化转型明确方向，使乡村教育工作者和相关利益者明白数字化转型要达成的理想教育场景。它为乡村教育注入活力与希望，激发教师、学生和家长等各方参与数字化教育的积极性，增强他们对乡村教育未来发展的信心，从而凝聚各方力量共同推动乡村教育数字化进程。从愿景维度出发探究其对乡村教育数字化转型的影响，能够帮助我们更好地理解乡村教育数字化转型的战略方向和目标。通过分析愿景的设定和实施情况，可以评估乡村教育数字化转型的顶层设计是否科学合理，是否能够有效引导资源投入和行动落实。

（2）规划是基于愿景制定的具体行动方案，是将愿景转化为现实的桥梁。它涵盖了目标设定、步骤安排、资源配置以及时间规划等要素，是一种系统性、策略性的安排，旨在有序地达成预定目标。科学合理的规划是乡村教育数字化成功实施的关键。它能够根据乡村教育的实际情况，合理分配数字化教育资源，如硬件设备、软件平台、师资培训等；同时，规划明确了各个阶段的任务和目标，使乡村教育数字化的推进过程有条不紊，避免盲目行动和资源浪费。从规划维度出发探究其对乡村教育数字化转型的影响，能够帮助我们更好地理解乡村教育数字化转型的具体实施路径和保障机制。通过分析规划的科学性、可行性和执行情况，可以评估乡村教育数字化转型的实施效果，为优化转型策略提供依据。

---

① 穆肃，朱宇琦，周德青.数字化转型视域下乡村教育服务体系架构研究[J].中国教育信息化，2024，30(2)：26-34.

② 肖菊梅，赵静.数字技术赋能乡村教育治理：价值、挑战与实践[J].中国教育信息化，2024，30(11)：15-23.

四、自我效能感中介影响因素的确立

自我效能感(self-efficacy)是建立在班杜拉(Bandura)社会认知理论之上的[①]概念。心理学家班杜拉认为,自我效能感是指个体相信自己有能力完成某种或某类任务的信心,是关于能力的自我感知,而非代表实际能力[②]。换句话说,自我效能感是指在特定的环境下,个体对自己组织和执行产生既定成就所需的行动过程的能力的信念,其本质是自我效能感通过认知、动机、情感和选择等中介过程来调整其行为,体现了自我效能感是人与环境作用的过程中极具个体能动性的一种表现。自我效能感与个体从事的具体实践活动相结合便产生了新的内涵,教师自我效能感这一概念便是自我效能感的延伸。洪秀敏将教师自我效能感强调为整体性概念,认为教师自我效能感就是教师对其教育能力的期望和判断[③]。布洛梅克(Blömeke)等人认为教师自我效能感既是一种信念也是一种能力,是基于个体的、主观的、相对稳定的、类似特质的一种教师特征[④]。

在乡村教育数字化转型过程中,教师的自我效能感作为关键中介因素,发挥着重要且不可替代的作用。首先,乡村教育数字化转型需要教师积极接纳并应用数字技术。教师的自我效能感越高,他们越相信自己能够掌握和运用新的数字工具和教学平台,从而更愿意尝试将数字化技术融入教学中。例如,通过国家中小学智慧教育平台等资源,教师可以提升备课精度与质量。这种积极的态度有助于缩小城乡教师在数字素养方面的差距,推动乡村教育数字化转型的进程。其次,乡村教育数字化转型面临着诸多挑战,如基础设施不足、资源有限等。教师的自我效能感能够帮助他们在面对这些困难时保持积极心态,增强应对变革的心理韧性。这种心理韧性使教师能够更好地适应数字化教学环境,克服技术应用中的困难,从而推动乡村教育数字化转型的顺利进行。最后,教师的自我效能感不仅影响其自身的教学行为,还会影响学生的学习效果。当教师相信自己能够有效利用数字化工具进行教学时,他们更有可能为学生创造丰富的学习环境,提升学生的学习兴趣和参与度。此外,教师的自我效能感还能够促进教育资源的均衡分配,通过远程教学、在线课程等方式,让乡村学生也能享受到优质的教育资源,从而推动教育公平。

综上所述,教师的自我效能感在乡村教育数字化转型中具有重要的中介作用,其对教师的行为、心理状态以及学生的学习效果都有着深远的影响。因此,本研究将教师自我效能感作为推动乡村教育数字化转型的中介因素。

第三节　关系假设的建立与描述

乡村教育数字化转型的过程受多种因素的影响,上述章节对国内外社会学、心理学、教育学等大量的文献进行了梳理,对影响乡村教育数字化转型的诸因素进行了详细阐述,

---

① Bandura A. Self-efficacy：Toward a unifying theory of behavioral change[J]. Psychological Review,1977.

② 庞维国. 自主学习：学与教的原理和策略[M]. 上海：华东师范大学出版社,2003：48.

③ 洪秀敏,庞丽娟. 论教师自我效能感的本质、结构与特征[J]. 教育科学,2006(4)：44-46.

④ Blömeke S,Kaiser G. Understanding the development of teachers' professional competencies as personally, situationally and socially determined[J]. International handbook of research on teacher education,2017：783-802.

本节主要对诸影响因素之间形成的假设性关系进行细致剖析。

一、数字技术维度影响因素的假设关系确立

就数字技术维度而言,主要探讨了基础设施和教学资源两个方面,细致剖析了基础设施、教学资源和影响乡村教育数字化转型的中介变量之间的关系假设。

(一)基础设施

1. 基础设施与乡村教育数字化转型之间的关系假设

数字基础设施建设是数字化转型的载体与媒介,主要是指硬件设施和网络的建设,主要包括校园安防、基础网络、教学环境、创新空间几个方面。徐晓飞和张策对高等教育数字化改革的要素进行分析,指出数字化基础设施(包括支撑公共教育和学校教学的各种数字化设备、网络、终端、软硬件平台、系统、场所等)为教育数字化资源和内容的运行提供了基础平台与环境[①]。祝智庭和胡姣对教育数字化转型的本质进行探析,指出以"数字基建"为内核的新基建是教育数字化转型的坚实基础,教育数字化转型在基础设施上的未来发展方向是打造联通、开放、敏捷、个性化的新型数字化教育形态,为教育数字化转型的实践提供支持与动力[②]。吴砥等人认为,新基建已成为教育数字化转型的基础条件,良好的数字化教学环境是实现教师智能化的"教"和学生个性化的"学"的基础保障[③]。

基于以上分析,本研究提出假设 1a:基础设施对乡村教育数字化转型具有积极的推动作用。

2. 基础设施与自我效能感之间的关系假设

完善的数字化基础设施建设是教师有效开展教学、进行科研活动的根本保证。周海涛和李虔对高校教师进行了内部资源满意水平影响因素调查,发现高校教师对基础设施资源的满意度最低,管理者应该加强基础设施扩充力度,保证教师的基本资源需求[④]。胡水星对高校数据治理与教师满意度进行调研,发现数字化基础设施建设与平台应用正向影响教师综合满意度[⑤]。也就是说,数字化基础设施(如高速网络、智能教学设备等)能够为教师提供更多的教学资源和工具,能够显著提升教师的工作满意度和教学效能,帮助教师更好地开展教学活动,减少教师在教学过程中遇到的困难,从而增强教师的自我效能感。

基于以上分析,本研究提出假设 1b:基础设施通过提升教师自我效能感进而推动乡村教育数字化转型。

①　徐晓飞,张策.我国高等教育数字化改革的要素与途径[J].中国高教研究,2022(7):31-35.
②　祝智庭,胡姣.教育数字化转型的本质探析与研究展望[J].中国电化教育,2022(4):1-8,25.
③　吴砥,李环,尉小荣.教育数字化转型:国际背景、发展需求与推进路径[J].中国远程教育,2022(7):21-27,58,79.
④　周海涛,李虔.大学教师对内部资源满意水平及其影响因素的个案分析[J].高等工程教育研究,2014(3):172-176.
⑤　胡水星,荆洲,杨启光.高校数据治理的现实审视与实践路向——基于教师评价视角的结构方程模型分析[J].教育发展研究,2023,43(21):49-57.

（二）教学资源与其他因素之间的关系假设

1. 教学资源与乡村教育数字化转型之间的关系假设

数字教育资源是数字化教学服务流程、个性化服务供给和模式创新的基础,既包括传统的数字化教学资源,如课件、多媒体素材等,也包括新型的数字化教学资源,如微课、网络课程、教学软件等。教育部发布的《关于进一步推进社区教育发展的意见》中要求丰富社区教育的内容与形式,强调充分利用现代远程教育体系,结合或依托社区公共服务综合信息平台,建立覆盖城乡、开放便捷的社区数字化学习公共服务平台及体系。刘怀金等人认为高校数字化教学资源是信息化背景下高等教育教学资源的新形式,是推动高等教育从规模扩张向质量提升转变的重要载体。杨彦军和张胜歌对教育数字化转型的三大战略动因进行分析,指出数字资源以其丰富、共享、实时等特点,可为城乡不同地区、学校间的师生提供优质学习资源,缓和教育发展不均衡问题[①]。

基于以上分析,本研究提出假设 2a:教学资源对于乡村教育数字化转型存在直接正向影响。

2. 教学资源与自我效能感之间的关系假设

研究表明,教学资源与自我效能感之间存在一定的关联性。李宝和张文兰强调,在智慧教育环境下,个性化学习资源推送服务能够满足不同学习者的学习需求,减少学习过程中的挫折感和焦虑感,从而在一定程度上提升学习者的自我效能感[②]。徐碧波等人则指出,丰富的数字化教育资源具有多样性、共享性、扩展性和工具性等特征,其应用使得师生对数字化教育资源的接受度与依赖性不断提高。此外,通过为教师打造体系化的激励系统,可以吸引教师积极探索数字资源,进而从内心真正认同数字化工具对基础教育数字化转型的引领作用[③]。

基于以上分析,本研究提出假设 2b:教学资源通过提升教师自我效能感进而推动乡村教育数字化转型。

二、学校组织维度影响因素之间的假设关系确立

就学校组织维度而言,主要探讨实施机制、共同体建设和管理评价三个方面,详细描述实施机制、共同体建设、管理评价和影响乡村教育数字化转型的中介变量之间的关系假设。

（一）实施机制与其他因素之间的关系假设

1. 实施机制与乡村教育数字化转型之间的关系假设

推动数字化转型的是组织策略,而不一定是教育技术,组织的体系规则是影响数字化

---

①　杨彦军,张胜歌.全球视野中的教育数字化转型战略研究——基于 25 份教育数字化转型政策文本的分析[J].电化教育研究,2024,45(6):41-49.

②　李宝,张文兰.智慧教育环境下学习资源推送服务模型的构建[J].远程教育,2015,33(3):41-48.

③　徐碧波,裴沁雪,陈卓,等.国家中小学智慧教育平台推进基础教育数字化转型的现实意义与优化方向[J].中国电化教育,2023(2):74-80.

技术创新在学校组织内扩散的重要因素。实施机制是学校教育数字化转型中的核心系统化框架,涵盖数字化队伍的建设与优化、数字化设施的规划与使用、数字化资源的开发与管理、数字安全的保障与维护,以及数字化应用的推广与实施。这一框架通过明确的目标、阶段性的完善、计划性的提升、有意识的促进和定时的更新,确保了学校在数字化转型过程中的各个方面都能得到有效管理和持续改进。已有研究表明,建立明确的数字化转型实施机制是推动教育数字化转型的必由之路。徐晓飞和张策指出,高校中的标准和规范为教育数字化系统提供了开放性、共享性、连通性和复用性,使得教育数字化系统内外部交互通信与协同集成更加便利和高效,也支持着教育数字化在广大范围的推广应用。刘大伟指出,实施机制的不完善对公共教育服务数字化转型造成了一定阻碍,因此公共教育服务的数字化转型需要细致、严谨和科学的顶层设计[①]。程蓓强调,明确转型工作的组织领导及参与部门,加强统筹协调并落实工作责任,同时科学匹配短期规划与中长期规划,是推动县域义务教育数字化转型的重要保障措施[②]。

基于以上分析,本研究提出假设3a:实施机制对于乡村教育数字化转型存在直接正向影响。

2. 实施机制与自我效能感之间的关系假设

系统的教师专业发展计划能够显著提升教师的专业能力和自我效能感。2021年,教育部、财政部联合印发《关于实施中小学幼儿园教师国家级培训计划(2021—2025年)的通知》,指出要强化"国培计划"的示范引领作用,带动地方开展省、市、县、校级培训,明确各级培训重点,健全教师培训工作机制,实现全员培训、全面提升。现有研究也表明,学校内部的管理机制、组织文化、支持系统以及教师的专业发展机会等都会对教师的自我效能感产生重要影响。任友群等人指出,学校通过提供持续的专业发展机会,可以帮助教师更好地适应新的教学方法和技术,从而增强他们的自我效能感[③]。此外,卢青青和吴晗清的研究表明,积极的学校文化和组织氛围能够显著提升教师的自我效能感。学校通过建立合作文化、鼓励教师之间的交流和分享,能够增强教师的归属感和自信心[④]。

基于以上分析,本研究提出假设3b:实施机制通过提升教师自我效能感进而推动乡村教育数字化转型。

(二)共同体建设与其他因素之间的关系假设

1. 共同体建设与乡村教育数字化转型之间的关系假设

乡村教育数字化转型是一个复杂而持续的转型过程,各方利益相关者必须密切合作。学校的共同体建设旨在通过构建一个多方参与、协作共享的网络,这个网络包括学校内部

① 刘大伟.数字化转型时代的公共教育服务:机遇、现实与进路[J].教育研究与实验,2024(4):46-55.
② 程蓓.县域义务教育学校办学质量评价数字化转型的现实问题及推进策略[J].中国教育学刊,2024(S2):12-14.
③ 任友群,冯晓英,何春.数字时代基础教育教师培训供给侧改革初探[J].中国远程教育,2022(8):1-8,78.
④ 卢青青,吴晗清."方向盘"模型:中学教师自我效能感有效提升的路径[J].教育理论与实践,2018,38(29):28-31.

的管理人员、教师、技术人员,以及外部的专家、科研机构、企业、社会组织和家长等。其目标是通过这些内外联动和合作,形成一个支持教育数字化转型的生态系统,使得学校能够更有效地利用数字化资源和工具,提高教育质量和效率,同时也为学生提供一个更加丰富和互动的学习环境。曾云等人借鉴新加坡"未来学校"的发展经验,提出未来教育应该构建学校发展共同体,这是联通政策、理论和实践的必由之路[①]。张季平在关于数字时代乡村教育数字化转型的研究中提出,提升乡村师生共同体的数字化素养,是发展乡村教育数字化转型的重要路径[②]。

基于以上分析,本研究提出假设 4a:共同体建设对于乡村教育数字化转型存在直接正向影响。

2. 共同体建设与自我效能感之间的关系假设

教师学习共同体的建设为教师提供了一个合作、交流与分享的平台,有助于促进教师的专业成长和心理支持。近年来,许多研究都强调了教师学习共同体在提升教师专业能力和自我效能感方面发挥的重要作用。刘育东和周迎提出了促进教师专业发展的"I-CARE"共同体运转模式,并论证了"I-CARE"共同体可以为教师提供民主、和谐、生态的发展环境,帮助教师提高自信心和自我效能感,有效促进高校外语教师可持续发展[③]。郭燕和徐锦芬通过分析定性和定量数据,发现教师非常认同共同体建设对其教学能力提升的促进作用。研究表明以有效教学为核心的互动、交流与合作,以及普通教师的被赋权与专业自主,是促进教师教学能力发展的根本因素。蔡珂和张澄运用结构方程模型分析方法探讨班主任专业学习共同体、自我效能感、主观职业成功三者之间的作用机制,发现专业学习共同体参与是提升班主任主观职业成功的有效路径,自我效能感在其中发挥中介作用[④]。

基于以上分析,本研究提出假设 4b:实施机制通过提升教师自我效能感进而推动乡村教育数字化转型。

(三) 管理评价与其他因素之间的关系假设

1. 管理评价与乡村教育数字化转型之间的关系假设

随着海量的数据被采集应用到教育领域,数据驱动的教育管理已然成为未来的发展趋势。管理评价是指利用数字技术对学校内部的各种管理活动进行系统化的监控、分析和评估的过程。这一过程涉及对设施资产、学生信息、教学活动以及教务流程等方面的数据收集、处理和分析,旨在提高管理效率、优化资源配置、提升服务质量,并为决策提供数据支持。中共中央、国务院印发的《深化新时代教育评价改革总体方案》明确指出,要充分

①　曾云,易朝红,马早明."未来学校":引领新加坡基础教育数字化转型[J].基础教育,2024,21(1):41-49,84.
②　张季平.数字时代农村教育数字化转型:价值意蕴、面临困境与路径选择[J].农业经济,2024(9):120-121.
③　刘育东,周迎.可持续发展视角的高校外语教师共同体建设[J].河北大学学报(哲学社会科学版),2015,40(1):109-115.
④　蔡珂,张澄.专业学习共同体与班主任主观职业成功的关系研究——个体自我效能感的中介效应分析[J].上海教育科研,2024(8):62-68.

利用信息技术,创新评价工具,持续深入推进教育评价改革。吴砥等人指出,利用大数据和人工智能技术实现区校一体化的教育管理,是优化教育治理体系、推动教育数字化转型的重要途径[①]。王正青和杜丽玮提出数字化管理评价已经成为基础教育质量监测实现数字化转型的重要形式,其具备快速、灵活、准确等特点,能够为有效把握教育质量提供及时监测与反馈[②]。

基于以上分析,本研究提出假设5a:管理评价对于乡村教育数字化转型存在直接正向影响。

2. 管理评价与自我效能感之间的关系假设

管理评价是学校管理的重要组成部分,通过科学合理的评价机制,可以对教师的教学行为、教学效果以及专业发展进行全面的评估和反馈。有效的管理评价不仅能帮助教师了解自己的教学表现,还能为教师提供改进的方向和建议,从而提升教师的专业能力和教学效果。2020年,教育部等六部门印发《关于加强新时代乡村教师队伍建设的意见》,提出要完善乡村教师评价机制,注重教师的师德表现、教学能力和专业发展,鼓励教师在乡村教育中发挥更大的作用[③]。许多研究已经证实,合理的教师评价机制能够显著提升教师的自我效能感。例如,戈达德(Goddard)等人的研究表明,学校的评价机制如果能够提供具体的、建设性的反馈,教师会更清楚自己的优势和不足,从而更有针对性地改进教学,增强自我效能感[④]。李凌艳等人采用半结构化访谈的方法,针对乡村教师专业发展的影响因素展开分析。研究发现,合理的管理评价举措,如借助数字化教学比赛为教师提供展示自我的机会,能够提升教师的成就感,进而增强其自我效能感[⑤]。

基于以上分析,本研究提出假设5b:管理评价通过提升教师自我效能感进而推动乡村教育数字化转型。

三、政策环境维度影响因素之间的假设关系确立

就政策环境维度而言,主要探讨了政策制度和愿景规划这两个方面,详细描述了政策制度、愿景规划和影响乡村教育数字化转型的中介变量之间的关系假设。

(一)政策制度与其他因素之间的关系假设

1. 政策制度与乡村教育数字化转型之间的关系假设

政策制度在教育数字化转型过程中发挥着宏观引导和规范的关键作用。经济合作与

———————————

① 吴砥,李环,尉小荣. 教育数字化转型:国际背景、发展需求与推进路径[J]. 中国远程教育,2022(7):21-27,58,79.

② 王正青,杜丽玮. 国际基础教育质量监测的数字化转型:实践路径、支持保障与经验借鉴[J]. 中国考试,2024(8):89-98.

③ 中华人民共和国教育部. 关于加强新时代乡村教师队伍建设的意见[EB/OL]. (2020-08-28)[2025-02-06]. http://www.moe.gov.cn/srcsite/A10/s3735/202009/t20200903_484941.html.

④ Goddard R D,Hoy W K,Hoy A W. Collective efficacy beliefs:Theoretical developments,empirical evidence,and future directions[J]. Educational researcher,2004,33(3):3-13.

⑤ 李凌艳,蒲素素,任昌山,等. 教育数字化背景下乡村教师的专业发展参与:影响因素与整合机制——以贵州省某脱贫摘帽县教师为例的扎根分析[J]. 中国电化教育,2024(1):68-76.

发展组织（Organization for Economic Cooperation and Development，OECD）为推动高等教育数字化转型，构建了"政策框架—行动路径—效果监测"三位一体的实践举措，强调政策制度对教育数字化转型的引领作用，强调要通过建立政策框架以锚定数字化转型的方向，如建立机制并定期审视利益相关者的数字化实践和需求为政策提供信息[①]。许秋璇等人认为，国家政策不仅为教育数字化转型提供了战略方向，而且为教育数字化发展带来相关政策风向与红利[②]。蔡旻君等人采用文本挖掘、PMC 指数（policy modeling consistency index，政策模型一致性指数）模型等方法对教育数字化政策文本进行量化评估，揭示了行之有效的政策体系支撑在推动教育数字化转型过程中的重要作用[③]。付卫东在乡村教育数字化转型的研究中指出，系统化、在地化、精准化的制度体系是确保乡村教育数字化迈入科学、高效、健康轨道的重要抓手，这不仅需要国家统一制定宏观政策，对乡村教育数字化转型进行谋篇布局，更需要地方政府明晰乡村教育数字化转型的内涵和重点任务，有针对性地制订本地区乡村教育数字化转型方案[④]。

基于以上分析，本研究提出假设 6a：政策制度对于乡村教育数字化转型存在直接正向影响。

2. 政策制度与自我效能感之间的关系假设

合理且完善的教育政策制度，能为教师的职业发展营造良好环境，在资源分配、职业发展路径规划、激励机制构建等多方面给予有力支持。已有研究表明，适宜的政策制度对教师自我效能感有着积极影响。郑小凤和刘新民对有关高等学校 44 项教育政策文件进行文本处理和定量分析，发现宏观政策制度通过对资源、晋升、机遇、权利、工资等方面的配置，激励体育教师行为，明确的政策制度为体育教师职业发展提供保障，调动教师积极性，促使体育教师不断进步[⑤]。这表明，当政策制度保障教师获得充足的培训资源与发展机会时，教师能够不断更新知识和技能，从而更自信地应对教学挑战，自我效能感也随之提升。另外，一些地方实施的教师职称评定改革政策，将教学创新、学生综合素养提升等纳入评定标准，激发了教师的积极性和创造力，使教师在达成新的评定目标过程中，感受到自身能力的提升，进而增强了自我效能感[⑥]。

基于以上分析，本研究提出假设 6b：政策制度通过提升教师自我效能感进而推动乡村教育数字化转型。

① 张强，吴易林. 以评促"转"：OECD 高等教育数字化转型的顶层架构与实践举措[J]. 中国高教研究，2022(7)：23-30.

② 许秋璇，吴永和. 教育数字化转型的驱动因素与逻辑框架——创新生态系统理论视角[J]. 现代远程教育研究，2023，35(2)：31-39.

③ 蔡旻君，张书琦. 推进教育数字化转型的政策保障研究——基于 PMC 指数模型的量化评估分析[J]. 电化教育研究，2024，45(9)：37-44,60.

④ 付卫东，汪琪. 乡村教育数字化转型：价值意蕴、风险隐忧与策略调适[J]. 河北师范大学学报（教育科学版），2024，26(5)：83-90.

⑤ 郑小凤，刘新民. 我国教育变革时期高校体育教师职业发展政策制度探析[J]. 西安体育学院学报，2020，37(4)：497-504.

⑥ 庞丽娟，金志峰，杨小敏，等. 完善教师队伍建设助力乡村振兴战略——制度思考和政策建议[J]. 北京师范大学学报（社会科学版），2020(6)：5-14.

（二）愿景规划与其他因素之间的关系假设

1. 愿景规划与乡村教育数字化转型之间的关系假设

愿景规划在乡村教育数字化转型进程中扮演着极为关键的引领角色。科学合理且具有前瞻性的愿景规划，能够为乡村教育数字化转型明确清晰的方向，整合多元资源，激发各方参与的积极性。从政策导向来看，《中国教育现代化 2035》明确提出要加快信息化时代教育变革，推动城乡教育资源均衡发展[1]，这为乡村教育数字化转型的愿景规划提供了有力的政策依据与方向指引。左明章和卢强对区域教育信息化推进实践经验进行梳理，指出依据区域实际需求，发挥大学的智力优势，整体规划，合理布局，对推动区域信息化环境建设有着重要作用和实践意义[2]。在基础教育数字化转型实践中，通过制订愿景规划，明确以实现教育资源的均衡共享为目标，加大基础设施建设投入，确保学校接入高速互联网，配备智能教学设备，使得乡村学生能够通过网络课堂接触到城市优质教育资源，打破了地域限制[3]。

基于以上分析，本研究提出假设 7a：愿景规划对于乡村教育数字化转型存在直接正向影响。

2. 愿景规划与自我效能感之间的关系假设

愿景规划通过设定具体目标和路径，帮助教师在面对复杂多变的教育环境时保持积极态度，进而提升其自我效能感，使其更有信心应对教育数字化转型中的各种挑战。李凌艳等人的研究指出，乡村教师的规划感、成就感和归属感对其专业发展观和数字化专业发展活动的参与有重要影响[4]。谢志勇和王红进一步探讨了教师的自我效能感在数字化持续专业发展与数字化教学素养关系中的作用，发现愿景规划为乡村教师提供了清晰的未来发展方向和具体目标，使教师能够明确自己在教育数字化转型中的角色和任务[5]。朱梦星和胡静也指出，愿景规划通常包含对教育理想的追求和对更好未来的展望，能够激发乡村教师的内在动力和职业热情[6]。也就是说，当教师对教育数字化转型的愿景充满期待时，他们更愿意主动学习和应用新技术，这种积极的态度和行为会进一步提升他们的自我效能感。

基于以上分析，本研究提出假设 7b：愿景规划通过提升教师自我效能感进而推动乡村教育数字化转型。

① 中共中央国务院. 中国教育现代化 2035[EB/OL]. (2019-02-23)[2025-03-17]. http://www.moe.gov.cn/jyb_xwfb/s6052/moe_838/201902/t20190223 370857.html.
② 左明章,卢强. 区域教育信息化协同推进机制创新与实践[J]. 中国电化教育,2017(1)：91-98.
③ 田永健,付涛,刘玉武,等. 基础教育数字化转型的实践探索[J]. 中国电化教育,2022(8)：106-132.
④ 李凌艳,蒲素素,任昌山,等. 教育数字化背景下乡村教师的专业发展参与：影响因素与整合机制——以贵州省某脱贫摘帽县教师为例的扎根分析[J]. 中国电化教育,2024(1)：68-76.
⑤ 谢志勇,王红. 乡村教师数字化持续专业发展对数字化教学素养的影响——组织支持感和数字化教学自我效能感的中介作用[J]. 华南师范大学学报(社会科学版),2024(1)：105-116,206.
⑥ 朱梦星,胡静. 化被动为主动：乡村教师的数字突围之道[J]. 基础教育研究,2024(13)：31-37,60.

第四节　影响因素关联模型的构建与阐释

基于对乡村教育数字化转型影响因素的深入分析,在对诸影响因素之间形成假设性关系细致剖析的基础上,形成了乡村教育数字化转型影响因素关联模型(见图 2-4),模型刻画了各影响因素对乡村教育数字化转型的直接或间接的影响,并指出了各因素之间的作用关系。

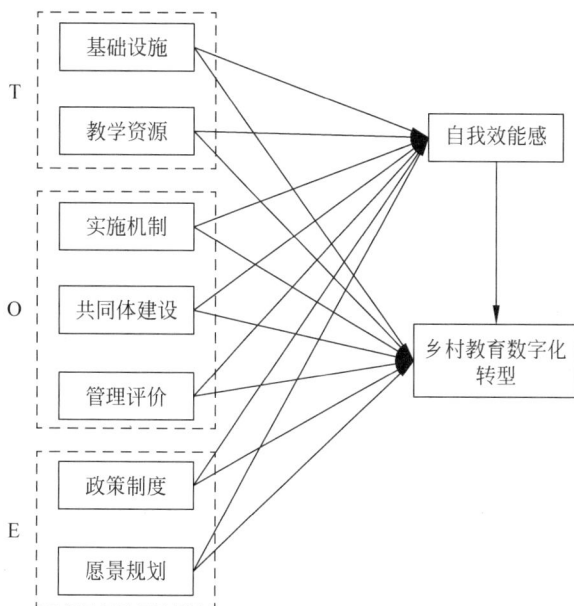

图 2-4　乡村教育数字化转型影响因素关联模型

基于假设性影响因素的确立,乡村教育数字化转型影响因素关联模型共包含了八个变量,其中包括数字技术维度两个变量,即基础设施、教学资源;学校组织维度三个变量,即实施机制、共同体建设和管理评价;政策环境维度两个变量,即政策制度、愿景规划,以及中介变量自我效能感。各因素之间错综复杂的影响关系用图中箭头标注,箭头方向指出了因素间影响与被影响的关系。

在数字技术维度中,基础设施直接影响乡村教育数字化转型,并通过直接作用于自我效能感来间接影响乡村教育数字化转型;教学资源直接影响乡村教育数字化转型,并通过直接作用于自我效能感来间接影响乡村教育数字化转型。

在学校组织维度,实施机制直接影响乡村教育数字化转型,并通过直接作用于自我效能感来间接影响乡村教育数字化转型;共同体建设直接影响乡村教育数字化转型,并通过直接作用于自我效能感来间接影响乡村教育数字化转型;管理评价直接影响乡村教育数字化转型,并通过直接作用于自我效能感来间接影响乡村教育数字化转型。

在政策环境维度,政策制度直接影响乡村教育数字化转型,并通过直接作用于自我效能感来间接影响乡村教育数字化转型；愿景规划直接影响乡村教育数字化转型,并通过直接作用于自我效能感来间接影响乡村教育数字化转型。

本 章 小 结

本章主要围绕乡村教育数字化转型的影响因素及其关联模型的构建展开,旨在通过理论框架的搭建和影响因素的深入分析,揭示乡村教育数字化转型的关键驱动机制。

首先,本章以 SOR(刺激—机体—反应)理论和 TOE(技术—组织—环境)框架为基础,从数字技术、学校组织和政策环境三个维度,系统梳理了影响乡村教育数字化转型的关键因素。通过对 SOR 理论的起源、相关研究及其在教育领域的应用进行详细阐述,明确了外部环境刺激、机体感知和行为反应在乡村教育数字化转型中的作用机制。同时,TOE 框架的引入为分析技术、组织和环境因素对数字化转型的影响提供了系统化的理论支持。

其次,本章详细探讨了数字技术、学校组织和政策环境三个维度的具体影响因素。在数字技术维度,基础设施和教学资源被视为推动乡村教育数字化转型的核心要素;在学校组织维度,实施机制、共同体建设和管理评价成为影响转型进程的关键因素;在政策环境维度,政策制度和愿景规划则为乡村教育数字化转型提供了宏观引导和规范支持。此外,本章还引入了教师自我效能感作为中介变量,探讨了其在数字化转型中的重要作用,进一步丰富了影响因素之间的关联性分析。

最后,基于对各影响因素之间关系的假设性分析,本章构建了乡村教育数字化转型的影响因素关联模型,明确了各因素之间的直接和间接作用路径。该模型为后续的实证研究提供了理论依据,并为乡村教育数字化转型的实践路径设计奠定了基础。

本章的研究为后续章节的问卷设计、模型验证及质性检验提供了理论支撑。在接下来的章节中,将基于本章构建的理论模型,进一步通过问卷调查和实证分析,验证各影响因素的实际作用机制,并结合个案剖析,探索乡村教育数字化转型的具体路径与实践策略。

第三章 乡村教育数字化影响因素问卷的设计与调查实施

根据第二章提出的乡村教育数字化影响因素的假设关系,本章主要讲述乡村教育数字化影响因素调查问卷的设计与调查实施方法。变量维度的确定以及调查问卷设计的科学性与合理性对调查结果的准确性与客观性至关重要。因此,在正式大规模开展问卷调查之前,有必要对变量的测量指标来源以及测量题项设计进行详细说明。本章的重点内容主要包括以下几个方面:首先,详细阐述调查问卷的设计过程与主要内容;其次,分别对数字技术、学校组织、政策环境、自我效能感以及乡村教育数字化调查问卷各维度的设计内容进行深入说明;再次,对乡村教育数字化影响因素整体调查问卷进行测试并根据反馈进行修正,确定最终的调查问卷,并对修正后的问卷进行大规模发放;最后,对收集到的调查问卷数据进行描述性统计分析、信效度分析以及差异性分析,以确保调查结果的科学性与可靠性,为深入研究乡村教育数字化转型的影响因素提供坚实的数据支持。

第一节 调查问卷设计及问卷内容

一、调查问卷设计过程

研究主要采用问卷调查法,通过问卷及问卷分析对影响乡村教育数字化的各因素进行检验和验证。首先结合乡村教育特有属性与测量维度划分设计调查问卷的具体指标题项,进行小规模发放,针对反馈结果进行修改和调整,之后再根据修改后的问卷展开大规模调查。

(一)问卷设计注意事项

在设计乡村教育数字化问卷时,需要考虑多方面因素以确保问卷的科学性和有效性,同时减少对受访者的干扰和心理影响。以下是需要注意的几点。

1. 减少对教育主体的特殊化影响

针对乡村教育数字化转型的调查,受访者可能包括不同背景的学生、教师、管理者等群体。若问卷设计或实施中突出某一特殊群体,如特定经济背景的学生或教育薄弱地区的学校,可能会引发受访者的心理压力或抗拒,影响问卷的真实性和科学性。因此,问卷设计应尽可能覆盖整个研究对象范围,避免标签化和特殊化。具体措施包括:①保护隐私,确保问卷内容不会泄露受访者的个人信息,且在问卷开头明确告知受访者问卷的保密性,消除其顾虑;②避免敏感话题,尽量不直接询问可能引起教育主体不适或心理压力的话题,如教师对传统教育模式的过度依赖、学生对数字化学习的抵触情绪等;③使用友好语言,采用温和、亲切、鼓励性的语言风格,避免使用可能引起反感或焦虑的措辞。

2. 提升问题的易理解度

鉴于教育主体中包含不同教育背景、年龄层次的人员,问卷设计要充分考虑其理解能力,选择符合认知特点的问题形式。具体要做到以下三点:①使用通俗词汇,确保问题中的词汇简单易懂,避免使用过于专业或晦涩难懂的术语;②明确问题意图,每个问题都应清晰准确地表达其目的,杜绝模棱两可或容易产生歧义的表述;③提供清晰选项,对于封闭式问题,提供明确、简洁且易于理解的选项,方便受访者快速准确地做出选择。

3. 关注题项间的关联性

问卷设计应从全局考虑,将相关题项按照逻辑顺序排列,形成一个完整的调查体系。通过多角度、双面性问题表达调查主题,可以更全面地了解受访者态度和行为。需注意以下三点:①逻辑顺序合理,问卷中的问题应遵循一定的逻辑顺序排列,从宏观到微观,从基础到深入,循序渐进地引导受访者作答;②内在关联紧密,确保问卷中的问题在内容上相互呼应、相互补充,形成一个有机统一的调查体系,避免出现孤立、散乱的问题;③避免重复冗余,杜绝在问卷中出现重复或高度类似的问题,以免给受访者造成困扰,影响作答积极性和问卷质量。

4. 确保问卷的中立性

问卷设计的中立性直接影响数据的客观性。受访者特别是学生和教师,可能受到环境或研究者暗示的影响,因此需要尽量降低问卷中潜在的诱导性因素。具体措施包括:①保持中立立场,问卷设计者应秉持客观公正的态度,避免在问题中暗示或引导受访者给出特定答案;②客观描述问题,问题的表述应基于事实,客观、准确,杜绝带有主观色彩、偏见或情感倾向的词汇;③设置开放性问题,适当增加开放性问题,给予受访者充分的自由表达空间,让其能够真实、全面地表达对乡村教育数字化转型的看法和意见,减少诱导性因素对调查结果的干扰。

(二)问卷设计流程

调查得到的数据是进行结果判断的主要依据,问卷质量的高低直接关系研究结论的正确性以及数据信息的有效性和科学性,基于设计出科学有效的调查问卷的考虑,本研究参照了马国庆提出的问卷设计流程①,具体过程如下。

第一,梳理相关文献的研究成果,设计潜在变量的具体测量指标。在编制《乡村教育数字化转型调查问卷》的过程中,本研究开展了全面且深入的文献回顾工作。通过广泛查阅国内外知名学术数据库、专业期刊以及权威学术平台,对乡村教育数字化转型影响因素的相关文献进行了细致的梳理与分析。结合乡村教育数字化的特有属性和环境,确定各个变量的具体测量指标,形成初始的调查问卷。

第二,小范围访谈和专家咨询,修改调查问卷。积极邀请教育技术、乡村教育等多领域专家进行深入咨询。这些专家不仅在学术研究上成果丰硕,更在乡村教育数字化实践

---

① 　马国庆.管理统计:数据获得、统计原理、SPSS工具与应用研究[M].北京:科学出版社,2002.

一线积累了丰富的经验,他们的专业意见为问卷的完善提供了极具价值的指导。依据专家反馈,对问卷的框架结构、内容深度以及语言表述等进行全方位的精细打磨,力求使问卷更具科学性与准确性。为了精准把握乡村教育数字化转型过程中的实际问题与需求,研究团队深入某偏远乡村学校开展了小范围访谈与预调查。通过与乡村教师、学生及其家长的面对面交流,深入了解他们在数字化教育转型中的真实感受、困惑与期望,收集到了大量鲜活、真实的一手资料。这些资料为问卷的进一步优化提供了有力支撑,使问卷能够更加贴合乡村教育的实际场景。最后,基于访谈与预调查的成果,对问卷中存在歧义、冗余或与研究目标关联度不高的题项进行了果断删减与重构。同时,依据预调查数据的统计分析结果,对量表的信度、效度等关键指标进行了严谨评估,并据此对问卷进行了针对性的微调与完善,全方位提升问卷的质量与可靠性,确保其能够精准测量乡村教育数字化转型的影响因素。

第三,问卷试测。问卷试测是整个设计流程中至关重要的一环,它肩负着验证问卷信度、效度以及确保大规模调查数据质量的重任。本研究精心挑选了涵盖不同地域、不同教育阶段、不同数字化教育基础的乡村学校作为试测样本点,样本在年龄、性别、教育背景等方面呈现出多元化分布,能够全方位映射目标群体的特征。在试测过程中,全程跟踪受访者的作答过程,细致观察并记录他们在填写问卷时的困惑点、犹豫处以及对题目的理解偏差,为后续问卷优化提供精准依据。试测结束后,借助专业的统计分析软件 SPSS(statistical package for the social sciences,社会科学统计软件包)对收集到的数据进行深度挖掘与分析。SPSS 软件的强大功能助力测试团队高效筛选出表现欠佳、干扰性强或与研究目标契合度低的题项,将其果断剔除,同时对保留题项进行精细化打磨,进一步优化问卷结构与内容,全方位提升问卷的整体品质,为后续大规模调查奠定坚实基础,确保最终获取的数据能够真实、准确地反映乡村教育数字化转型的影响因素全貌。

第四,问卷修正与确定。在问卷试测并验证其有效性之后,问卷设计团队将再次对问卷展开全方位、精细化的修改与评估工作。在修改过程中,设计人员将对问卷的每一处细节进行反复斟酌与打磨,从问题的措辞精准度、选项的完备性与合理性,到整体的逻辑架构与版式布局,全方位审视。重点评估问卷内容是否全面覆盖乡村教育数字化转型的关键影响因素,是否能够精准捕捉到各因素之间的内在关联与作用机制,同时,严格把控问题长度,力求在简洁明了与信息丰富度之间找到完美平衡,避免因问题过长导致受访者疲劳厌烦,或因过短而信息缺失。此外,题目的准确性与逻辑连贯性是此次修改的核心关注点。设计人员将逐一核查每个问题是否表述清晰、指向明确,能否精准契合研究目的与假设;并对问题之间的逻辑衔接进行严谨审查,确保整个问卷的逻辑链条紧密、流畅,无任何逻辑漏洞或跳跃,使受访者在作答过程中能够顺畅、连贯地表达观点,全方位保障问卷质量,最终形成科学、严谨、实用的《乡村教育数字化调查问卷》。

二、调查问卷的主要内容

《乡村教育数字化转型调查问卷》主要分为被试的基本信息、转型水平和影响因素三个部分,详见表 3-1。

表 3-1　乡村教育数字化转型调查问卷主体部分

数字化转型与影响因素	题 项 内 容		项目数
教育数字化转型水平	数字化教育教学观念		13
	数字化教育教学模式		11
	数字化教育评价机制		13
	数字化教育教学治理		9
	教育质量		3
	教育公平		4
影响因素	自我效能感		15
	数字技术	基础设施、教学资源	21
	学校组织	实施机制、共同体建设、管理评价	43
	政策环境	政策制度、愿景规划	17

　　第一部分是调查对象的基本信息,包括年龄、教龄、性别、学历、任教学段、任教学科及任职单位所在地等信息,该部分信息主要用于基本信息的描述性分析。

　　第二部分是对乡村教育数字化转型水平的调查,包括数字化教育教学观念、教学模式、评价机制、教学治理、教育公平、教育质量六个方面的测量题项。

　　第三部分是对乡村留守儿童成就动机影响因素的调查部分,包括各个变量(三个影响因素与一个中介因素)的测量题项。本研究采用 TOE 框架,从数字技术、学校组织、政策环境三个维度出发,确定了影响乡村教育数字化转型的关键条件变量。其中,数字技术从基础设施、教学资源两个方面设计具体的题项。学校组织从实施机制、共同体建设、管理评价三个方面设计具体的题项。政策环境从政策制度、愿景规划两个方面设计具体的题项。中介变量是自我效能感,从信息和数据素养、沟通和协作、数字内容创作、安全、问题解决五个方面设计具体题项。

<h2 align="center">第二节　数字技术调查问卷的设计</h2>

　　乡村教育数字化影响因素调查问卷的测试对象是乡村教育的参与者,包括教师和管理者等。基础设施资源建设决定了基础教育数字化服务水平,教育教学资源优化教育数字化转型目标,平台资源直接影响转型的落地与实施[①]。因此,在数字技术维度下,可以确定的影响因素包括基础设施和教学资源两个方面。以下是对数字技术维度中各影响因素下具体测量指标的确定。

一、基础设施调查表

　　数字技术基础设施建设不完善是乡村教育数字化转型面临的一大挑战,由于乡村学

---

　　① 王周秀,张奕潇,宋子昀.中国基础教育数字化转型的元素构成、运作机制和实施路径[J].四川轻化工大学学报(社会科学版),2023,38(6):87-98.

校的地理位置一般比较偏远、资金投入有限等因素,导致其在数字技术基础设施建设方面相对滞后,从而影响了教育数字化转型的进程与效果。在乡村教育的数字化转型过程中,基础设施的建设至关重要。通过建设完善的校园安防、基础网络、教学环境和创新空间等基础设施,才能够为乡村学校提供必要的硬件支持,保障教育活动的顺利进行,推动教育质量的提升。

区域发展不平衡造成的乡村教育资源分配不均以及基础设施建设等差异是影响乡村教育数字化转型的重要因素。从基础设施入手,我们可以直观地看出,在乡村教育发展的过程中,学校的硬件条件和信息化设施水平等基础设施建设直接影响乡村教育数字化转型的进程和效果。本研究确定在基础设施维度下的测量指标为:校园安防、基础网络、教学环境和创新空间。因为研究的调查主体是乡村学校,且调查目的与乡村教育数字化转型紧密相关,因此从学校的教学条件出发,将测量指标限定在基础设施建设与乡村教育数字化转型的关系上,其具体体现是:①校园安防,包括视频监控设备、门禁系统和智能化校园安全管理系统,体现学校在数字化安防方面的建设水平;②基础网络,包括校园网服务、网络速度以及网络设施的维护和升级,体现学校网络环境的稳定性和适应性;③教学环境,包括数字化教学设备、智慧教室建设和满足不同学科需求的设施配备,体现学校在数字化教学条件上的完善程度;④创新空间,包括创客教室的建设、活动组织以及对学生创新活动的支持,体现学校在数字化创新教育方面的实践能力。最后,确定基础设施维度由 12 个条目组成(XA1~XA12),量表具体条目详见表 3-2。

表 3-2 基础设施测量指标

潜 在 变 量		编码	测量指标(观察变量)
基础设施	校园安防	XA1	您所在的学校,学校的主要公共区域(如教学楼、操场)都安装了较为完备的视频监控设备
		XA2	您所在的学校,学校的门口设置了较为全面的门禁系统
		XA3	您所在的学校,配备了智能化校园安全管理系统
	基础网络	XA4	您所在的学校,提供了较为稳定的校园网服务
		XA5	您所在的学校,网络速度能够满足日常教学和办公的需求
		XA6	您所在的学校,定期对网络设施进行修理、维护和升级
	教学环境	XA7	您所在的学校,配备了较为丰富的数字化教学设备(电子白板、投影仪等)
		XA8	您所在的学校,建立了应用较为先进技术的智慧教室
		XA9	您所在的学校,配备的设施能够满足不同学科的教学需求
	创新空间	XA10	您所在的学校,建立了配备较为先进技术(如虚拟现实等)的创客教室
		XA11	您所在的学校,经常在创客教室组织活动
		XA12	您所在的学校,创客教室能够充分支持学生创新活动的开展

基础设施的这些指标(校园安防、基础网络、教学环境和创新空间)对乡村教育数字化转型的影响是多方面的。它们不仅为数字化教育的顺利实施提供了硬件支持,还可通过增强教育资源的公平性、教学方式的创新和学生能力的培养,促进教育质量的提升。通过这四个维度的划分,基础设施调查问卷能够全面、系统地评估乡村学校在数字化转型过程中所面临的基础设施条件。每个指标所设计的问题都紧密围绕教育目标展开,旨在评估

学校在安防、网络、教学和创新方面的具体支持水平,从而为后续的数字化转型规划和改进提供数据支持。综上所述,基础设施测量指标由四个维度组成,量表具体条目详见表 3-2。

二、教学资源调查表

教学资源是影响教育质量的重要因素,尤其是在数字化转型的背景下,教学资源的有效利用直接关系教育的效果与学生的学习成果。良好的教学资源不仅为教师提供了丰富的教学内容,还为学生提供了多样化的学习体验,帮助学生在信息化时代更好地适应学习需求。教学资源的整合和利用是教师教学水平和学校教育质量的重要体现,也是数字化教育转型的关键所在。教学资源主要体现在数字化资源的可用性、丰富度和动态性三个方面。

具体来说,资源可用性是指学校是否提供了易于教师使用和修改的数字化教学资源,并提供相关的支持和帮助。这一维度的测量指标包括教师是否能够方便地获取和利用这些资源,以及学校是否为教师提供了相应的培训和技术支持。资源丰富度则关注教学资源是否全面,是否能够满足不同学科和年级的需求,提供多种类型的教学内容(如文本、图像、音视频等)。该维度旨在探讨学校是否能够根据教学需要提供个性化的资源,支持教师进行创新教学。最后,资源动态性则是指教学资源的更新和完善程度,特别是资源是否能跟上教育技术的变化,是否定期进行更新和质量审核,从而确保教学内容的时效性和准确性。

在本研究中,教学资源调查问卷根据上述维度进行了设计,并设置了相应的测量指标。资源可用性维度包含了教师对数字化资源易用性和技术支持的评估,资源丰富度维度则重点考察了资源的多样性和适用性,资源动态性维度则聚焦于资源更新和质量审核的情况。每个维度下的具体问题根据实际教育环境的需求进行了调整,以便能够全面、精准地评估乡村教育中教学资源的现状与发展需求。综上所述,本维度由资源可用性、资源丰富度和资源动态性三个二维指标构成,量表具体条目详见表 3-3。

表 3-3 教学资源测量指标

潜 在 变 量		编码	测量指标(观察变量)
教学资源	资源可用性	XB1	您所在的学校,给教师提供了便捷访问数字化教学资源的渠道
		XB2	您所在的学校,给教师提供了易于修改和加工的数字化资源
		XB3	您所在的学校,为教师使用数字化资源提供了帮助和支持
	资源丰富度	XB4	您所在的学校,数字化教学资源内容丰富,涵盖了各个年级和学科
		XB5	您所在的学校,提供了多种类型的资源,如文本、图片、视频和音频
		XB6	您所在的学校,会根据教师的教学需求提供个性化的教学资源
	资源动态性	XB7	您所在的学校,会提供最新的数字化教育资源
		XB8	您所在的学校,会定期对数字化资源进行丰富和更新
		XB9	您所在的学校,会对更新的教学资源进行严格的质量审核

第三节　学校组织调查问卷的设计

学校组织是指为了实现教育目标,由教师、学生、行政人员等组成的正式和非正式的群体。这些群体通过明确的职责分工和协调合作,共同完成教育教学任务[①]。学校组织的数字化转型是教育数字化转型的重要组成部分,旨在通过技术手段实现教学质量和管理效率的提升[②]。学校组织层面囊括了实施机制、共同体建设和管理评价三个二级条件。

一、实施机制调查表

实施机制是学校教育数字化转型中的关键系统化框架,已有研究表明,建立明确的数字化转型实施机制是推动教育数字化转型的必由之路。刘大伟指出,实施机制的不完善对公共教育服务数字化转型造成了一定阻碍,因此公共教育服务的数字化转型需要细致、严谨和科学的顶层设计[③]。程蓓强调,明确转型工作的组织领导及参与部门,加强统筹协调并落实工作责任,科学匹配短期规划与中长期规划,是推动县域义务教育数字化转型的重要保障措施[④]。实施机制涵盖数字化队伍的建设与优化、数字化设施的规划与使用、数字化资源的开发与管理、数字安全的保障与维护,以及数字化应用的推广与实施。

数字化队伍建设与优化考察学校在数字化队伍建设方面的规划和行动,反映了学校在人力资源方面的数字化转型能力,强调队伍建设的系统性和前瞻性。数字化设施的规划与使用通过评估学校在数字化设施建设方面的规划和使用情况,关注学校在硬件设施方面的投入和管理能力,强调设施配备的科学性和实用性。数字化资源的开发与管理考察学校在数字化资源建设方面的规划和管理能力,反映学校在软件资源方面的建设水平,强调资源的丰富性、更新频率和应用效果。数字安全的保障与维护评估学校在数字安全方面的保障和维护能力,反映了学校在数字化转型过程中对数据安全和网络安全的重视程度,强调安全体系的完整性和规范性。数字化应用的推广与实施考察学校在数字化应用方面的推广和实施能力,反映了学校在数字化转型过程中对新技术的接纳和应用能力,强调应用的计划性和创新性。

问卷设计应科学、系统,涵盖乡村学校数字化转型实施机制的多个关键环节,从队伍建设、设施规划、资源管理、安全保障到应用推广,全面评估学校的数字化转型能力。通过这些题项,可以深入了解学校在数字化转型过程中是否具备清晰的规划、合理的资源配置、完善的安全保障和有效的应用推广,从而为乡村教育数字化转型提供有针对性的改进建议和决策支持,该问卷由 16 个条目组成(XC1~XC16),量表具体条目详见表 3-4。

---

① 聂小林,张金霞,黄倩倩,等.智能技术赋能教育数字化治理:内涵、框架及路径[J].中国教育信息化,2024,30(4):21-31.
② 李姝,罗玉娟.数字化赋能教育高质量发展[N].银川日报,2024-11-24(003).
③ 刘大伟.数字化转型时代的公共教育服务:机遇、现实与进路[J].教育研究与实验,2024(4):46-55.
④ 程蓓.县域义务教育学校办学质量评价数字化转型的现实问题及推进策略[J].中国教育学刊,2024(S2):12-14.

表 3-4　实施机制测量指标

潜在变量		编码	测量指标(观察变量)
实施机制	数字化队伍的建设与优化	XC1	您所在学校数字化队伍建设规划较为清晰合理
		XC2	您所在学校会阶段性地完善数字化人员结构
		XC3	您所在学校会计划性地改善学校教职工数字素养水平
	数字化设施的规划与使用	XC4	您所在学校的数字化设施建设规划较为清晰合理
		XC5	您所在学校的数字化设施购买方案较为明确合理
		XC6	您所在学校会根据相应功能需求,有规划地使用数字化设施
	数字化资源的开发与管理	XC7	您所在学校的数字化资源建设规划较为清晰合理
		XC8	您所在学校会定期检查并丰富学校数字化资源
		XC9	您所在学校会有意识促进学校数字化资源的应用
	数字安全的保障与维护	XC10	您所在学校的数字安全保障规划较为清晰合理
		XC11	您所在的学校会定期更新网络安全规范和技术安全标准
		XC12	您所在学校的数字安全制度及管理体系较完备
		XC13	您所在学校制定了比较完善的教育数据保护制度
	数字化应用的推广与实施	XC14	您所在学校的数字化应用规划较为清晰合理
		XC15	您所在学校有计划地推动数字化教学模式变革
		XC16	您所在学校会有意识地促进数字技术在教育中的高效应用

二、共同体建设调查表

　　教育共同体是指持有相同或相近的教育价值取向、承担共同的教育伦理责任的多元异质教育主体自愿组成的遵守一定教育范式的联合体[①]。共同体建设是教育现代化的必由之路[②],共同体建设是教育数字化转型中各参与主体间互动的一种生态,是影响教育转型意识、转型凝聚力和转型价值观的关键因素。共同体建设贯穿于教育数字化转型的各个环节并发挥直接作用。

　　数字团队配备是乡村学校数字化转型的核心基础。校长、管理人员和专业人员的数字化能力直接影响学校的转型方向和实施效果。因此,题项设计围绕校长的数字化领导能力、管理人员的专业水平以及专业人员的胜任力展开,旨在评估学校是否具备推动数字化转型的内部核心力量。人员培训研讨是提升教师数字化能力的重要途径,围绕教师参与外部研修、参加数字技术培训以及校内培训展开,通过具体的行为描述,确保题项能够全面覆盖教师培训的各个环节,反映学校在培训机制方面的实际投入和效果。专业人员互动能够为学校提供外部智力支持,帮助教师拓宽视野、提升专业水平,题项设计围绕邀请骨干教师交流、邀请专家指导以及与科研院所合作展开,确保题项能够精准反映学校在专业互动方面的实际举措和效果,体现学校对外部资源的利用能力。社会力量参与是学校数字化转型的重要外部支持。通过发挥家长、公益组织、企业和社会志愿者的作用,学

　　①　陈红梅.教育共同体视域下学校与社区互动的研究:基于现代学校制度建设的思考[M].武汉:华中科技大学出版社,2015.
　　②　中国社会科学网.共同体建设是教育现代化的必由之路[EB/OL].(2025-01-19)[2023-04-04].https://www.cssn.cn/skgz/bwyc/202304/t20230404_5617946.shtml.

校能够获得多元化的资源支持,缓解资金压力,丰富教育资源,从而提升数字化建设的可持续性,因此,题项设计围绕社会力量的作用发挥、企业或社会组织的支持以及志愿者的参与展开。

综上所述,共同体建设维度主要从数字团队配备、人员培训研讨、专业人员互动、社会力量参与四个方面进行研究,各维度题项的设计均围绕乡村学校数字化转型的实际需求展开,通过具体的行为化描述,将抽象的共同体建设目标转化为可测量的指标。具体指标详见表 3-5。

表 3-5　共同体建设测量指标

潜 在 变 量		编码	测量指标(观察变量)
共同体建设	数字团队配备	XD1	您所在学校校长较为重视教育数字化发展,且具有较强的数字化领导能力
		XD2	您所在学校的管理人员具有较高的数字化专业水平和较强的数字化指导能力
		XD3	您所在学校负责帮助教师数字化发展的人员,如信息技术教师等,具有较强的数字化胜任能力
	人员培训研讨	XD4	您所在学校会鼓励教师积极参与校内外数字化教学研修活动
		XD5	您所在学校会积极推荐教师参加数字技术培训和教研活动
		XD6	您所在学校会主动开展校内数字化建设与应用培训,提高教职员工的数字技术应用能力和数字素养
	专业人员互动	XD7	您所在学校会经常邀请其他学校优秀骨干教师进行交流研讨
		XD8	您所在学校会经常邀请教育数字化专家进行交流、培训和指导
		XD9	您所在学校与科研院所等研究机构建有实质性的合作关系,经常围绕数字化建设与应用有目的地开展协同研究
	社会力量参与	XD10	您所在学校能发挥家长、公益组织等社会力量的作用,深入推进数字化建设与发展
		XD11	您所在地区经常会有企业或社会组织为学校提供资金、技术和资源支持
		XD12	您所在地区经常会有志愿者到学校开展数字化教育和培训活动

三、管理评价调查表

管理评价是指对教育数字化转型过程中各项管理工作进行的评估与衡量,包括设施资产管理评价、学生管理评价、教学数字化管理评价、教务数字化管理评价四个方面,是保障教育数字化转型顺利推进的关键环节之一。管理评价是教育机构内部管理流程的一种反馈机制,是影响教育转型效率、质量把控和资源优化配置的重要因素。管理评价贯穿于教育数字化转型的全周期并发挥直接作用。

设施资产管理是学校管理的重要组成部分,其数字化程度直接反映了学校在资源利用和管理效率方面的现代化水平,题项围绕教育设施管理、用房与用地信息管理、无形资产(如专利、著作权等)管理以及设施资产的统计分析与评价展开。学生管理是学校管理的核心内容之一,其数字化程度直接影响学校对学生信息的掌握和管理效率。通过利用数字技术管理学生信息、学籍档案、家庭困难学生认定以及学生状况的统计分析,学校能够实现学生管理的精准化和个性化,提升管理的科学性和有效性。教学管理是学校管理的核心环节,其数字化程度直接影响教学质量提升和教师专业发展,题项围绕教师教学质量评价、教师画像生成与专业发展预警以及课程管理与评价展开。教务管理是学校日常运行的重要组成部分,其数字化程度直接影响学校教学活动的组织和管理效率,主要包括利用数字技术进行信息录入与查询、成绩采集与分析、教学评价、考务管理以及教室使用管理等方面。

综上所述,管理评价问卷的设计围绕设施资产、学生、教学和教务四大管理领域展开,通过具体的行为化描述和多维度的评估指标,全面、精准地反映学校在管理数字化方面的实际水平,具体指标详见表 3-6。

表 3-6　管理评价测量指标

潜 在 变 量		编码	测量指标(观察变量)
管理评价	设施资产管理评价	XE1	您所在学校能利用数字技术进行教育设施的管理
		XE2	您所在学校能利用数字技术进行学校用房与用地信息的管理
		XE3	您所在学校能利用数字技术进行无形资产(专利、著作权等)的管理
		XE4	您所在学校能利用数字技术对设施资产进行统计分析与评价
	学生管理评价	XE5	您所在学校能利用数字技术管理与维护学生信息
		XE6	您所在学校能利用数字技术进行家庭困难学生的认定与管理
		XE7	您所在学校能利用数字技术进行学生学籍档案与考试成绩的管理
		XE8	您所在学校能利用数字技术对学生状况进行统计分析与评价
	教学数字化管理评价	XE9	您所在学校能利用数字技术进行教师教学质量的精准评价及问题诊断
		XE10	您所在学校能利用数字技术进行教师画像的生成及专业发展预警
		XE11	您所在学校能利用数字技术对课程进行管理与评价
	教务数字化管理评价	XE12	您所在学校能利用数字技术进行学生、教师与班级信息的便捷录入、查询与修改
		XE13	您所在学校能利用数字技术进行成绩采集、考试数据分析与评价报表生成
		XE14	您所在学校能利用数字技术进行学生评教、教师评学及管理人员对教学的检查与评估
		XE15	您所在学校能利用数字技术进行考试设置、编排及考务相关资料的批量打印
		XE16	您所在学校能利用数字技术进行教室的借用审批、状态查询与使用情况统计

第四节　政策环境调查问卷的设计

政策制度作为引领变革与转型的发展建构,有助于明确变革与转型的目标、记录趋势并估计未来的整体性工作[①],愿景规划则明确了教育数字化的发展方向和目标。政策制度的完善程度决定了教育数字化转型的规范性和稳定性,愿景规划的科学性影响着教育

---

① 李锋,顾小清,程亮,等.教育数字化转型的政策逻辑、内驱动力与推进路径[J].开放教育研究,2022,28(4):93-101.

数字化转型的方向和效果。因此,在政策环境维度下,确定的影响因素包括政策制度和愿景规划两个方面。以下是对政策环境维度中各影响因素下具体测量指标的确定。

一、政策制度调查表

政策制度的制定以及有效实施,能够保障教育数字化转型的顺利推进,提升教育质量与效率。当前部分地区政府在推动教育数字化转型时面临诸多困难,这在一定程度上制约了教育数字化的发展进程,政策的颁布与实施可以有效推动乡村教育数字化转型。教育数字化转型的成效、教师的教学理念与方法革新等方面离不开政府政策的支持与具体落实。

乡村地区因财政预算有限、对教育数字化的重视程度不足等原因,政策支持力度较弱,从而延缓了教育数字化转型的进程。政府通过制定相关政策,如优化区域教育资源配置,建立同人口变化相协调的基本公共教育服务供给机制等,为教育数字化转型提供了坚实的基础。这些政策支持能够保障乡村教育数字化转型所需的资金、技术和人才等资源的投入,推动教育数字化基础设施的建设和更新,从而提升教育数字化服务水平。在实际执行过程中,部分乡村学校和教育机构对规范指南的理解和应用存在偏差,导致一些数字化建设项目不符合标准,影响了教育数字化转型的质量。因此政府需要围绕平台工具、数据资源、环境设备、数字素养、网络安全等方面,制定出台管理规范和行业标准,不断完善标准规范体系。这些规范指南为教育数字化转型提供了明确的操作指引和技术标准,确保了转型过程的科学性和规范性,避免了数字化建设中的混乱和无序。部分地区对教育数字化转型宣传推广的力度和广度还不够,导致部分人群尤其是乡村教育者对教育数字化转型的认知仍然较为模糊,影响了教育数字化转型的社会基础。通过多种渠道和方式,向教育工作者、学生、家长以及社会各界宣传教育数字化转型的重要意义和具体措施,有助于提高人们对教育数字化转型的认知度和认同感,增强社会各界的参与度和支持度,形成良好的社会氛围,推动教育数字化转型的顺利进行。

综上所述,政策制度对教育数字化转型具有深远的影响。政策支持为转型提供资源保障,规范指南确保转型的有序进行,宣传推广则可提高社会认知度和参与度。因此,研究确定的测量指标可以从政府机构政策支持的力度、规范指南的完善程度以及宣传推广的效果等三个层面出发,具体测量指标见表 3-7。

表 3-7　政策制度调查指标

潜 在 变 量		编码	测量指标(观察变量)
政策制度	政策支持	XF1	您所在的地区,政府制定了支持乡村教育数字化发展的具体政策
		XF2	您所在的地区,政府对乡村教育数字化发展的政策具有连贯性和持续性
		XF3	您所在的地区,政府及时更新和调整支持乡村教育数字化发展的政策
	规范指南	XF4	您所在的地区,政府发布了教育数字化发展的规范
		XF5	您所在的地区,政府发布了教育数字化发展的指南
		XF6	您所在的地区,政府会定期更新教育数字化的规范
		XF7	您所在的地区,政府会定期更新教育数字化的指南
	宣传推广	XF8	您所在的地区,政府积极宣传推广乡村教育数字化的政策和措施
		XF9	您所在的地区,政府通过多种渠道宣传乡村教育数字化的成功案例
		XF10	您所在的地区,政府定期举办乡村教育数字化的推广活动和培训

二、愿景规划调查表

愿景是教育数字化转型的引领性目标,反映了政府和地区对教育数字化发展的宏观方向和长远追求。通过明确基础性目标、发展性目标和长远目标,能够为教育数字化转型提供清晰的方向指引,确保转型过程具有明确的阶段性目标和最终愿景,从而推动教育可持续发展。题项围绕教育数字化基础设施建设的基础性目标、数字技术与教育深度融合的发展性目标以及构建完善的教育数字化生态系统的长远目标展开,从短期、中期和长期三个层面评估政府和地区在教育数字化转型中的愿景设定,确保能够全面反映其战略意图和目标导向。规划是实现教育数字化愿景的具体路径和行动指南。通过制定总体战略、发展任务、行动计划和保障措施,政府和地区能够将愿景转化为可操作的行动方案,确保教育数字化转型的系统性和科学性,为转型过程提供明确的步骤和保障机制。题项设计包括总体战略、发展任务、行动计划和保障措施,从战略层面到具体实施层面,全面评估政府和地区在教育数字化转型中的规划能力。具体测量指标见表 3-8。

表 3-8　愿景规划策略指标

潜 在 变 量		编码	测量指标(观察变量)
愿景规划	愿景	XG1	您所在的地区,政府制定了较为详细的有关教育数字化基础设施建设的基础性目标
		XG2	您所在的地区,政府制定了较为详细的推进数字技术与教育深度融合、促进教育可持续发展的发展性目标
		XG3	您所在的地区,政府制定了较为详细的构建完善的教育数字化生态系统的长远目标
	规划	XG4	您所在的地区,政府制定了较为详细的教育数字化发展的总体战略
		XG5	您所在的地区,政府制定了较为详细的教育数字化发展的发展任务
		XG6	您所在的地区,政府制订了较为详细的教育数字化发展的行动计划
		XG7	您所在的地区,政府制定了较为详细的教育数字化发展的保障措施

第五节　自我效能感调查问卷的设计

自我效能感是指个体对自己完成某项任务或达成特定目标的能力信念的一种心理状态,这一概念由心理学家艾伯特·班杜拉提出,强调信念在行为表现中的核心作用[①]。在乡村教育数字化转型的背景下,教师的自我效能感在这一过程中发挥着重要的中介作用。研究表明,自我效能感能够积极预测教师的创新工作行为、激活教学行为和工作参与程度。对于乡村教师而言,其对技术的接受程度可以有效提高自我效能感,进而影响其工作重塑和教学质量[②]。此外,教师的自我效能感在技术接受度与工作重塑之间起到了重要

---

①　庞维国.自主学习:学与教的原理和策略[M].上海:华东师范大学出版社,2003.
②　朱梦星,胡静.化被动为主动:乡村教师的数字突围之道[J].基础教育研究,2024(13):31-37,60.

的中介作用,这种中介作用有助于教师更好地将技术整合到教学实践中。

　　在本研究中,教师自我效能感被划分为五个维度,分别是信息和数据素养、沟通和协作、数字内容创作、安全以及问题解决。这些维度涵盖了教师在数字化教学环境中所需的关键能力,反映了教师在面对数字化教学任务时的信心和能力水平。在信息和数据素养方面,教师需要有信心使用数字技术工具搜索特定信息、辨别数字信息的真伪以及存储和组织数字内容。在沟通和协作方面,教师需要有信心使用数字工具与他人共享信息、参与公共讨论和活动以及与团队成员协作完成任务。在数字内容创作方面,教师需要有信心制作教学音频或视频资源、改编或创造数字内容,并遵守数字环境中的法律要求。在安全方面,教师需要有信心保护数字设备和个人数据的安全。最后,在问题解决方面,教师需要有信心识别和解决技术问题,并设计创新的解决方案。这些维度的划分有助于更全面地理解和提升乡村教师在数字化转型中的自我效能感,从而推动乡村教育的高质量发展。教师自我效能感问卷具体题项见表 3-9。

表 3-9　自我效能感测量指标

潜 在 变 量		编码	测量指标(观察变量)
自我效能感	信息和数据素养	XH1	我有信心使用数字技术工具(如搜索引擎、ChatGPT、文心一言等)搜索特定信息
		XH2	我有信心准确辨别数字信息的真伪
		XH3	我有信心存储和组织数字内容,以便能够找到所需信息
	沟通和协作	XH4	我有信心使用数字技术工具(如钉钉、微信)与他人共享信息和数据
		XH5	我有信心参与数字环境下的公共讨论和活动(如在线研讨、学术沙龙)
		XH6	我有信心利用数字技术工具与团队成员协作,共同高效地完成任务(如网上阅卷等)
	数字内容创作	XH7	我有信心制作各类教学音频或视频资源
		XH8	我有信心对原有的数字内容进行改编或创造,以适应教学需要
		XH9	我有信心理解和遵守数字环境中的法律要求(如版权、使用条款、许可证等),以保护知识产权
	安全	XH10	我有信心确保我的数字设备安全,防止未经授权的访问
		XH11	我有信心保护我的个人数据不被泄露或滥用
		XH12	我有信心识别可能涉及诈骗或其他恶意行为的网站
	问题解决	XH13	我有信心识别使用数字技术工具时遇到的技术问题(如软件兼容性问题、网络连接故障等)
		XH14	我有信心查找并应用各种解决方案来解决出现的技术问题
		XH15	我有信心设计并实施创新的解决方案,以应对各种数字挑战

第六节　乡村教育数字化转型水平调查问卷的设计

　　乡村教育数字化转型是指通过数字技术的应用,推动乡村教育在理念、模式、治理、资源供给等方面进行全面升级,以缩小城乡教育差距,提升乡村教育质量,促进乡村教育现代化的过程①。因此,教育数字化转型涉及教育理念、教学模式、教学治理、教育质量提升等多个方面。国家和地方的教育数字化转型政策文件强调了教育观念的转变、教学模式的创新、评价机制的优化以及治理能力的提升。此外,国内外关于教育数字化的研究和实践案例表明,数字化转型不仅仅是技术的应用,更是教育理念、教学模式和治理方式的全面变革。例如,研究指出数字化技术能够支持教师应对教学挑战,提升教学质量。针对乡村教育,教育数字化转型需要特别关注教育公平和质量提升,通过数字化手段,可以为乡村学生提供更丰富的教育资源,满足个性化学习需求。

乡村教育数字化转型水平的潜在变量,可从数字化教育教学观念、数字化教育教学模式、数字化教育评价机制、数字化教育教学治理体系、教育公平推进以及教育质量提升六个层面进行测量。数字化教育教学观念主要反映教师对数字技术在教育教学中作用的认知和态度,具体分为技术赋能观、人才培养观、教育发展观三个维度;数字化教育教学模式主要考察教师在教学实践中对数字技术的应用情况,具体分为数字技术的使用、教学环境的形成、教学策略的应用、教学结构四个维度;数字化教育评价机制主要评估教师和学校在教学评价、教研评价和教学管理评价中的数字化应用水平,具体分为教学评价、教研评价、教学管理评价三个维度;数字化教育教学治理体系主要考察学校在教育治理环境、模式、服务体系、结构以及治理方式和效益方面的数字化水平,具体分为教育治理环境、教育治理模式、教育治理服务体系、教育治理结构、教育教学治理方式、教育教学治理效益六个维度;教育公平推进主要评估教育数字化在机会公平和过程公平方面的表现,包括机会公平和过程公平两个维度;教育质量提升主要考察教育数字化对教师、学生和学校教育质量的提升作用,从教师、学生和学校三个层面进行调查。具体测量指标见表 3-10。

表 3-10　乡村教育数字化转型水平测量指标

潜在变量		编码	测量指标(观察变量)
乡村教育数字化转型水平	数字化教育教学观念	XI1	您认为数字技术对于乡村教育的发展具有革命性的影响
		XI2	您认为数字技术不只是辅助教学的工具或新的灌输工具
		XI3	您认为数字化技术可以塑造新的教育环境,提升乡村教育业务质量和效率
		XI4	您认为数字技术能支持教师应对教学挑战,提高教学质量和效果
		XI5	您认为冰冷的数字技术无法教出活生生的人,技术对于学生的作用弊大于利
		XI6	您认为教学要以学习者为中心,学生是课堂的主体
		XI7	您认为课堂教学不能摆脱传统的以讲为主、以灌为主的模式
		XI8	您认为应该重视学习者的创新精神和实践能力,培养可持续发展的创新型人才
		XI9	您认为数字化能调动"家—校—社"全方位协同育人
		XI10	您认为数字化有助于推进乡村教育与城市教育、国外教育的互通
		XI11	您认为数字化有助于教育资源供需双方互联互通
		XI12	您认为数字化加速了"人人皆学、时时能学、处处可学"的教育形态
		XI13	您认为数字化促进了教师积极适应人机协同育人新形势的转变

① 肖菊梅,赵静.数字技术赋能乡村教育治理:价值、挑战与实践[J].中国教育信息化,2024,30(11):15-23.

续表

潜在变量		编码	测量指标（观察变量）
乡村教育数字化转型水平	数字化教育教学模式	XI14	您会在教育教学过程中使用数字工具（如 PPT、希沃白板等）
		XI15	您会在教育教学过程中引入 AI 技术（如语音识别/合成、ChatGPT、文心一言等）
		XI16	您会基于数字化技术（如雨课堂、腾讯课堂、微课等）构建线上线下相结合的混合式教学
		XI17	您会通过 5G 和虚拟现实（VR）营造沉浸式的教学环境
		XI18	您会基于数字技术或环境开展线上线下相结合的混合式教学
		XI19	您会基于数字技术或环境开展分组协作式教学
		XI20	您会基于数字技术或环境开展虚实结合的场景式教学
		XI21	您会通过数字技术或环境支持学生进行个人、主动、自主学习
		XI22	您会通过数字技术或环境支持学生进行泛在式、碎片化、跨学科学习
		XI23	您会坚持教育数字化转型背景下的"教师主导—学生主体"教学结构
		XI24	您会推动教育模式从"师—生"二元结构转向"师—生—机"三元结构
	数字化教育评价机制	XI25	您会在教学中采取人机协同（多元主体＋数字技术）的评价方式
		XI26	您会借助数字技术将传统媒介数据转换为数字化格式（如试卷扫描），以扩展和丰富评价数据的来源
		XI27	您会在教学中借助数字技术（智能教室系统、智慧教育平台）实施全场景、多模态（文本、视频图像、音频）的教学数据采集
		XI28	您会借助数字技术或平台对教学数据进行分析（成绩分析、作业分析、行为分析、情感分析），发现教学问题和不足
		XI29	您会利用数字技术或平台，将分析得到的教学数据应用于改进教学方法、提升学生学习效果和优化课程内容
		XI30	您所在学校会在教研中采取人机协同（多元主体＋数字技术）的评价方式
		XI31	您所在学校会通过 AI 人工智能、专家记录、同行评价等方式，实现教研全过程多模态数据（教学语言、教学方法、互动方式等）采集
		XI32	您所在学校会根据数字技术或平台对教研数据进行分析，发现教研问题和不足
		XI33	您所在学校会根据数据分析结果改进教研活动
		XI34	您所在学校会在教育管理中采取人机协同（多元主体＋数字技术）的评价方式
		XI35	您所在学校会借助数字技术（教务管理系统、智慧教育平台）实施全场景、多模态（学生学习数据、教师教学数据）的管理数据采集
		XI36	您所在学校会根据数字技术或平台对教育管理数据进行分析，发现教育管理问题和不足
		XI37	您所在学校会在根据数据分析结果改进教育管理
	数字化教育教学治理体系	XI38	您感觉到学校构建了全感知、全连接、可计算的教育治理环境
		XI39	您感觉到学校构建了环境数据驱动、流程优化的新型管理治理模式
		XI40	您感觉到学校构建了数据化、网络化、智能化的全业务、全流程治理服务体系
		XI41	您感觉到学校构建了以数据为中心的扁平化教育治理结构（降低管理重心、减少管理层次、缩小学校内部管理单元）
		XI42	您感觉到学校基于数据和证据进行了教育治理的决策，而不是仅凭经验或直觉
		XI43	您感觉到学校利用先进的技术（如人工智能、机器学习等）来自动化和优化治理流程

潜 在 变 量		编码	测量指标（观察变量）
乡村教育数字化转型水平	数字化教育教学治理体系	XI44	您感觉到数字系统支撑下的学校教育治理能力显著提高
		XI45	您感觉到学校基于数字平台服务师生的能力显著提升
		XI46	您感觉到数据的深度利用提高了学校教育的决策能力
	教育公平推进	XI47	您感觉到教育数字化增加了乡村地区的学生接受教育的机会
		XI48	您感觉到教育数字化为不同社会经济背景的学生提供了更平等的教育机会
		XI49	您感觉到教育数字化提供了多类态数字教育资源（如专递课堂、名师课堂、名校网络课堂），确保了教学资源的公平分配
		XI50	您感觉到教育数字化满足了不同地区、不同层次教师和学生的个性化需求
	教育质量提升	XI51	您感觉到教育数字化有效提升了教师的教学效果
		XI52	您感觉到教育数字化有效改善了学生的学习效果
		XI53	您感觉到教育数字化有效提升了学校的教育质量

第七节　乡村教育数字化影响因素整体问卷修正及确定

一、整体问卷修正

通过对既有文献的梳理与分析，笔者初步确定了各因素的测量指标，并选取 342 名乡村教师和管理者进行测试，依据项目分析以及主成分分析的数据结果，对问卷内容作了略微调整。

（一）乡村教育数字化转型影响因素问卷修正

试测分析结果表明，数字技术、政策环境和自我效能感这三部分问卷没有因子载荷量小于 0.5 的题项，因此不需要删除此部分问卷题项，学校组织这一部分问卷中实施机制维度下的第 13 道题项"您所在学校制定了比较完善的教育数据保护制度"的因子载荷量小于 0.5，删除该题目后整理乡村教育数字化影响因素问卷，整理结果见表 3-11。

表 3-11　乡村教育数字化转型影响因素测量指标

潜 在 变 量		编码	测量指标（观察变量）
基础设施	校园安防	XA1	您所在的学校，学校的主要公共区域（如教学楼、操场）都安装了较为完备的视频监控设备
		XA2	您所在的学校，学校的门口设置了较为全面的门禁系统
		XA3	您所在的学校，配备了智能化校园安全管理系统
	基础网络	XA4	您所在的学校，提供了较为稳定的校园网服务
		XA5	您所在的学校，网络速度能够满足日常教学和办公的需求
		XA6	您所在的学校，定期对网络设施进行修理、维护和升级

潜 在 变 量		编码	测量指标（观察变量）
基础设施	教学环境	XA7	您所在的学校，学校配备了较为丰富的数字化教学设备（电子白板、投影仪等）
		XA8	您所在的学校，学校建设了应用较为先进技术的智慧教室
		XA9	您所在的学校，配备的设施能够满足不同学科的教学需求
	创新空间	XA10	您所在的学校，建立了配备较为先进技术（如虚拟现实等）的创客教室
		XA11	您所在的学校，经常在创客教室组织活动
		XA12	您所在的学校，创客教室能够充分支持学生创新活动的开展
教学资源	资源可用性	XB1	您所在的学校，给教师提供了便捷访问数字化教学资源的渠道
		XB2	您所在的学校，给教师提供了易于修改和加工的数字化资源
		XB3	您所在的学校，为教师使用数字化资源提供了帮助和支持
	资源丰富度	XB4	您所在的学校，数字化教学资源内容丰富，涵盖了各个年级和学科
		XB5	您所在的学校，提供了多种类型的资源，如文本、图片、视频和音频
		XB6	您所在的学校，会根据教师的教学需求提供个性化的教学资源
	资源动态性	XB7	您所在的学校，会提供最新的数字化教育资源
		XB8	您所在的学校，会定期对数字化资源进行丰富和更新
		XB9	您所在的学校，会对更新的教学资源进行严格的质量审核
实施机制	数字化队伍的建设与优化	XC1	您所在学校数字化队伍建设规划较为清晰合理
		XC2	您所在学校会阶段性地完善数字化人员结构
		XC3	您所在学校会计划性地改善学校教职工数字素养水平
	数字化设施的规划与使用	XC4	您所在学校的数字化设施建设规划较为清晰合理
		XC5	您所在学校的数字化设施购买方案较为明确合理
		XC6	您所在学校会根据相应功能需求，有规划地使用数字化设施
	数字化资源的开发与管理	XC7	您所在学校的数字化资源建设规划较为清晰合理
		XC8	您所在学校会定期检查并丰富学校数字化资源
		XC9	您所在学校会有意识促进学校数字化资源的应用
	数字安全的保障与维护	XC10	您所在学校的数字安全保障规划较为清晰合理
		XC11	您所在的学校会定时更新网络安全规范和技术安全标准
		XC12	您所在学校的数字安全制度及管理体系较完善
	数字化应用的推广与实施	XC13	您所在学校的数字化应用规划较为清晰合理
		XC14	您所在学校有计划地推动数字化教学模式变革
		XC15	您所在学校会有意识地促进数字技术在教育中的高效应用
共同体建设	数字团队配备	XD1	您所在学校校长较为重视教育数字化发展，且具有较强的数字化领导能力
		XD2	您所在学校的管理人员具有较高的数字化专业水平和较强的数字化指导能力
		XD3	您所在学校负责帮助教师数字化发展的人员，如信息技术教师等，具有较强的数字化胜任能力
	人员培训研讨	XD4	您所在学校会鼓励教师积极参与校内外数字化教学研修活动
		XD5	您所在学校会积极推荐教师参加数字技术培训和教研活动
		XD6	您所在学校会主动开展校内数字化建设与应用培训，提高教职员工的数字技术应用能力和数字素养
	专业人员互动	XD7	您所在学校会经常邀请其他学校优秀骨干教师进行交流研讨
		XD8	您所在学校会经常邀请教育数字化专家进行交流、培训和指导
		XD9	您所在学校与科研院所等研究机构建有实质性的合作关系，经常围绕数字化建设与应用有目的地开展协同研究

续表

潜 在 变 量		编码	测量指标(观察变量)
共同 体建设	社会力量 参与	XD10	您所在学校能发挥家长、公益组织等社会力量的作用,深入推进数字化建设与发展
		XD11	您所在地区,经常会有企业或社会组织为学校提供资金、技术和资源支持
		XD12	您所在地区,经常会有志愿者到学校开展数字化教育和培训活动
管理 评价	设施资产 管理评价	XE1	您所在学校能利用数字技术进行教育设施的管理
		XE2	您所在学校能利用数字技术进行学校用房与用地信息的管理
		XE3	您所在学校能利用数字技术进行无形资产(专利、著作权、商标权等)的管理
		XE4	您所在学校能利用数字技术对设施资产进行统计分析与评价
	学生管理 评价	XE5	您所在学校能利用数字技术管理与维护学生信息
		XE6	您所在学校能利用数字技术进行家庭困难学生的申请、认定与管理
		XE7	您所在学校能利用数字技术进行学生学籍档案与考试成绩的管理
		XE8	您所在学校能利用数字技术对学生状况进行统计分析与评价
	教学数字化 管理评价	XE9	您所在学校能利用数字技术进行教师教学质量的精准评价及问题诊断
		XE10	您所在学校能利用数字技术进行教师画像的生成及专业发展预警
		XE11	您所在学校能利用数字技术对课程进行管理与评价
	教务数字化 管理评价	XE12	您所在学校能利用数字技术进行学生、教师与班级信息的便捷录入、查询与修改
		XE13	您所在学校能利用数字技术进行成绩采集、考试数据分析与评价报表生成
		XE14	您所在学校能利用数字技术进行学生评教、教师评学及管理人员对教学的检查与评估
		XE15	您所在学校能利用数字技术进行考试设置、编排及考务相关资料的批量打印
		XE16	您所在学校能利用数字技术进行教室的借用审批、状态查询与使用情况统计
政策 制度	政策支持	XF1	您所在的地区,政府制定了支持乡村教育数字化发展的具体政策
		XF2	您所在的地区,政府对乡村教育数字化发展的政策具有连贯性和持续性
		XF3	您所在的地区,政府及时更新和调整支持乡村教育数字化发展的政策
	规范指南	XF4	您所在的地区,政府发布了教育数字化发展的规范
		XF5	您所在的地区,政府发布了教育数字化发展的指南
		XF6	您所在的地区,政府会定期更新教育数字化的规范
		XF7	您所在的地区,政府会定期更新教育数字化的指南
	宣传推广	XF8	您所在的地区,政府积极宣传推广乡村教育数字化的政策和措施
		XF9	您所在的地区,政府通过多种渠道宣传乡村教育数字化的成功案例
		XF10	您所在的地区,政府定期举办乡村教育数字化的推广活动和培训
愿景 规划	愿景	XG1	您所在的地区,政府制定了较为详细的有关教育数字化基础设施建设的基础性目标
		XG2	您所在的地区,政府制定了较为详细的推进数字技术与教育深度融合、促进教育可持续发展的发展性目标
		XG3	您所在的地区,政府制定了较为详细的构建完善的教育数字化生态系统的长远目标
	规划	XG4	您所在的地区,政府制定了较为详细的教育数字化发展的总体战略
		XG5	您所在的地区,政府制定了较为详细的教育数字化发展的发展任务
		XG6	您所在的地区,政府制订了较为详细的教育数字化发展的行动计划
		XG7	您所在的地区,政府制定了较为详细的教育数字化发展的保障措施

潜 在 变 量		编码	测量指标（观察变量）
自我效能感	信息和数据素养	XH1	我有信心使用数字技术工具（如搜索引擎、ChatGPT、文心一言等）搜索特定信息
		XH2	我有信心准确辨别数字信息的真伪
		XH3	我有信心存储和组织数字内容，以便能够找到所需信息
	沟通和协作	XH4	我有信心使用数字技术工具（如钉钉、微信）与他人共享信息和数据
		XH5	我有信心参与数字环境下的公共讨论和活动（如在线研讨、学术沙龙）
		XH6	我有信心利用数字技术工具与团队成员协作，共同高效地完成任务（如网上阅卷等）
	数字内容创作	XH7	我有信心制作各类教学音频或视频资源
		XH8	我有信心对原有的数字内容进行改编或创造，以适应教学需要
		XH9	我有信心理解和遵守数字环境中的法律要求（如版权、使用条款、许可证等），以保护知识产权
	安全	XH10	我有信心确保我的数字设备安全，防止未经授权的访问
		XH11	我有信心保护我的个人数据不被泄露或滥用
		XH12	我有信心识别可能涉及诈骗或其他恶意行为的网站
	问题解决	XH13	我有信心识别使用数字技术工具时遇到的技术问题（如软件兼容性问题、网络连接故障等）
		XH14	我有信心查找并应用各种解决方案来解决出现的技术问题
		XH15	我有信心设计并实施创新的解决方案，以应对各种数字挑战

（二）乡村教育数字化转型水平问卷修正

试测分析结果表明，乡村教育数字化转型水平这一部分问卷没有因子载荷量小于 0.5 的题项，因此不需要删除此部分问卷题项，整理结果见表 3-12。

表 3-12　乡村教育数字化转型水平测量指标

潜 在 变 量		编码	测量指标（观察变量）
乡村教育数字化转型水平	数字化教育教学观念	XI1	您认为数字技术对于乡村教育的发展具有革命性的影响
		XI2	您认为数字技术不只是辅助教学的工具或新的灌输工具
		XI3	您认为数字化技术可以塑造新的教育环境，提升乡村教育业务质量和效率
		XI4	您认为数字技术能支持教师应对教学挑战，提高教学质量和效果
		XI5	您认为冰冷的数字技术无法教出活生生的人，技术对于学生的作用弊大于利
		XI6	您认为教学要以学习者为中心，学生是课堂的主体
		XI7	您认为课堂教学不能摆脱传统的以讲为主、以灌为主的模式
		XI8	您认为应该重视学习者的创新精神和实践能力，培养可持续发展的创新型人才
		XI9	您认为数字化能调动"家—校—社"全方位协同育人
		XI10	您认为数字化有助于推进乡村教育与城市教育、国外教育的互通
		XI11	您认为数字化有助于教育资源供需双方互联互通
		XI12	您认为数字化加速了"人人皆学、时时能学、处处可学"的教育形态
		XI13	您认为数字化促进了教师积极适应人机协同育人新形势的转变

潜 在 变 量		编码	测量指标（观察变量）
乡村教育数字化转型水平	数字化教育教学模式	XI14	您会在教育教学过程中使用数字工具（如 PPT、希沃白板等）
		XI15	您会在教育教学过程中引入 AI 技术（如语音识别/合成、ChatGPT、文心一言等）
		XI16	您会基于数字化技术（如雨课堂、腾讯课堂、微课等）构建线上线下相结合的混合式教学
		XI17	您会通过 5G 和虚拟现实（VR）营造沉浸式的教学环境
		XI18	您会基于数字技术或环境开展线上线下相结合的混合式教学
		XI19	您会基于数字技术或环境开展分组协作式教学
		XI20	您会基于数字技术或环境开展虚实结合的场景式教学
		XI21	您会通过数字技术或环境支持学生进行个人、主动、自主学习
		XI22	您会通过数字技术或环境支持学生进行泛在式、碎片化、跨学科学习
		XI23	您会坚持教育数字化转型背景下的"教师主导—学生主体"教学结构
		XI24	您会推动教育模式从"师—生"二元结构转向"师—生—机"三元结构
	数字化教育评价机制	XI25	您会在教学中采取人机协同（多元主体＋数字技术）的评价方式
		XI26	您会借助数字技术将传统媒介数据转换为数字化格式（例如试卷扫描），以扩展和丰富评价数据的来源
		XI27	您会在教学中借助数字技术（智能教室系统、智慧教育平台）实施全场景、多模态（文本、视频图像、音频）的教学数据采集
		XI28	您会借助数字技术或平台对教学数据进行分析（成绩分析、作业分析、行为分析、情感分析），发现教学问题和不足
		XI29	您会利用数字技术或平台，将分析得到的教学数据应用于改进教学方法、提升学生学习效果和优化课程内容
		XI30	您所在学校会在教研中采取人机协同（多元主体＋数字技术）的评价方式
		XI31	您所在学校会通过 AI 人工智能、专家记录、同行评价等方式，实现教研全过程多模态数据（教学语言、教学方法、互动方式等）采集
		XI32	您所在学校会根据数字技术或平台对教研数据进行分析，发现教研问题和不足
		XI33	您所在学校会根据数据分析结果改进教研活动
		XI34	您所在学校会在教育管理中采取人机协同（多元主体＋数字技术）的评价方式
		XI35	您所在学校会借助数字技术（教务管理系统、智慧教育平台）实施全场景、多模态（学生学习数据、教师教学数据）的管理数据采集
		XI36	您所在学校会根据数字技术或平台对教育管理数据进行分析，发现教育管理问题和不足
		XI37	您所在学校会在根据数据分析结果改进教育管理
	数字化教育教学治理体系	XI38	您感觉到学校构建了全感知、全连接、可计算的教育治理环境
		XI39	您感觉到学校构建了环境数据驱动、流程优化的新型管理治理模式
		XI40	您感觉到学校构建了数据化、网络化、智能化的全业务、全流程治理服务体系
		XI41	您感觉到学校构建了以数据为中心的扁平化教育治理结构（降低管理重心、减少管理层次、缩小学校内部管理单元）
		XI42	您感觉到学校基于数据和证据进行了教育治理的决策，而不是仅凭经验或直觉
		XI43	您感觉到学校利用先进的技术（如人工智能、机器学习等）来自动化和优化治理流程
		XI44	您感觉到数字系统支撑下的学校教育治理能力显著提高
		XI45	您感觉到学校基于数字平台服务师生的能力显著提升
		XI46	您感觉到数据的深度利用提高了学校教育的决策能力

续表

潜 在 变 量		编码	测量指标（观察变量）
乡村教育数字化转型水平	教育公平推进	XI47	您感觉到教育数字化增加了乡村地区的学生接受教育的机会
		XI48	您感觉到教育数字化为不同社会经济背景的学生提供了更平等的教育机会
		XI49	您感觉到教育数字化提供了多类态数字教育资源（如专递课堂、名师课堂、名校网络课堂），确保了教学资源的公平分配
		XI50	您感觉到教育数字化满足了不同地区、不同层次教师和学生的个性化需求
	教育质量提升	XI51	您感觉到教育数字化有效提升了教师的教学效果
		XI52	您感觉到教育数字化有效改善了学生的学习效果
		XI53	您感觉到教育数字化有效提升了学校的教育质量

二、调整后正式问卷的信效度检验

选取我国某省的乡村地区教师和学校管理者为调研对象，通过纸质问卷或问卷星等方式，共发放 2 400 份调整后的乡村教育数字化转型影响因素问卷，回收 2 348 份问卷，回收率为 97.8%，根据是否为乡村地区、答题时间是否合理等条件对所获问卷进行筛选，共获得有效作答问卷 2 306 份。

对调整后正式的乡村教育数字化转型影响因素问卷进行了信效度检验，检验结果见表 3-13。

表 3-13　影响因素各维度信效度检验结果

维　　　　度	KMO 度量	Bartlett 球形检验			α 系数
		X^2	df	Sig	
基础设施	0.935	33 471.155	66	0.000	0.958
教学资源	0.960	37 053.697	36	0.000	0.986
数字技术维度	0.971	75 059.983	210	0.000	0.981
实施机制	0.976	67 818.347	105	0.000	0.991
共同体建设	0.957	47 140.797	66	0.000	0.983
管理评价	0.977	63 170.275	120	0.000	0.988
学校组织维度	0.989	192 446.291	903	0.000	0.995
政策制度	0.958	40 727.121	45	0.000	0.996
愿景规划	0.951	30 977.097	21	0.000	0.987
政策环境维度	0.977	77 542.915	136	0.000	0.991
自我效能感	0.971	50 896.006	105	0.000	0.982
乡村教育数字化转型水平	0.986	168 600.382	1378	0.000	0.981

对问卷进行内部一致性检验，得到问卷的信度结果如下：数字技术维度克隆巴赫 α 系数值为 0.981，学校组织维度克隆巴赫 α 系数值为 0.995，政策环境维度克隆巴赫 α 系数值为 0.991，自我效能感维度克隆巴赫 α 系数值为 0.982，乡村教育数字化转型水平克隆巴赫 α 系数值为 0.981。综上所述，各维度克隆巴赫 α 系数值均高于 0.8，说明量表均具有很好的内部一致性，信度较高。

此外，经过数据分析可知，问卷的各维度的 KMO（kaiser meyer olkin，检验统计量）值如下：数字技术维度 KMO 值为 0.971，学校组织维度 KMO 值为 0.989，政策环境维度 KMO 值为 0.977，自我效能感维度 KMO 值为 0.971，乡村教育数字化转型水平 KMO 值为 0.986。综上所述，各维度 KMO 值均高于 0.8，且 Bartlett's 球形检验 Sig 值＝0.000＜0.05，说明问卷效度良好，适合用于后续研究。

本 章 小 结

为了全面且深入地探讨数字技术、学校组织及政策环境等多重因素对乡村教育数字化转型的潜在影响，本研究在第二章所构建的乡村教育数字化转型影响因素模型的基础上，设计了相应的调查问卷。该问卷旨在系统收集相关数据，揭示各种外部因素如何作用于乡村教育数字化转型。

同时，为了更加量化地探究乡村教育数字化的现状，本研究还设计了一份专门针对乡村教育数字化转型的调查问卷，期望能够深刻挖掘出影响乡村教育数字化发展的各种因素。这些因素的揭示，将为我们进一步制定具有针对性的干预措施和政策提供坚实的依据。

第四章 乡村教育数字化发展影响因素及干预路径

结构方程模型(structural equation model,SEM)是基于变量的协方差矩阵来分析变量之间关系的一种统计方法,是多元数据分析的重要工具,被广泛应用于心理学、教育学、社会学等领域。结构方程模型既可以探究各种因素间的关系,也可探寻潜变量之间的相关性以及因果关系,弥补了传统数据统计方法的不足。SEM 模型分为测量模型和结构模型两类。模型由潜在变量、测量变量和误差变量三部分组成。潜在变量是测量变量间所形成的抽象概念,由样本数据间接反映。其中,测量模型是展现观测指标与潜在变量两者之间的关系,旨在验证假设模型的效度;结构模型是表现潜在变量之间的因果关系,旨在验证假设模型的拟合程度。

乡村教育数字化影响因素的验证与分析遵循结构方程模型的基本流程,如图 4-1 所示。首先通过前期访谈、观察结合相关文献进行探讨和变量界定,确定不同维度下乡村教育数字化影响因素及不同维度下具体的测量指标,并对影响因素与乡村教育数字化之间关系进行假设,确定乡村教育数字化影响因素的假设模型。然后在实施调查后基于已有假设进行模型验证、模型拟合和模型评定,根据评定结果对模型进行修正。最后进行结果的讨论和分析。

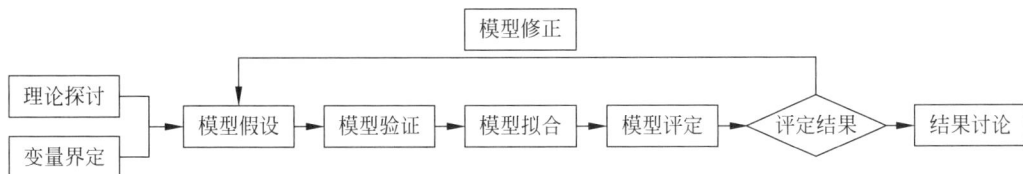

图 4-1　结构方程分析流程

第一节　乡村教育数字化模型验证与分析

本研究通过 AMOS 26.0 绘制数字技术对乡村教育数字化影响的初始模型,采用极大似然估算法进行验证性因子分析,主要用于检测同一层面下的观测变量能否有效反映出其对应的潜在变量,即检验假设模型的信效度是否达到了标准值。具体如图 4-2 所示。

一、乡村教育数字化一阶验证模型

采用 AMOS 26.0 软件对一阶模型进行验证因子分析,结果见表 4-1。各题项对应变

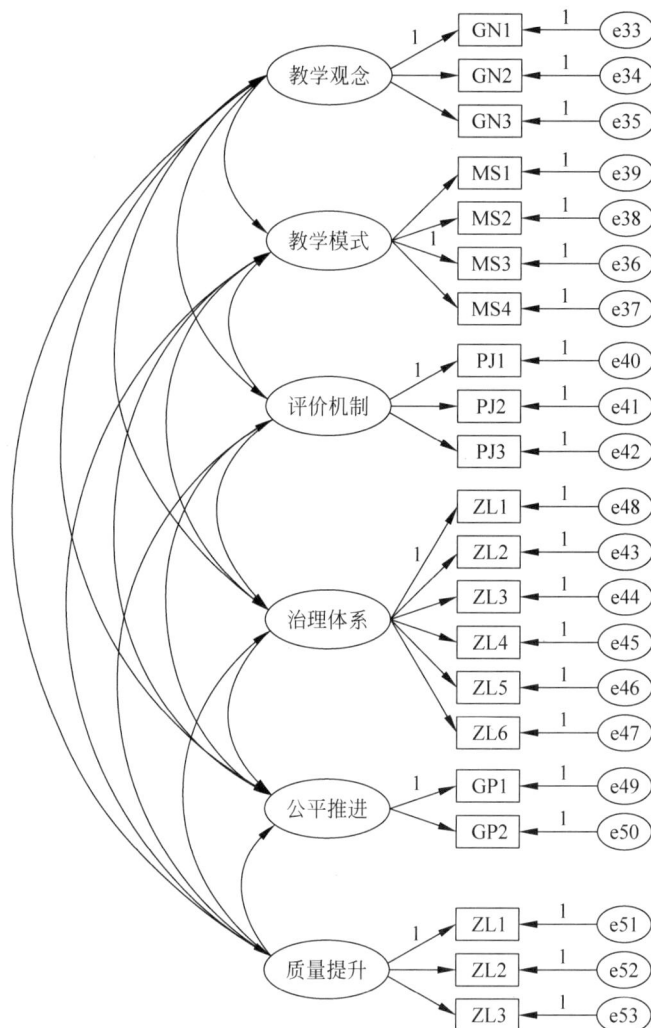

图 4-2　乡村教育数字化一阶假设模型

量的路径以及变量间的 P 值均小于 0.001,同时 $C.R.$ 临界比值均高于 1.96,说明指标均达到标准值,即问卷可以很好地反映出教学观念、教学模式、评价机制、治理体系、公平推进、质量提升这六个构成方面。

表 4-1　乡村教育数字化一阶模型验证性因子分析结果

路　　径			Estimate	S.E.	C.R.	P	Label
GN1	←	教学观念	0.532				
GN2	←	教学观念	0.293	0.148	16.942	***	par_1
GN3	←	教学观念	0.605	0.024	22.972	***	par_2
MS1	←	教学模式	0.680				
MS2	←	教学模式	0.853	0.056	28.203	***	par_3

路　　径			Estimate	S.E.	C.R.	P	Label
MS3	←	教学模式	0.942	0.053	30.469	***	par_4
MS4	←	教学模式	0.777	0.044	25.954	***	par_5
PJ1	←	评价机制	0.872				
PJ2	←	评价机制	0.956	0.021	54.809	***	par_6
PJ3	←	评价机制	0.935	0.022	52.018	***	par_7
ZL1	←	治理体系	0.881				
ZL2	←	治理体系	0.929	0.019	53.323	***	par_8
ZL3	←	治理体系	0.932	0.019	53.809	***	par_9
ZL4	←	治理体系	0.922	0.019	52.374	***	par_10
ZL5	←	治理体系	0.947	0.018	56.037	***	par_11
ZL6	←	治理体系	0.910	0.018	50.683	***	par_12
GP1	←	公平推进	0.921				
GP2	←	公平推进	0.955	0.017	59.719	***	par_13
ZL1	←	质量提升	0.861				
ZL2	←	质量提升	0.941	0.021	49.800	***	par_14
ZL3	←	质量提升	0.921	0.022	47.810	***	par_15

注：*** 代表 $P < 0.001$。

接下来需要检测模型的拟合程度，具体结果见表 4-2。CMIN/DF 的值为 1.972，符合小于标准值 3 的参考标准；CFI 的值为 0.982，符合大于标准值 0.90 的参考标准；RMSEA 的值为 $0.056 < 0.08$，处在可以接受的范围；IFI 的值为 0.982，符合大于标准值 0.90 的参考标准；TLI 的值为 0.975，符合大于标准值 0.90 的参考标准；PGFI 的值为 0.623，符合大于标准值 0.50 的参考标准；GFI 的值为 0.916，符合大于 0.90 的参考标准。以上数据分析结果说明该模型适配度良好。

表 4-2　乡村教育数字化结构模型拟合指标分析

拟合指标	CMIN/DF	CFI	RMSEA	IFI	TLI	PGFI	GFI
参考标准值	<3.00	>0.90	<0.050	>0.90	>0.90	>0.50	>0.90
拟合指标测量值	1.972	0.982	0.056	0.982	0.975	0.623	0.916

二、乡村教育数字化二阶验证模型

采用 AMOS 26.0 在一阶模型基础上加入变量乡村教育数字化，构建二阶验证模型因子，具体如图 4-3 所示。

教学观念、教学模式、评价机制、治理体系、公平推进、质量提升六个方面作为内因变量，其显著性 P 值以及临界比值 $C.R.$ 见表 4-3，数据显示这六个构面可以很好地测量乡村教育数字化这一概念。

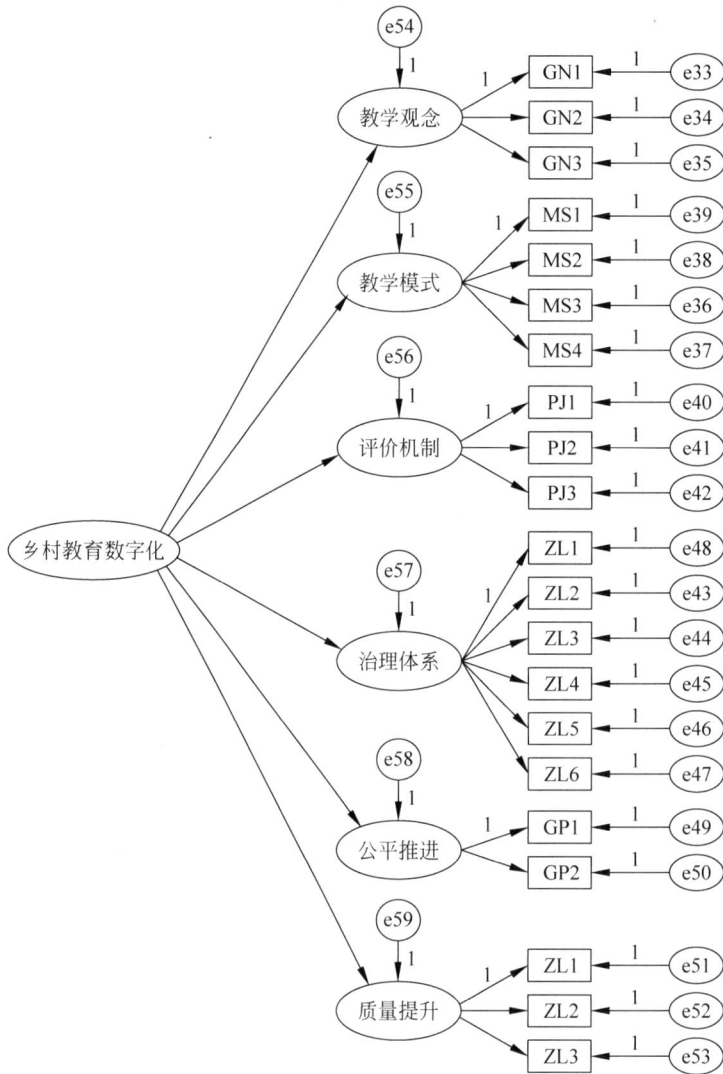

图 4-3　乡村教育数字化二阶假设模型

表 4-3　乡村教育数字化二阶验证模型因子分析结果

	路　　径		Estimate	S. E.	C. R.	P	Label
教学观念	←	乡村教育数字化	0.092				
教学模式	←	乡村教育数字化	0.870	8.668	3.174	***	par_16
评价机制	←	乡村教育数字化	0.949	12.410	3.189	***	par_17
治理体系	←	乡村教育数字化	0.900	14.462	3.188	***	par_18
公平推进	←	乡村教育数字化	0.801	11.464	3.184	***	par_19
质量提升	←	乡村教育数字化	0.782	10.244	3.181	***	par_20
GN1	←	教学观念	0.244				
GN2	←	教学观念	0.389	0.094	16.702	***	par_1
GN3	←	教学观念	0.606	0.024	22.682	***	par_2
MS1	←	教学模式	0.677				

续表

	路　径		Estimate	S.E.	C.R.	P	Label
MS2	←	教学模式	0.854	0.056	28.046	***	par_3
MS3	←	教学模式	0.942	0.053	30.191	***	par_4
MS4	←	教学模式	0.774	0.045	25.718	***	par_5
PJ1	←	评价机制	0.871				
PJ2	←	评价机制	0.956	0.022	54.333	***	par_6
PJ3	←	评价机制	0.934	0.023	51.641	***	par_7
ZL1	←	治理体系	0.879				
ZL2	←	治理体系	0.928	0.019	52.909	***	par_8
ZL3	←	治理体系	0.932	0.019	53.445	***	par_9
ZL4	←	治理体系	0.922	0.019	51.990	***	par_10
ZL5	←	治理体系	0.946	0.018	55.611	***	par_11
ZL6	←	治理体系	0.910	0.019	50.396	***	par_12
GP1	←	公平推进	0.927				
GP2	←	公平推进	0.947	0.019	53.226	***	par_13
ZL1	←	质量提升	0.852				
ZL2	←	质量提升	0.942	0.022	48.140	***	par_14
ZL3	←	质量提升	0.923	0.022	46.558	***	par_15

注：*** 代表 $P < 0.001$。

接下来需要检测模型的拟合程度,具体结果见表 4-4。CMIN/DF 的值为 2.584,符合小于标准值 3 的参考标准；CFI 的值为 0.968,符合大于标准值 0.90 的参考标准；RMSEA 的值为 $0.071 < 0.08$,处在可以接受的范围；IFI 的值为 0.969,符合大于标准值 0.90 的参考标准；TLI 的值为 0.960,符合大于标准值 0.90 的参考标准；PGFI 的值为 0.633,符合大于标准值 0.50 的参考标准；GFI 的值为 $0.882 > 0.8$,处于可接受的范围。以上数据分析结果说明该模型适配度良好。

表 4-4　乡村教育数字化结构模型拟合指标分析

拟 合 指 标	CMIN/DF	CFI	RMSEA	IFI	TLI	PGFI	GFI
参考标准值	<3.00	>0.90	<0.050	>0.90	>0.90	>0.50	>0.90
拟合指标测量值	2.584	0.968	0.071	0.969	0.960	0.633	0.882

第二节　数字技术维度下影响因素的验证与分析

一、模型验证与修正

（一）测量模型验证

1. 组合信度分析

组合信度是指对同一变量层中的观测指标的内部一致性的判定。一般情况下,组合信度的标准值为 0.60,若组合信度大于标准值,说明该模型具有较好的内部一致性。表 4-5 数据表明,该假设模型中的各变量的组合信度均介于 0.79 到 0.94,均高于 0.60,说明该模型的内在质量良好。

2. 聚合效度分析

聚合效度是检测位于同一潜在变量层面中的观测指标可以落在同一因素概念上,且各观测变量间具有良好的相关性。福内尔(Fornell)和拉克尔(Larcker)指出,通过因素负荷量和平均变异抽取值(average variance extracted,AVE)两项指标进行评价。其中因素负荷量需要大于 0.70,AVE 值需要高于 0.50。

从表 4-5 中看出,所有题项的因素负荷量介于 0.700 到 0.930,P 值均小于 0.05,所有的 AVE 均大于 0.5,表明该检测模型的内在质量理想。

表 4-5　数字技术维度下结构模型各变量的信效度分析结果

潜在变量	题项	因素负荷量		P 值	组合信度	AVE
		修正之前	修正之后			
校园安防	AA1	0.781	0.781	***	0.790 9	0.558 2
	AA2	0.700	0.700	***		
	AA3	0.758	0.758	***		
基础网络	AB1	0.820	0.820	***	0.860 6	0.672 9
	AB2	0.819	0.819	***		
	AB3	0.822	0.822	***		
教学环境	AC1	0.740	0.740	***	0.819 2	0.601 8
	AC2	0.782	0.782	***		
	AC3	0.804	0.804	***		
创新空间	AD1	0.895	0.895	***	0.940 8	0.841 1
	AD2	0.930	0.930	***		
	AD3	0.926	0.926	***		
资源可用性	BA1	0.872	0.872	***	0.921 5	0.796 5
	BA2	0.901	0.901	***		
	BA3	0.904	0.904	***		
资源丰富度	BB1	0.885	0.885	***	0.930 9	0.818 0
	BB2	0.909	0.909	***		
	BB3	0.919	0.919	***		
资源动态性	BC1	0.899	0.899	***	0.922 6	0.798 9
	BC2	0.910	0.910	***		
	BC3	0.872	0.872	***		

(二)结构模型验证

本研究依据第二章提出的研究假设,采用 AMOS 26.0 绘制出数字技术对乡村教育数字化影响的初始模型,具体如图 4-4 所示。

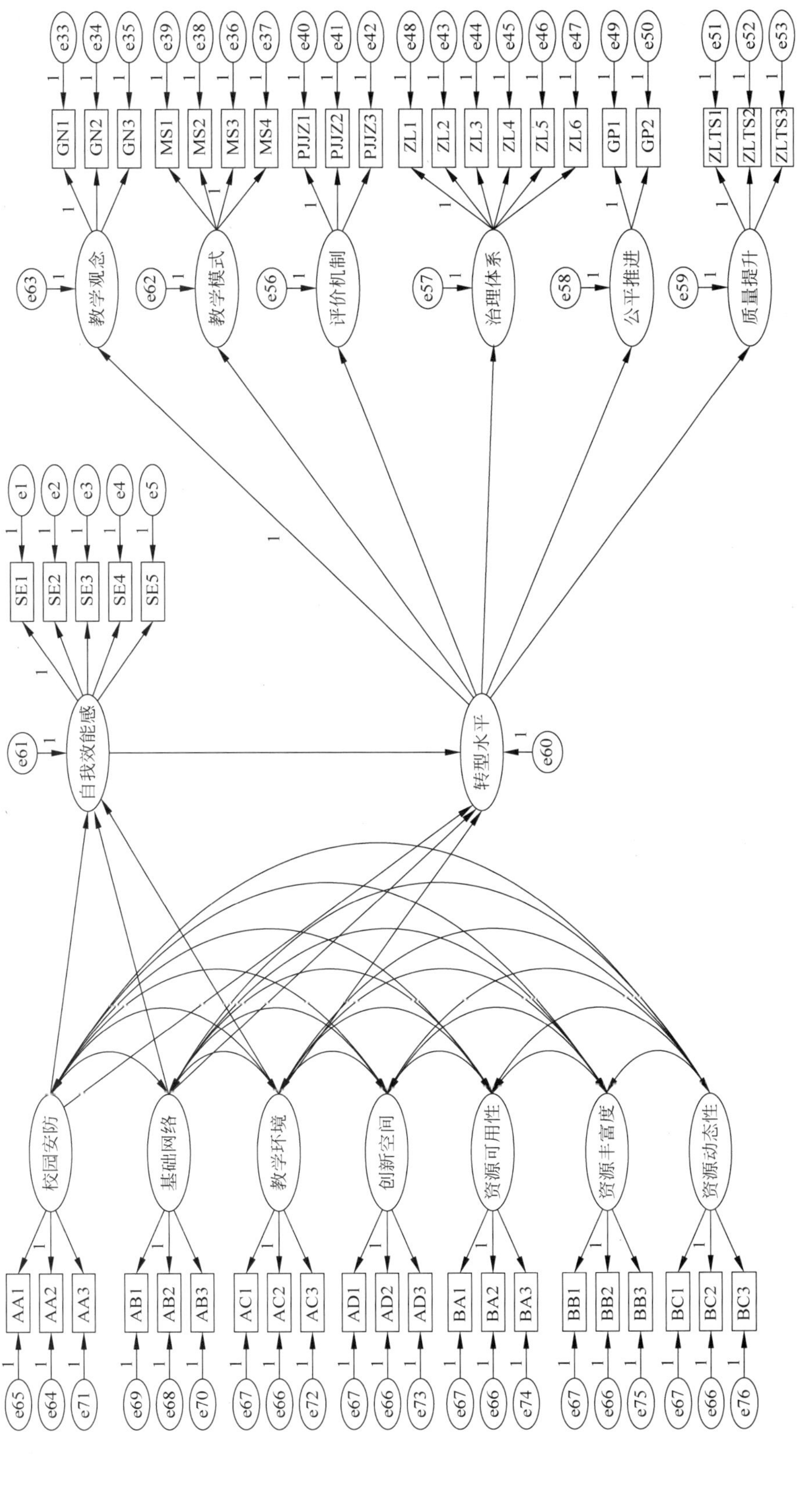

图 4-4　数字技术对乡村教育数字化影响的初始假设模型

接下来需要检测结构模型的适配度,具体见表4-6。CMIN/DF 的值为 1.685,符合小于标准值 3 的参考标准;CFI 的值为 0.910,符合大于标准值 0.90 的参考标准;RMSEA 的值为 0.038,符合小于标准值 0.050 的参考标准;IFI 的值为 0.922,符合大于标准值 0.90 的参考标准;PGFI 的值为 0.673,符合大于标准值 0.50 的参考标准;GFI 的值为 0.914,符合大于 0.90 的参考标准;AGFI 的值为 0.916,符合大于 0.90 的参考标准。综上数据表明各个拟合指标均高于理想值,说明该模型适配度良好。

表 4-6　数字技术对乡村教育数字化影响的结构模型拟合指标分析

拟 合 指 标	CMIN/DF	CFI	RMSEA	IFI	PGFI	GFI	AGFI
参考标准值	<3.00	>0.90	<0.050	>0.90	>0.50	>0.90	>0.90
拟合指标测量值	1.685	0.910	0.038	0.922	0.673	0.914	0.916

二、验证结果分析

本研究通过 AMOS 26.0 对研究中的假设模型进行验证因子分析及模型修正,明确了数字技术与乡村教育数字化之间的关系,以及相关的路径系数,具体结果见表4-7。

表 4-7　数字技术对乡村教育数字化影响的模型假设分析结果

路　　　径	路径系数	P 值	结果	路　　　径	路径系数	P 值	结果
自我效能感←校园安防	0.06	0.146	不成立	转型水平←校园安防	0.32	***	成立
自我效能感←基础网络	0.04	0.121	不成立	转型水平←基础网络	0.43	***	成立
自我效能感←教学环境	0.26	***	成立	转型水平←教学环境	0.75	***	成立
自我效能感←创新空间	0.45	***	成立	转型水平←创新空间	0.62	***	成立
自我效能感←资源可用性	0.79	***	成立	转型水平←资源可用性	0.63	***	成立
自我效能感←资源丰富度	0.76	***	成立	转型水平←资源丰富度	0.77	***	成立
自我效能感←资源动态性	0.68	***	成立	转型水平←资源动态性	0.66	***	成立
转型水平←自我效能感	0.73	***	成立				

注:*** 代表 $P<0.001$。

(一)数字技术对自我效能感的验证结果

基础设施维度下,路径"校园安防→自我效能感"的 P 值为 0.146,大于 0.05,说明校园安防对自我效能感没有显著的影响,因此该假设不成立;路径"基础网络→自我效能感"的 P 值为 0.121,大于 0.05,说明基础网络对自我效能感也没有显著影响,假设不成立;路径"教学环境→自我效能感"的 P 值小于 0.001,路径系数为 0.26,说明教学环境对自我效能感具有显著的直接影响;路径"创新空间→自我效能感"的 P 值小于 0.001,路径系数为 0.45,说明创新空间对自我效能感具有显著的直接影响。

教学资源维度下,路径"资源可用性→自我效能感"的 P 值小于 0.001,路径系数为 0.79,说明资源可用性对自我效能感具有显著的直接影响;路径"资源丰富度→自我效能感"的 P 值小于 0.001,路径系数为 0.76,说明资源丰富度对自我效能感具有显著的直接影响;路径"资源动态性→自我效能感"的 P 值小于 0.001,路径系数为 0.68,说明资源动态性对自我效能感具有显著的直接影响。

（二）自我效能感对转型水平的验证结果

根据验证结果可知,路径"自我效能感→转型水平"的 P 值小于 0.01,路径系数为 0.73,说明自我效能感对转型水平具有显著的直接影响。

（三）数字技术对转型水平的验证结果

基础设施维度下,路径"校园安防→转型水平"的 P 值小于 0.001,路径系数为 0.32,说明校园安防对转型水平具有显著的直接影响;路径"基础网络→转型水平"的 P 值小于 0.001,路径系数为 0.43,说明基础网络对转型水平具有显著的直接影响;路径"教学环境→转型水平"的 P 值小于 0.001,路径系数为 0.75,说明教学环境对转型水平具有显著的直接影响;路径"创新空间→转型水平"的 P 值小于 0.001,路径系数为 0.62,说明创新空间对转型水平具有显著的直接影响。

教学资源维度下,路径"资源可用性→转型水平"的 P 值小于 0.001,路径系数为 0.63,说明资源可用性对转型水平具有显著的直接影响;路径"资源丰富度→转型水平"的 P 值小于 0.001,路径系数为 0.77,说明资源丰富度对转型水平具有显著的直接影响;路径"资源动态性→转型水平"的 P 值小于 0.001,路径系数为 0.66,说明资源动态性对转型水平具有显著的直接影响。

三、数字技术对乡村教育数字化的影响效应

（一）数字技术维度下自我效能感的中介作用

通过数据分析结果可以发现,教学环境、创新空间、资源可用性、资源丰富度、资源动态性对自我效能感均具有一定的影响。

1. 教学环境与自我效能感

教学环境对教师自我效能感具有直接的正向影响,并通过教师自我效能感间接影响乡村教育数字化转型水平。这一结果说明,良好的教学环境能够显著提升教师的教学信心和能力,从而推动乡村教育的数字化转型。丰富的数字化教学设备,如电子白板、投影仪等,这些设备为教师的教学提供了强大的技术支持,具体体现在以下几个方面:第一,数字化教学设备的支持:丰富的数字化教学设备(如电子白板、投影仪等)为教师提供了强大的技术支持。教师可以利用电子白板的交互功能,设计生动有趣的教学活动,激发学生的课堂参与热情,从而提升教学效果。这种技术赋能不仅增强了教师的教学能力,也提升了他们对自身教学水平的信心。第二,智慧教室的高效便捷:智慧教室为教师创造了高效、便捷的教学环境,教师可以轻松实现教学内容的推送。学生学习数据的实时反馈等功能,可以让教师精准把握学生的学习情况,及时调整教学策略。这种智能化教学环境使教师能够更高效地完成教学任务,从而增强其自我效能感。第三,学科教学设施的完备

性：学校配备的设施能够满足不同学科的教学需求，这使得教师在教学过程中不再需要担心教学设施的限制，能够更加专注于教学内容的设计和教学方法的创新。这种支持为教师提供了更多的教学自由度和创造力空间，进一步提升了他们的自我效能感。

　　基于以上研究结果，未来应加大对乡村学校数字化教学设备的投入，确保每所学校都能配备电子白板、投影仪等基础设备，并逐步引入智慧教室系统，为教师提供高效、便捷的教学环境。这种硬件设施的完善不仅能够直接提升教师的教学效率，还能通过增强教师的自我效能感间接推动乡村教育数字化转型。

2. 创新空间与自我效能感

　　创新空间（如创客教室）对教师自我效能感具有直接的正向影响，并通过教师自我效能感间接影响乡村教育数字化转型水平。这一结果说明，配备先进技术的创新空间不仅为教师提供了开展创新教学的平台，还通过增强教师的教学信心和能力，进一步推动了乡村教育的数字化转型。具体来说，创新空间对教师自我效能感的正向影响主要体现在以下几个方面：第一，创客教室配备了虚拟现实（VR）、3D打印、编程工具等先进设备和软件，为教师提供了全新的教学平台。例如，教师可以利用虚拟现实技术，带领学生进入虚拟的学习场景，进行沉浸式学习。这种技术赋能不仅丰富了教学形式，还使教师能够突破传统教学的限制，设计更具创新性和吸引力的教学活动。研究表明，技术的有效应用能够显著提升教师的教学能力和信心[1]，从而增强其自我效能感。第二，学校经常在创客教室组织创新活动，如编程比赛、机器人制作、创意设计等，为教师提供了丰富的实践机会。教师在组织和参与这些活动的过程中，能够与其他教师相互学习、相互启发，不断积累创新教学的经验。这种实践经验不仅提升了教师的教学技能，还增强了他们对创新教学的信心和控制感。第三，创客教室为学生提供了开展创新活动的空间，教师在指导学生进行创新活动的过程中，能够见证学生的成长和进步。例如，学生通过完成一个机器人项目或虚拟现实场景设计，不仅提升了实践能力，还增强了创新思维。这种学生的成长和进步为教师带来了强烈的成就感，进一步提升了其自我效能感。

　　基于上述研究结果，为进一步发挥创新空间对教师自我效能感及乡村教育数字化转型的促进作用，提出以下建议：首先，应加大对乡村学校创新空间建设的投入，配备虚拟现实（VR）、3D打印、编程工具等先进设备，为教师提供开展创新教学的硬件支持。其次，定期组织教师培训，帮助其掌握创新空间设备的使用方法和创新教学的设计策略，提升教师的技术应用能力和教学创新能力。此外，学校应鼓励教师利用创客教室开展跨学科、跨领域的创新活动，如编程比赛、机器人制作等，为教师提供实践机会，增强其教学信心和控制感。最后，建立教师创新教学的激励机制，对在创新教学中表现突出的教师给予表彰和奖励，进一步提升其自我效能感，从而推动乡村教育数字化转型的可持续发展。

3. 资源可用性与自我效能感

　　资源可用性对教师自我效能感具有直接的正向影响，并通过教师自我效能感间接影

---

① Ertmer P A，Ottenbreit-Leftwich A T. Teacher technology change：How knowledge，confidence，beliefs，and culture intersect［J］. Journal of research on Technology in Education，2010，42(3)：255-284.

响乡村教育数字化转型水平。这一结果说明,学校提供的易于获取、修改和使用的数字化教学资源,能够显著减轻教师的教学负担、提升教学质量、增强教学自信心,从而推动乡村教育的数字化转型。资源可用性对教师自我效能感的影响主要体现在减轻教学负担、提升教学质量、增强教学自信心等方面。第一,当教师能够方便地获取所需的教学资源(如教材、教案、课件等)时,可以大大减轻他们的备课负担。教师不必花费大量时间从头开始准备教学材料,而是可以利用现有的资源进行整合和优化。例如,教师可以通过数字化资源库快速找到适合的课件模板或教学案例,进行个性化调整。这种效率提升不仅使教师能够将更多精力投入教学设计和学生学习效果上,还增强了他们对教学任务的掌控感,从而提升自我效能感。第二,资源的可用性使教师能够根据教学目标和学生特点,选择合适的教学资源,设计出更加科学、合理的教学方案。例如,教师在准备一堂科学课时,能够轻松找到相关的实验视频、图片等资源,这些资源可以丰富教学内容,使教学更加生动形象,提高学生的学习兴趣和参与度。这种教学质量的提升不仅增强了教师对教学效果的预期,还进一步强化了其教学信心和自我效能感。第三,当教师知道在教学过程中能够随时获取所需资源时,会感到更加安心和自信。这种心理上的支持能够让教师在面对教学任务时更加从容,相信自己能够顺利完成教学目标。例如,在开展跨学科教学时,教师可能会担心自己对某些学科知识的掌握不够全面,但如果有丰富的教学资源可供参考,教师就可以更有信心地进行教学设计和实施。这种心理安全感和自信心的提升,直接增强了教师的自我效能感。

为进一步提升资源可用性对教师自我效能感及乡村教育数字化转型的促进作用,应加强乡村学校数字化教学资源库的建设,确保资源库内容涵盖各学科、各学段的教学资源,同时开发便捷的资源检索和编辑工具,帮助教师快速获取、修改和整合教学资源,减轻备课负担,提升教学效率。此外,学校应组织教师培训,帮助其掌握数字化资源的使用方法和教学设计的优化策略,提升教师对资源的应用能力和教学创新能力。

4. 资源丰富度与自我效能感

资源丰富度对教师自我效能感具有直接的正向影响,并通过教师自我效能感间接影响乡村教育数字化转型水平。这一结果说明,学校提供的丰富、多样且个性化的数字化教学资源,能够显著拓宽教师的教学视野、满足学生个性化需求、激发教学创新,从而增强教师的教学信心和能力,推动乡村教育的数字化转型。具体来说,资源丰富度对教师自我效能感的正向影响主要体现在以下两个方面:第一,丰富的教学资源为教师提供了多样化的教学案例和经验,使其能够接触到不同地区、不同风格的教学方法。例如,教师在浏览网络教学资源时,发现了一些新颖的教学游戏和互动方式,这些新奇的元素可以被引入到自己的课堂中,使教学更加丰富多彩。多元化的教学资源能够激发教师的教学灵感,提升教学效果,从而增强教师的自我效能感。第二,资源丰富度使教师能够根据学生的实际情况,选择合适的教学资源进行差异化教学。例如,对于视觉型学习者,教师可以提供更多的图片、视频等视觉资源;对于听觉型学习者,可以提供音频讲解等资源。这种个性化的教学方式能够提高学生的学习效果,也让教师感受到自己的教学方法是有效的。满足学生个性化需求的教学实践能够显著提升教师的教学信心,从而增强其自我效能感。丰富的教学资源为教师提供了更多的素材和灵感,激发其创新思维。例如,教师将线上教学资源与线下教学活动相结合,开展线上线下混合式教学。这种教学方式不仅能提高教学效果,还能让教师在教学创新过程中获得成就感。研究表明,教学创新实践能够显著提升教师的自我效能感,从而进一步推动教学质量的提升。

为进一步提升资源丰富度对教师自我效能感及乡村教育数字化转型的促进作用,应加强乡村学校数字化教学资源的多样化建设,确保资源库涵盖文本、视频、音频、互动软件等多种形式,满足不同学科和教学场景的需求。同时,开发智能推荐系统,帮助教师根据教学目标和学生特点快速筛选合适的资源,提升教学设计的科学性和针对性。学校应通过组织教师培训,帮助教师掌握多样化资源的整合与创新应用方法,提升其教学设计和课堂组织能力,进一步增强教师的自我效能感,从而推动乡村教育数字化转型的深入发展。

5. 资源动态性与自我效能感

资源动态性对教师自我效能感具有直接的正向影响,并通过教师自我效能感间接影响乡村教育数字化转型水平。这一结果说明,学校提供的时效性强、更新频繁且灵活应变的数字化教学资源,能够显著提升教师的教学适应能力、教学灵活性和专业成长动力,从而增强其教学信心和能力,推动乡村教育的数字化转型。具体来说,资源动态性对教师自我效能感的影响主要体现在时效性和持续性两大方面。一方面,资源动态性的时效性特征,使教师能够获取最新的教育理念、学科知识和教学方法,从而确保教学内容的前沿性和适应性。动态资源能够及时融入最新的教育政策和课程标准,帮助教师紧跟教育发展趋势。例如,随着核心素养教育的推进,动态资源可以提供相关的教学案例和评价工具,帮助教师更好地实施素养导向的教学。这种与时俱进的教学内容不仅提升了教学的科学性,还增强了教师的教学信心。此外,动态资源能够快速整合最新的学科知识和技术成果。例如,在科学教学中,教师可以利用动态资源引入最新的科研成果或技术应用,让学生了解学科前沿动态。这种教学内容的前沿性不仅激发了学生的学习兴趣,还提升了教师的教学成就感和自我效能感。另一方面,资源动态性的持续性特征,要求教师不断学习和更新知识,从而促进其专业成长和教学创新。教师的持续学习能够显著提升其自我效能感,动态资源的不断更新要求教师持续学习新知识、新工具和新方法。例如,教师在探索新的教学资源时,可能会接触到虚拟现实(VR)、人工智能(AI)等新技术,这种学习过程不仅提升了教师的技术应用能力,还增强了其专业素养。而且,动态资源的更新和共享为教师提供了更多的交流与合作机会。例如,教师可以通过资源平台分享自己的教学案例或学习他人的优秀经验,这种互动促进了教师专业共同体的建设。研究表明,教师之间的合作与交流能够显著提升其教学信心和自我效能感。

为进一步提升资源动态性对教师自我效能感及乡村教育数字化转型的促进作用,应建立乡村学校教学资源的动态更新机制,确保资源内容能够紧跟学科发展和社会需求,及时引入最新的教学案例、科研成果和技术工具。同时,开发资源更新提醒和推送功能,帮助教师快速获取最新资源,保持教学内容的前沿性和时效性。此外,学校应通过组织教师培训,帮助教师掌握动态资源的应用方法,提升其对教学内容的更新能力和教学设计的灵活性,进一步增强教师的自我效能感,从而推动乡村教育数字化转型的可持续发展。

（二）数字技术对乡村教育数字化转型水平的直接影响

通过数据分析结果可以发现，基础设施、教学资源各子维度对乡村教育数字化转型水平均具有一定的影响。

1. 基础设施与转型水平

基础设施的各个维度（校园安防、基础网络、教学环境、创新空间）对乡村教育数字化转型具有直接的正向影响。这一结果说明，基础设施作为教育数字化转型的关键支撑，不仅为乡村教育提供了必要的物质条件和技术支持，还通过促进教学模式的创新和教学管理的精细化，直接推动了乡村教育的数字化转型。首先，校园安防设施的完善为乡村教育数字化转型提供了安全、稳定的环境。通过安装视频监控设备和门禁系统，学校能够有效保障校园安全，减少外部干扰，为师生创造一个安全的教学和学习环境。这种安全保障为教育数字化转型提供了稳定的基础[1]。智能化的校园安全管理系统能够实时监控校园动态，及时应对突发事件，确保教育活动的顺利进行[2]。例如，通过智能安防系统，学校可以快速响应安全威胁，保障教学数据的隐私和安全。其次，基础网络的完善为乡村教育数字化转型提供了必要的技术支持。高速、稳定的校园网络服务为在线教育、远程教学和数字化资源的使用提供了保障。例如，教师可以通过网络平台实时获取和分享教学资源，提升教学效率。而且定期对网络设施进行维护和升级，能够确保网络的稳定性和高效性。通过引入 5G 技术，学校可以进一步提升网络速度，支持更多数字化教学应用。再次，教学环境的改善为乡村教育数字化转型提供了优质的学习空间。电子白板、投影仪等数字化教学设备的普及，为教师提供了丰富的教学工具，提升了课堂教学的互动性和吸引力。而智慧教室通过整合物联网、大数据和人工智能技术，能够为教师和学生提供了高效、便捷的教学环境。最后，创新空间的建立为乡村教育数字化转型提供了创新动力。创客教室配备了虚拟现实（VR）、3D 打印等先进技术，为教师和学生提供了创新实践的平台。学生可以通过虚拟现实技术进行沉浸式学习，提升实践能力和创新思维。此外，学校定期在创客教室组织创新活动，如编程比赛、机器人制作等，为教师和学生提供了丰富的实践机会。这种创新实践不仅提升了学生的综合素质，还增强了教师的教学信心和创新能力。

基于上述研究结果，建议在推进乡村教育数字化转型过程中，应优先加强基础设施的全面建设与优化。具体而言，需加大对校园安防、基础网络、教学环境和创新空间的投入，确保乡村学校具备数字化转型所需的硬件条件。同时，应注重基础设施与教育教学的深度融合，推动教学模式的创新和教学管理的精细化，充分发挥基础设施的支撑作用。

2. 教学资源与转型水平

教学资源的三个核心维度——资源可用性、资源丰富度和资源动态性，均对乡村教育

---

[1]　Smith J，Smith R. School safety and security：Best practices for protecting students and staff[J]. Journal of School Safety，2020，15(2)：45-60.

[2]　Johnson L，Adams Becker S，Estrada V，et al. NMC/CoSN Horizon Report：2019 K-12 Edition[J]. The New Media Consortium，2019.

数字化转型具有显著的直接影响。这一结论表明,教学资源的优化是推动乡村教育数字化转型的关键因素,其影响贯穿于教学、学习和管理的各个环节。具体而言,首先,资源可用性的提升直接促进了教学效率和学生学习参与度的提高。资源可用性是乡村教育数字化转型的基础,乡村学校教师是否能够获取并有效利用数字化教学资源,极大程度决定了其数字化教学的效率和效果。由于乡村地区地理位置偏远、基础设施相对落后,传统教学资源的获取和使用受到限制,数字化资源的引入打破了这一瓶颈,通过网络平台和数字化工具,乡村学校能够便捷地获取优质资源,从而缩小与城市教育的差距。其次,资源丰富度的提升能够显著增强学生的学习兴趣和自主学习能力,还为教师提供了更多的教学选择,有助于提升教学质量和创新性。资源丰富度为乡村教育提供了多样化的教学内容和支持工具,丰富的资源不仅包括传统的文本和课件,还涵盖视频、音频、互动软件等多种形式,满足了不同学生的学习需求。教学资源的多样性和覆盖面直接影响学生的学习体验和教师的教学质量,丰富的资源为乡村学生提供了更多元化的学习机会。最后,资源动态性是乡村教育数字化转型的重要推动力,动态资源的引入使乡村教育能够更好地适应社会发展的需求,提升了教育的时效性和实用性。教学资源的及时更新和动态调整能力使乡村教育能够紧跟时代发展,满足学生和教师的实际需求。在信息化时代,知识和技术的更新速度加快,动态性强的教学资源能够确保乡村学生和教师及时获取最新信息。总之,教学资源的可用性、丰富度和动态性是乡村教育数字化转型的重要驱动力。通过优化资源配置、丰富资源内容、增强资源动态性,乡村教育能够更好地适应数字化时代的需求,推动教育公平和质量提升。未来,需要多方协作,持续投入,以实现乡村教育的全面数字化转型。

针对上述研究结果,建议在乡村教育数字化转型中,重点围绕教学资源的三个核心维度(资源可用性、丰富度和动态性)进行系统性优化。首先,应加强数字化教学资源的建设与共享,确保乡村学校能够便捷获取高质量资源,提升资源可用性。其次,丰富资源类型和内容,涵盖学科教学、教师培训和学生自主学习等多方面需求,满足多样化教学场景。最后,注重资源的动态更新与迭代,结合教育技术发展和实际教学需求,保持资源的时效性和实用性。同时,建立资源使用情况的反馈机制,促进资源的持续优化,为乡村教育数字化转型提供有力支撑。

综上所述,基础设施维度下的教学环境、创新空间以及教学资源的可用性、丰富度和动态性会对教师自我效能感以及乡村教育数字化转型水平产生正向影响,说明学校配备的数字化教学设备越丰富,基于创客教室、智慧教室等的创新活动开展越频繁,数字化教学资源更新越及时,学校及其所在地区的数字化转型水平越高。此外,基础设施维度的校园安防和基础网络对教师自我效能感的影响未达到显著性水平,但对乡村教育数字化转型水平有一定的正向预测作用,需要探讨深层次的原因。首先,校园安防和基础网络对教师自我效能感影响不显著的原因可能是技术应用的非直接性造成的,校园安防和基础网络作为技术基础设施,其主要功能是保障校园安全和网络通信的顺畅。这些功能虽然重要,但并不直接涉及教师的教学过程或教学内容,因此可能对教师自我效能感的直接影响有限。其次,教师的技术适应能力各不相同。对于部分教师而言,他们可能更关注与教学直接相关的技术工具,如多媒体教学软件、在线教学平台等,而对于校园安防和基础网络等基础设施的关注度相对较低。因此,这些基础设施的改善可能不足以显著提升他们的自我效能感。另外,校园安防和基础网络可以通过提供稳定的教学环境,促进教育资源的共享和流动,推动乡村教育数字化转型。

第三节　学校组织维度下影响因素的验证与分析

一、模型验证与修正

(一)测量模型验证

1. 组合信度分析

表 4-8 中的数据表明,该假设模型中的各变量的组合信度均介于 0.82 到 0.88,均高于 0.60,说明该模型的内在质量良好。

2. 聚合效度分析

从表 4-8 中看出,所有题项的因素负荷量介于 0.659 到 0.837,P 值均小于 0.05,AVE 均高于 0.50,表明该结构模型内部质量良好。

表 4-8　学校组织维度下结构模型各变量的信效度分析结果

潜在变量	题项	因素负荷量	P 值	组合信度	AVE
实施机制	BA1	0.778	***	0.870 4	0.681 3
	BA2	0.826	***		
	BA3	0.766	***		
	BA4	0.783	***		
	BA5	0.803	***		
共同体建设	BB1	0.764	***	0.827 3	0.607 4
	BB2	0.825	***		
	BB3	0.813	***		
	BB4	0.659	***		
管理评价	BC1	0.793	***	0.875 9	0.671 3
	BC2	0.837	***		
	BC3	0.733	***		
	BC4	0.753	***		

注:*** 代表 $P<0.001$。

(二)结构模型验证

本研究依据第三章提出的研究假设,采用 AMOS 26.0 绘制出大众媒体对乡村留守儿童学习社会化影响的初始模型,具体如图 4-5 所示。

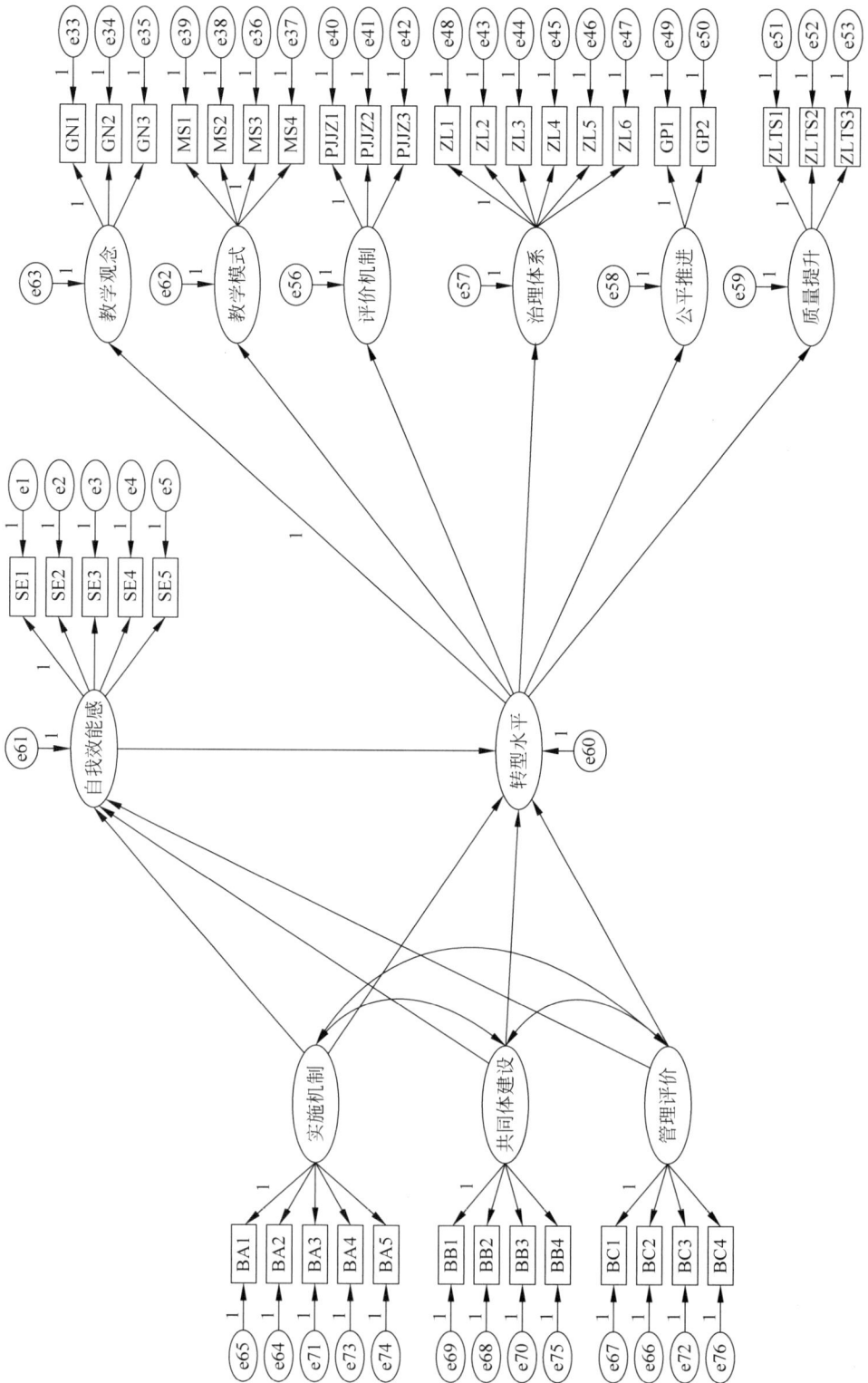

图 4-5 学校组织对乡村教育数字化影响的初始的假设模型

接下来需要检测结构模型的适配度,具体见表4-9。CMIN/DF 的值为2.685,符合小于标准值3的参考标准;CFI 的值为0.903,符合大于标准值0.90的参考标准;RMSEA 的值为0.048,符合小于标准值0.050的参考标准;IFI 的值为0.917,符合大于标准值0.90的参考标准;PGFI 的值为0.764,符合大于标准值0.50的参考标准;GFI 的值为0.924,符合大于0.90的参考标准,AGFI 的值为0.919,符合大于0.90的参考标准。综上各拟合指标均高于理想值,说明该模型适配度良好。

表 4-9　学校组织对乡村教育数字化影响的结构模型拟合指标分析

拟合指标	CMIN/DF	CFI	RMSEA	IFI	PGFI	GFI	AGFI
参考标准值	<3.00	>0.90	<0.050	>0.90	>0.50	>0.90	>0.90
拟合指标测量值	2.685	0.903	0.048	0.917	0.764	0.924	0.919

二、验证结果分析

本研究通过 AMOS 26.0 对研究中的假设模型进行验证因子分析及模型修正,明确了学校组织与乡村教育数字化之间的关系,以及相关的路径系数,具体结果见表4-10。

表 4-10　学校组织对乡村教育数字化影响的模型假设分析结果

路　　径	路径系数	P 值	结果	路　　径	路径系数	P 值	结果
自我效能感←实施机制	0.63	***	成立	转型水平←实施机制	0.53	***	成立
自我效能感←共同体建设	0.72	***	成立	转型水平←共同体建设	0.63	***	成立
自我效能感←管理评价	0.66	***	成立	转型水平←管理评价	0.75	***	成立
转型水平←自我效能感	0.73	***	成立				

注:*** 代表 $P<0.001$。

(一)学校组织对自我效能感的验证结果

根据检验结果可知,假设路径"实施机制→自我效能感"的 P 值小于0.001,路径系数为0.63,说明实施机制对于教师自我效能感具有显著的直接影响;"共同体建设→自我效能感"的 P 值小于0.001,路径系数为0.72,说明共同体建设显著正向影响教师自我效能感;"管理评价→自我效能感"的 P 值小于0.001,路径系数为0.66,说明管理评价对教师自我效能感具有显著的直接影响。

(二)自我效能感对转型水平的验证结果

假设路径"自我效能感→转型水平"的 P 值小于0.001,达到了显著水平,研究假设成立,说明教师自我效能感对乡村教育数字化转型水平具有正向预测作用。同时,通过模型分析可知,学校组织各维度均可通过自我效能感的中介作用对乡村教育数字化转型水平产生正向影响。

（三）学校组织对转型水平的验证结果

根据检验结果可知，假设路径"实施机制→转型水平"的 P 值小于 0.001，路径系数为 0.53，说明实施机制对于乡村教育数字化转型水平有显著影响，假设路径"共同体建设→转型水平"的 P 值小于 0.001，路径系数为 0.63，说明共同体建设对于乡村教育数字化转型水平有显著正向影响；假设路径"管理评价→转型水平"的 P 值小于 0.001，路径系数为 0.75，说明管理评价对于乡村教育数字化转型水平有显著正向影响。

三、学校组织对乡村教育数字化的影响效应

（一）学校组织维度下自我效能感的中介作用

通过数据分析结果可以发现，实施机制、共同体建设、管理评价对乡村教师自我效能感均具有一定的影响。深入分析这三个方面对乡村教师自我效能感的影响可以为优化教师专业发展路径提供针对性策略，进而助力提升乡村教育质量与教师职业认同。接下来，我们将详细分析这三个方面对乡村教师自我效能感的具体影响。

1. 实施机制与自我效能感

实施机制对乡村教师自我效能感有正向影响，即学校有关教育数字化的实施机制越完善，教师就会更加相信自己能够胜任数字化教学工作。实施机制主要通过提供清晰的数字化建设规划、完善的设施和资源以及安全保障对教师的自我效能感起到间接的促进作用。根据班杜拉的自我效能理论，个体对自身能力的信念受到环境支持的影响。清晰的数字化队伍建设规划（如阶段性完善人员结构和提升数字素养）为教师提供了明确的发展路径，增强了他们对数字化教学的信心。此外，合理的数字化设施和资源规划（如定期检查与丰富资源）为教师提供了必要的数字化学习资源和教学工具，使其能够高效地开展教学活动，从而提升其自我效能感。学校有关数字安全方面提供的保障（如制定了比较完善的数据保护制度和清晰合理的数字安全保障规划）则减少了教师对数据泄露或滥用的担忧，以及对技术风险的焦虑，增强了他们对数字教学环境的信心，从而增强了其数字化教学效能感。

在乡村教育数字化转型的背景下，实施机制对乡村教师自我效能感的影响尤为重要。乡村地区教育资源相对匮乏，基础设施薄弱，教师数字素养参差不齐，因此，清晰的数字化建设规划、完善的设施和资源以及安全保障，不仅能提升乡村教师的自我效能感，还能为乡村教育的数字化转型提供有力支撑。例如，通过分层次、分阶段的数字能力培养计划，乡村教师能够逐步提升数字素养，更好地适应数字化教学环境。同时，完善的数字安全保障减少了教师在使用数字技术时的焦虑，使他们能够更加自信地运用数字技术开展教学活动。这种自信不仅有助于提升乡村教师的教学质量，还能激发他们探索新型教学模式与方法的积极性，从而推动乡村教育的高质量发展。

乡村学校在推进教育数字化转型时，需要从多个层面构建支持体系，以增强教师的自我效能感。学校应根据教师的实际需求，制定个性化的数字化发展方案，通过分层培养模式，如"骨干教师引领＋青年教师攻坚＋全员轮训"，结合县域教研共同体，促进教师之间

的经验交流与能力提升。同时,学校应完善基础设施,优先配置适合乡村教学场景的数字化工具,如离线资源库和轻量化教学平台,并鼓励教师将本地文化和乡土知识转化为数字化教学资源,形成具有乡村特色的资源库。在数字安全保障方面,学校需要完善数据管理制度,并通过培训和演练帮助教师提升风险应对能力,减少技术使用中的焦虑。此外,学校可以建立动态反馈机制,通过课堂数据分析和教学日志追踪,帮助教师清晰地看到自身数字化教学能力的进步,从而增强信心。这种多层次的实施机制,能够有效支持乡村教师适应数字化教学环境,提升自我效能感,推动乡村教育的高质量发展。

2. 共同体建设与自我效能感

根据数据分析结果可知,共同体建设对教师自我效能感有正向影响。社会文化理论指出,学习与发展是通过社会互动实现的,这一理论对乡村教师群体具有重要的现实意义。乡村教师通常处于相对孤立的环境中,缺乏与同行和专家的交流机会,而共同体建设能够弥补这一不足,为其提供社会支持和专业成长的平台。由于地理位置偏远、资源相对匮乏,乡村教师往往面临更大的职业挑战和心理压力。因此,构建支持性的人际网络和专业发展平台,能够显著提升乡村教师的自我效能感,从而增强其职业认同感和教学效能。

在乡村学校中,校长的数字化领导能力和管理团队的专业水平对教师的数字化教学效能感有着促进作用。当学校管理层具备较高的数字化素养时,他们能够为教师提供更有效的支持,帮助教师在数字化教学中找到方向。因此,学校应优先提升校长和管理团队的数字化领导能力,使其能够更好地规划和推动学校的数字化教学发展。例如,可以通过组织校长和管理层参加数字化领导力培训,学习如何制定科学的数字化教学规划、合理分配资源以及激励教师参与数字化教学实践。同时,管理层应建立常态化的数字化教学支持机制,如定期组织教师分享数字化教学经验、提供技术问题解决方案等,从而为教师创造一个支持数字化教学的环境,帮助他们在实践中逐步建立信心,感受到自身的成长与价值。

乡村教师由于接触前沿教育技术的机会较少,往往在数字化教学中感到力不从心。这种技术鸿沟不仅限制了他们的教学创新的积极性,还可能影响学生的学习效果。为此,学校可以通过组织研修活动和校内培训,为教师创造持续学习的机会,帮助他们逐步适应并掌握数字化教学工具和方法。此外,乡村学校还可以通过与高校、科研机构建立合作关系,为教师提供更多高质量的外部资源支持。专家指导和联合研究项目能够帮助乡村教师拓宽视野,提升专业水平,从而在教学实践中更加得心应手。这种联动不仅为教师提供了学习的机会,也让他们感受到来自外界的认可与支持,进一步增强其自我效能感。

具体而言,学校可以定期邀请外部专家或城市优秀教师到乡村学校进行专题讲座或工作交流,分享最新的教育技术应用案例和教学经验。同时,校内可以建立教师学习小组,鼓励教师之间互相交流数字化教学的心得与技巧,形成互助学习的氛围。此外,学校还可以利用在线学习平台,为教师提供灵活的学习资源,让他们能够根据自身需求和时间安排进行自主学习。这种持续的学习不仅能够帮助教师应对教学中的技术挑战,还能增强他们的专业自信,使他们在数字化教学中更加从容自如。通过这种系统化的学习支持,乡村教师能够逐步提升数字化教学能力,从而更好地适应教育数字化转型的需求,推动乡村教育质量的整体提升。

共同体建设通过多种方式为乡村教师提供了支持性的人际网络和专业发展平台。在乡村教育的特殊背景下,这种支持显得尤为重要,不仅能够帮助教师克服职业挑战,还能为其提供持续成长的机会,最终实现教育质量的全面提升。

3. 管理评价与自我效能感

由于乡村教师往往面临资源匮乏、信息闭塞等挑战,科学的管理评价体系能够为其提供必要的支持和指导,从而增强其职业信心和教学效能。通过系统化的评价机制,教师可以获得关于教学实践、学生管理等方面的具体反馈,从而明确改进方向。这种基于数据的客观评价,不仅能够帮助教师发现教学中的问题,还能为其提供切实可行的改进建议。在教学实践中,教师可以通过数字化工具对课堂教学进行分析,了解自己在课堂互动、教学节奏等方面的表现,进而有针对性地调整教学策略。这种持续改进的过程,能够让教师感受到自身能力的提升,从而增强其自我效能感。

乡村学校的硬件设施通常较为落后,而利用数字技术进行高效管理可以显著改善这一状况。例如,通过数字化手段对学校的教学设备、图书资源等进行统一管理和调配,能够提高资源利用率。这种科学化和透明化的管理方式,不仅能够提升教师对学校管理的信任感,还能增强其对组织的归属感,从而提升其自我效能感。对于乡村教师而言,感受到学校管理的科学性和透明度,能够激发其内在动机,使其更加积极地投入到教学工作中。

学生管理评价是提升乡村教师教学效能的重要途径。乡村学校的学生背景复杂,家庭支持相对薄弱,教师往往需要更多的数据支持来制定个性化的教学策略。通过利用数字技术进行学生信息管理,教师可以全面掌握学生的学习情况、行为表现和心理状态,从而更有针对性地开展教学。例如,利用数字化平台记录学生的课堂表现、作业完成情况和考试成绩,能够帮助教师及时发现问题并调整教学策略。这种精准的学生管理评价不仅能够提升教学效果,还能增强教师的职业成就感和自我效能感。

此外,教学数字化管理评价在乡村教育中同样具有重要意义。乡村教师由于缺乏与外界交流的机会,往往难以获得客观的教学反馈。通过利用数字技术进行教学质量评价,可以为教师提供科学、客观的反馈信息,帮助其识别教学中的问题并改进教学实践。例如,利用数字化工具对教师的课堂教学进行录像分析,或通过在线评教系统收集学生和同事的反馈,能够帮助教师发现自身的不足并加以改进。这种客观的评价机制不仅能够提升教师的教学水平,还能增强其职业自信和自我效能感。

最后,教务数字化管理评价能够显著减轻乡村教师的工作负担,使其更专注于教学本身。乡村教师通常需要承担繁重的教务工作,如成绩统计、评教分析等,而这些工作往往耗费大量时间和精力。通过利用数字技术进行成绩分析和评教,可以简化教务流程,提高工作效率。例如,利用数字化平台自动生成成绩报告和评教结果,能够减少教师的手工操作,使其有更多时间投入教学设计和学生辅导中。这种高效的教务管理评价不仅能够提升教师的工作满意度,还能增强其自我效能感。

综上所述,管理评价通过设施资产管理评价、学生管理评价、教学数字化管理评价和教务数字化管理评价等多种方式,能够对乡村教师的自我效能感产生积极影响。在乡村教育的特殊背景下,科学的管理评价体系不仅能够为教师提供精准的反馈和改进建议,还能增强其能力感和自主感,从而激发其内在动机,提升教学效能。通过不断完善管理评价机制,乡村教师能够在职业发展中获得更多支持,最终实现教育质量的全面提升。

(二)学校组织对转型水平的直接影响

通过数据分析结果可以发现,实施机制、共同体建设、管理评价对乡村教育数字化转型水平均具有一定的影响。深入分析这三个方面对乡村教育数字化转型水平的影响可以为经济落后地区提供切实可行的实践方案,进而有效解决城乡教育差距问题。接下来,我们将详细分析这三个方面对乡村教育数字化转型水平的具体影响。

1. 实施机制与转型水平

在一定程度上,实施机制能够正向预测乡村教育数字化转型水平,学校有关教育数字化的实施机制越完善,其教育数字化转型水平越高。可以说,实施机制是乡村教育数字化转型的"骨架",其完善程度直接决定了转型的方向性、持续性与实效性。

数字化队伍建设规划是转型的关键一环。乡村地区往往面临师资力量薄弱、教师数字素养不足等问题。因此,制订阶段性完善人员结构的计划至关重要。要通过培训和进修等方式,提升现有教师的数字素养,使他们能够熟练运用数字化教学工具和平台,开展线上线下混合式教学。通过系统的培训,教师能够更好地利用数字化手段进行教学,提升教学效果。教师的数字化能力提升是教育数字化转型的关键环节,直接影响数字化教育的实施效果。此外,技术人员的配备也不可或缺,他们负责维护数字化设备、更新软件系统以及解决技术故障,确保数字化教学的顺利进行。

数字化设施和资源的合理规划为乡村学校提供了坚实的硬件和软件支持。完善的实施机制能够有效整合各类教育资源,包括硬件设备、软件平台、数字内容等,确保这些资源能够合理分配到需要的学校和地区。通过优化资源配置,减少资源浪费,提升资源利用效率,从而推动教育数字化转型的顺利进行。乡村学校常常面临设备陈旧、网络不稳定、教学资源匮乏等问题。因此,需要明确数字化设施的购买方案,优先配置高速网络设备、多媒体教室设备以及智能教学终端等。同时,要定期检查和更新数字化资源,包括优质的在线课程资源、虚拟实验室软件、电子图书等,以满足不同学科和年级的教学需求。通过这些措施,乡村学校能够逐步缩小与城市学校在数字化教学资源上的差距。

数字安全保障是乡村教育数字化转型的重要保障。在数字化教学过程中,数据安全和隐私保护至关重要。乡村学校需要更新安全规范,完善数据保护制度,防止学生个人信息泄露。同时,要加强对教师和学生的信息安全教育,提高他们的安全意识和防范能力。只有在安全稳定的环境中,数字化技术才能真正发挥其优势,推动乡村教育的高质量发展。

综上所述,实施机制通过数字化队伍建设、设施资源规划和安全保障等多方面的系统化措施,为乡村教育数字化转型提供了全方位的支持。这些措施相互配合、协同推进,共同推动乡村教育数字化转型从理念走向实践,从试点走向普及,从而实现乡村教育质量的全面提升,缩小城乡教育差距,助力乡村教育振兴。

2. 共同体建设与转型水平

共同体建设通过构建协作网络和共享资源,显著提升了乡村教育数字化转型的水平。

实践共同体理论指出,共同体通过知识共享和协作学习促进个体和集体的能力提升。在乡村教育数字化转型过程中,这种共同体模式不仅优化了资源配置,还为乡村学校带来了多元化的支持。

在乡村教育中,数字化团队配备是共同体建设的重要组成部分。校长的数字化领导能力和管理人员的专业水平为转型提供了组织保障,确保转型方向的正确性。例如,校长可以通过数字化平台更好地规划学校的发展战略,管理人员则能够高效地调配资源、推动数字化教学的实施。

人员培训研讨是提升乡村教师数字化教学能力的重要途径。通过鼓励教师积极参与各类研修活动和开展校内培训,教师们得以有机会接触和学习最新的数字化教学理念和方法,掌握更多数字化教学工具的使用技巧。例如,国家中小学智慧教育平台为教师提供了海量的教学资源和便捷的协同备课功能。教师们可以借助这一平台,与其他同行共同开发教学资源,实现优质资源的共享与互补,极大地提升了备课效率,让教师能够有更多的时间和精力投入教学方法的创新和学生个体差异的关注上,更好地适应数字化教学的需求,为乡村学生带来更加精彩的课堂体验。

专业人员联动为乡村学校引入了外部智力支持,弥补了本地资源的不足。邀请专家指导和与科研机构合作,能够为乡村学校带来前沿的教育理念和技术支持。例如,通过与高校或科研机构合作,乡村学校可以开展数字化教学的试点项目,探索适合本地的教学模式。社会力量参与则为乡村教育数字化转型提供了额外的资源和动力,推动了转型的可持续发展。家长和企业的支持不仅能够提供资金支持,还能通过参与学校治理等方式,为乡村教育数字化转型创造更好的环境。通过以上措施,共同体建设在乡村教育数字化转型中发挥了重要作用,促进了教育资源的均衡分配,提升了乡村教育的整体质量,为乡村教育的可持续发展奠定了坚实基础。

3. 管理评价与转型水平

管理评价通过构建数据驱动的决策闭环与动态优化机制,对乡村教育数字化转型产生系统性影响。基于数据驱动决策理论与复杂系统理论,科学的管理评价体系不仅能够提升教育资源配置效率,更通过多维度评价指标网络的相互作用,形成推动数字化转型的持续动力。在乡村教育场域中,管理评价已渗透至设施资产、学生发展、教学实践、教务管理等核心环节,通过提供数据驱动的决策支持和持续改进机制,对乡村教育数字化转型水平产生重要影响。根据数据驱动决策理论,科学的管理评价能够提升教育系统的效率和效果。

学生管理评价借助数字技术对学生的全面信息进行有效管理,为乡村学校提供了精准的学生数据支持,帮助教师更好地满足学生的个性化需求,同时也为学校管理层提供了决策依据,助力制订更科学的教育政策和教学计划。教学数字化管理评价通过数字化平台为乡村教师提供了客观的教学反馈。这些反馈帮助教师及时调整教学策略,改进教学实践,提升教学质量,同时也为教师的专业发展提供了有力支持。教务数字化管理评价则通过简化教务流程,实现成绩分析、评教评学、课程安排等工作的自动化和智能化,提高了管理效率,使乡村学校能够将更多精力投入教学质量和学生发展上,从而提升整体转型水平。这些管理评价机制相互协同,共同推动乡村教育数字化转型的深化,助力乡村教育的高质量发展。

　　学校可以通过建设智能化管理平台推动管理评价的实施,整合学生、教学和教务数据,帮助教师和管理者更好地了解教育情况。乡村学校可以借助免费或低成本的数字化工具,如钉钉、企业微信等平台,搭建简易的学生管理和教务管理系统。例如,使用在线表格记录学生考勤和成绩,利用群组功能进行家校沟通,逐步实现数据的电子化管理。同时,加强数据采集与分析能力,乡村学校在缺乏专业设备的情况下,可以利用教师或家长的手机进行数据采集,例如,通过拍照记录学生作业完成情况,使用语音备忘录记录课堂表现,逐步积累教学数据。此外,还需要培训教师解读数据的能力,发现和解决教学问题。建立动态评价与反馈机制,定期生成学生教学报告,帮助改进教学策略。根据评价结果调整课程设置和资源配置,优化学校管理。通过这些措施,可以提升学校教育质量,助力乡村教育数字化转型。

　　综上所述,学校组织在乡村教育数字化转型中发挥着关键作用,其实施机制、共同体建设和管理评价三个维度共同构成了推动转型的核心动力。首先,实施机制通过系统化的规划与资源配置为乡村教育数字化提供了基础保障。清晰的数字化队伍建设规划、合理的设施与资源布局以及完善的数字安全保障,不仅解决了乡村学校在人力、物力和技术层面的短板,还为教师提供了稳定的技术支持,增强了其数字化教学的信心和能力,从而推动了数字化转型的落地与深化。其次,共同体建设通过构建协作网络和共享资源,显著提升了乡村教育数字化转型的可持续性。数字化团队配备、人员培训研讨、专业人员联动以及社会力量参与,为乡村学校引入了外部智力支持和额外资源,弥补了本地资源的不足,同时通过知识共享和协作学习,提升了教师的数字化素养和教学能力,形成了支持转型的良性生态。最后,管理评价通过数据驱动的决策支持和持续改进机制,优化了乡村教育数字化转型的效率和效果。科学的设施资产管理、学生管理、教学数字化管理以及教务数字化管理,不仅提高了资源利用率和教学管理的精准性,还为教师提供了客观的反馈和改进建议,帮助其不断优化教学实践,从而提升了整体转型水平。综上所述,学校组织通过实施机制、共同体建设和管理评价三个维度的协同作用,为乡村教育数字化转型提供了系统性支持。这不仅解决了资源和技术层面的挑战,还通过能力建设和社会协作,推动了乡村教育的可持续发展,为实现教育均衡发展和质量提升奠定了坚实基础。

第四节　政策环境维度下影响因素的验证与分析

一、模型验证与修正

（一）组合信度分析

　　表 4-11 中的数据表明,该假设模型中的各变量的组合信度均介于 0.82 到 0.86,均高于 0.60,说明该模型的内在质量良好。

（二）聚合效度分析

从表 4-11 中看出，所有题项的因素负荷量均介于 0.688 到 0.874，P 值均小于 0.05，AVE 均高于 0.50，表明该结构模型内部质量良好。

表 4-11 政策环境维度下结构模型各变量的信效度分析结果

潜 在 变 量	题项	因素负荷量	P 值	组 合 信 度	AVE
政策支持	CA1	0.811	***		
	CA2	0.813	***	0.828 9	0.618 2
	CA3	0.732	***		
规范指南	CB1	0.755	***		
	CB2	0.815	***	0.854 6	0.596 2
	CB3	0.823	***		
	CB4	0.688	***		
宣传推广	CC1	0.796	***		
	CC2	0.774	***	0.852 7	0.659 2
	CC3	0.863	***		
愿景	CD1	0.772	***		
	CD2	0.763	***	0.832 5	0.624 0
	CD3	0.833	***		
规划	CE1	0.874	***		
	CE2	0.766	***	0.846 0	0.580 9
	CE3	0.689	***		
	CE4	0.706	***		

注：*** 代表 P＜0.001。

（三）结构模型验证

本研究依据第三章提出的研究假设，采用 AMOS 26.0 绘制出大众媒体对乡村留守儿童学习社会化影响的初始模型，具体如图 4-6 所示。

接下来需要检测结构模型的适配度，具体见表 4-12。CMIN/DF 的值为 2.113，符合小于标准值 3 的参考标准；CFI 的值为 0.916，符合大于标准值 0.90 的参考标准；RMSEA 的值为 0.032，符合小于标准值 0.050 的参考标准；IFI 的值为 0.908，符合大于标准值 0.90 的参考标准；PGFI 的值为 0.669，符合大于标准值 0.50 的参考标准；GFI 的值为 0.917，符合大于 0.90 的参考标准；AGFI 的值为 0.923，符合大于 0.90 的参考标准。综上各拟合指标均高于理想值，说明该模型适配度良好。

表 4-12 政策环境对乡村教育数字化影响的结构模型拟合指标分析

拟 合 指 标	CMIN/DF	CFI	RMSEA	IFI	PGFI	GFI	AGFI
参考标准值	＜3.00	＞0.90	＜0.050	＞0.90	＞0.50	＞0.90	＞0.90
拟合指标测量值	2.113	0.916	0.032	0.908	0.669	0.917	0.923

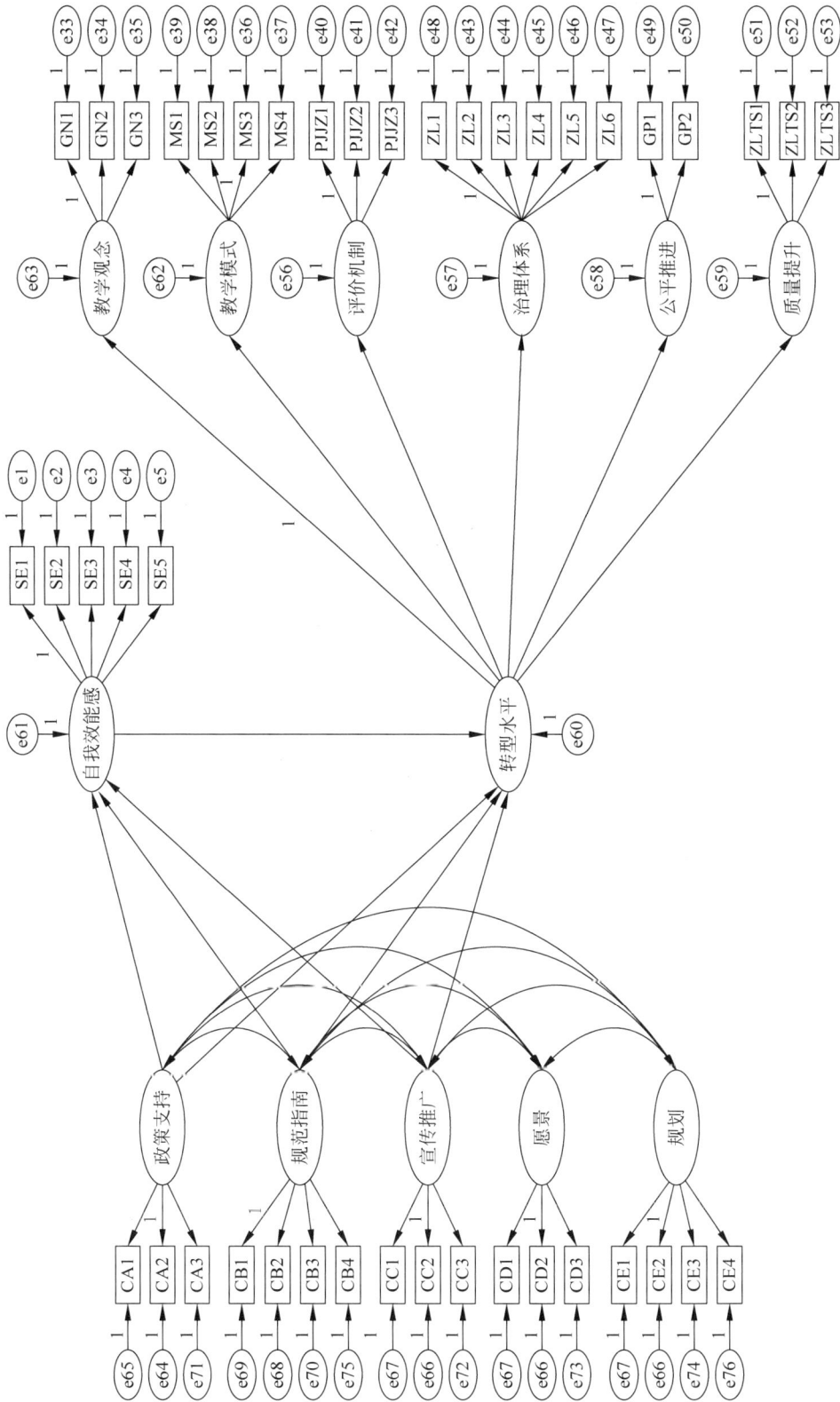

图 4-6 政策环境对乡村教育数字化影响的初始的假设模型

二、验证结果分析

本研究通过 AMOS 26.0 对假设模型进行验证因子分析及模型修正,明确了政策环境与乡村教育数字化之间的关系以及相关路径系数,具体结果见表4-13。

表 4-13　政策环境对乡村教育数字化影响的模型假设分析结果

路　　径	路径系数	P 值	结果	路　　径	路径系数	P 值	结果
自我效能感←政策支持	0.74	***	成立	转型水平←政策支持	0.67	***	成立
自我效能感←规范指南	0.63	***	成立	转型水平←规范指南	0.66	***	成立
自我效能感←宣传推广	0.69	***	成立	转型水平←宣传推广	0.75	***	成立
自我效能感←愿景	0.66	***	成立	转型水平←愿景	0.65	***	成立
自我效能感←规划	0.83	***	成立	转型水平←规划	0.81	***	成立
转型水平←自我效能感	0.76	***	成立				

注: *** 代表 $P<0.001$。

（一）政策环境对自我效能感的验证结果

根据检验结果可知,假设路径"政策支持→自我效能感"的 P 值小于 0.001,路径系数为 0.74,说明政策支持对于自我效能感具有显著的直接影响;"规范指南→自我效能感"的 P 值小于 0.001,路径系数为 0.63,说明规范指南显著正向影响教师自我效能感;"宣传推广→自我效能感"的 P 值小于 0.001,路径系数为 0.69,说明宣传推广对于自我效能感具有显著的直接影响;"愿景→自我效能感"的 P 值小于 0.001,路径系数为 0.66,说明愿景显著正向影响教师自我效能感;"规划→自我效能感"的 P 值小于 0.001,路径系数为 0.83,说明规划显著正向影响教师自我效能感。

（二）自我效能感对转型水平的验证结果

假设路径"自我效能感→转型水平"的路径系数为 0.76,且 P 值小于 0.001,说明自我效能感对乡村教育数字化转型水平具有显著且强烈的正向驱动作用,即教育主体对数字化能力的自信度、适应性和掌控感越强,乡村教育在技术应用、教学模式革新等转型实践中的成效越显著。

（三）政策环境对转型水平的验证结果

假设路径"政策支持→转型水平"的路径系数为 0.67,且 P 值小于 0.001,表明政策支持对转型水平具有显著的正向影响;"规范指南→转型水平"的路径系数为 0.66,且 P 值小于 0.001,说明规范指南显著正向驱动转型水平;"宣传推广→转型水平"的路径系数为 0.75,且 P 值小于 0.001,表明宣传推广对转型水平的正向影响显著,宣传推广的广泛性能够有效提升转型水平;假设路径"愿景→转型水平"的路径系数为 0.65,且 P 值小于 0.001,表明愿景对转型水平具有显著的正向影响;假设路径"规划→转型水平"的路径系数为 0.81,且 P 值小于 0.001,表明规划对转型水平具有显著的正向影响。政策环境的五个维度(政策支持、规范指南、宣传推广、愿景、规划)对转型水平均具有显著的正向影响($P<0.001$),其中规划的影响最为显著(路径系数为 0.81),其次是宣传推广(路径系数为0.75)。这表明政策环境不仅通过提升自我效能感间接推动转型,还能通过顶层设计的系统性规划、广泛宣传推广等直接路径,显著加速乡村教育数字化进程。

三、政策环境对乡村教育数字化的影响效应

(一)政策环境维度下自我效能感的中介作用

通过数据分析结果可以发现,政策支持、规范指南、宣传推广、愿景、规划对自我效能感均具有一定的影响。

1. 政策支持与自我效能感

政策支持在乡村教育数字化转型中发挥了不可替代的作用,显著提升了乡村教师在数字化教学中的自我效能感。通过提供明确的行动指南、稳定的政策环境、及时的更新调整、充足的资源保障、有效的激励机制,政策支持为乡村教师创造了良好的外部条件,使其在数字化教学中更加自信和高效。

乡村教育数字化转型是当前教育改革的重要方向,政策支持在这一过程中扮演着至关重要的角色。政策不仅为乡村教师提供了明确的行动指南和资源保障,还通过一系列具体措施和制度安排,显著提升了教师在数字化教学中的自我效能感。自我效能感是指个体对自己能否成功完成某一任务的信念,对于乡村教师而言,这种信念直接影响其在数字化教学中的积极性、创新性和持久性。政策支持通过多方面的作用机制,为乡村教师创造了良好的外部环境,使其在数字化教学中更加自信和高效。

政府制定的支持乡村教育数字化发展的政策,为乡村教师指明了改革方向和目标。这些政策通常包括数字化教学资源的开发与共享、教师数字化能力的培训与提升、数字化教学设备的配备与维护等内容。通过这些政策,乡村教师能够清晰地了解国家和社会对教育数字化的期望和要求,从而在教学实践中更有方向感。例如,政策中明确提出的"互联网＋教育"行动计划,要求乡村学校加快信息化基础设施建设,推动优质教育资源向乡村地区辐射。这一政策为乡村教师提供了具体的行动框架,使其在数字化教学中能够有的放矢,减少了盲目探索的时间和精力成本。

政策的连贯性和持续性是提升乡村教师自我效能感的重要保障。乡村教育数字化转型是一个长期的过程,需要政策的稳定支持和持续推进。如果政策频繁变动或缺乏连续性,教师可能会感到无所适从,甚至对数字化教学产生抵触情绪。相反,政策的连贯性能够为乡村教师提供稳定的预期,使其能够安心投入教学创新和专业发展。例如,国家近年来持续推进的"教育信息化 2.0 行动计划"和"乡村教师支持计划"等政策,为乡村教师提供了长期的支持和保障。这些政策的持续实施,使乡村教师能够在一个相对稳定的环境中逐步提升自己的数字化教学能力,从而增强对自身教学能力的信心。

此外,政策支持还通过提供资源保障和激励机制,直接提升了乡村教师的自我效能感。乡村教育数字化转型需要大量的资源投入,包括硬件设备、软件平台、教学资源等。

政府通过政策支持,为乡村学校提供了必要的资源保障,使乡村教师能够在一个资源相对充足的环境中开展数字化教学。资源的配备,使乡村教师能够更加便捷地开展数字化教学,从而提升其自我效能感。同时,政策支持还通过激励机制,鼓励乡村教师积极参与数字化教学。例如,一些地方政府通过设立"数字化教学创新奖""优秀乡村教师奖"等荣誉,表彰在数字化教学中表现突出的教师。这些激励机制不仅为乡村教师提供了物质和精神上的奖励,还通过树立榜样,激发了更多教师的积极性和创造力。乡村教师在获得认可和奖励的过程中,进一步增强了对自己教学能力的信心,从而更主动地投入到数字化教学的实践中。

2. 规范指南与自我效能感

乡村教育数字化转型的规范指南为乡村教师的教学实践提供了明确的标准和操作指引,成为提升其自我效能感的重要工具。政府发布的教育数字化发展规范指南,为乡村教师提供了具体的教学参考和操作流程。这些指南通常涵盖数字化教学的基本原则、技术工具的使用方法、教学资源的整合策略等内容,为乡村教师提供了系统化的指导。乡村教师通过学习和遵循这些指南,能够更清晰地了解如何在教学中应用数字化技术,从而减少实践中的盲目性和不确定性。这种明确的操作指引不仅提高了教学效率,还增强了教师对自身能力的信心。

规范指南还为乡村教师提供了应对教学挑战的具体策略和方法,进一步提升了其自我效能感。乡村教师在数字化教学中常常面临技术应用不熟练、资源整合困难等问题,规范指南通过提供详细的解决方案和操作步骤,帮助教师克服这些困难。指南中通常会包括如何利用数字化工具进行课堂互动、如何整合在线资源进行教学设计等内容,乡村教师通过学习这些策略和方法,能够更加从容地应对教学中的挑战,增强对自身教学能力的信念。这种支持不仅提高了教师的教学效果,还激发了其在数字化教学中的创新潜力。

规范指南还通过提供实践案例和成功经验,为乡村教师树立了学习的榜样。乡村教师在数字化教学中常常面临经验不足的问题,规范指南通过展示成功的教学案例,为教师提供了可借鉴的经验。指南中可能会介绍一些乡村学校在数字化教学中的成功实践,包括如何利用有限的资源开展高效的数字化教学、如何通过数字化工具提升学生的学习兴趣等内容,乡村教师通过学习这些案例,能够更好地理解数字化教学的实际应用,从而增强对自身教学能力的信心。

乡村教育数字化转型的规范指南在提升教师自我效能感方面发挥了重要作用。通过提供明确的教学标准、操作流程、应对策略、评价体系和实践案例,规范指南为乡村教师创造了良好的支持环境,使其在数字化教学中更加自信和高效。乡村教师在规范指南的指导下,不仅能够更好地掌握数字化教学的核心技能,还能够在实践中不断创新和突破,为乡村教育的发展注入新的活力。

3. 宣传推广与自我效能感

宣传推广通过传递政策信息和资源支持,为乡村教师提供了明确的方向和保障。乡村教师在数字化教学中常常面临信息不对称和资源匮乏的问题,宣传推广通过多种渠道将政府的政策支持、资源投入和具体措施传递给教师,使其能够清晰地了解国家和社会对教育数字化的期望和要求。乡村教师通过这些宣传,能够更全面地了解政策的具体目标和实施路径,减少实践中的盲目性和不确定性,不仅增强了教师对政策的理解,还提升了其对自身教学能力的信心。

宣传推广还通过提供学习平台和交流机会,促进了乡村教师之间的经验分享和合作学习。宣传推广通过建立区域性的教师协作平台,为教师提供了一个交流和学习的空间。乡村教师在平台上可以分享自己的教学案例、讨论教学问题、学习他人的成功经验。

此外,宣传推广通过营造积极的社会氛围,增强了乡村教师对数字化教学的认同感和使命感。乡村教师在数字化教学中常常面临来自社会、家长和学生的质疑和压力,宣传推广通过广泛传播数字化教育的重要性和价值,帮助教师赢得更多的理解和支持。乡村教师能够更加坚定地投入到数字化教学的实践中,从而增强对自身教学能力的信念。

4. 愿景与自我效能感

愿景为乡村教师提供了明确的发展目标和方向,不仅减少了教师在实践中的迷茫感,还为其提供了持续努力的动力,能够激发其内在动力,提升自我效能感。政府制定的详细的教育数字化基础设施建设目标、数字技术与教育深度融合的目标以及构建完善的教育数字化生态系统的目标,为乡村教师描绘了清晰的教育发展蓝图,让乡村教师看到自己在更大教育生态中的角色和价值,增强其使命感和责任感。这些目标不仅让乡村教师看到教育改革的长远意义,也为其自身职业发展提供了明确的方向。愿景的长期性和前瞻性也为乡村教师提供了稳定的心理预期,使其能够在一个相对稳定的环境中持续投入教学创新和专业发展。乡村教师在实现愿景的过程中,能够不断突破自我、提升能力,增强对数字化教学的掌控感和自信心。这种由愿景驱动的内在动力,不仅提升了教师的教学效果,还为其在数字化教学中的长期发展注入了持续的能量。

5. 规划与自我效能感

规划为乡村教师创设了清晰的效能预期,将抽象的能力提升转化为可分解的阶段目标。这种渐进式的目标设定策略,符合洛克目标设置理论中的"阶梯效应",使教师能够通过完成阶段性小目标积累成功体验,逐步强化教学掌控感。规划中资源配置的刚性约束显著提升了效能感的现实根基,这种制度性保障不仅降低了教师开展数字化教学的门槛,更重要的是通过稳定的资源供给形成心理安全感。根据马斯洛需求层次理论,当基础教学设备等生理需求得到保障后,教师才能更专注于专业发展等高阶需求。

规划为乡村教师提供了系统的行动框架和保障措施,有助于提升其自我效能感。政府制定的教育数字化发展的总体战略、发展任务、行动计划和保障措施,为乡村教师提供了明确的工作任务和实施路径。这些规划不仅明确了乡村教师在教育数字化转型中的角色和职责,还为其提供了必要的资源支持和保障。乡村教师在明确的规划指导下,能够更有条理地开展教学工作,提升教学效果,增强其自我效能感。

(二) 政策环境对转型水平的直接影响

通过数据分析结果可以发现,政策支持、规范指南、宣传推广、愿景、规划对乡村教育数字化转型水平均具有一定的影响。

1. 政策支持与转型水平

在数字技术深刻重构教育形态的背景下，乡村教育数字化转型已成为推进教育公平、实现乡村振兴的关键路径。政策支持作为国家意志的制度化表达，政策体系通过战略引领、资源配置、能力建设与生态重构等多维路径，逐步破解乡村教育数字化转型中面临的观念滞后、资源匮乏、能力不足等核心矛盾，推动城乡教育数字鸿沟的弥合与教育质量的整体跃升。在政策引领下，乡村学校逐步建立起"硬件建设—软件配套—能力培养—应用创新"的数字化转型链条，形成了从物理空间改造到教育生态重塑的递进发展逻辑。政策支持对乡村教育数字化转型的影响本质上是制度优势向治理效能的转化过程。通过战略层面的前瞻布局、执行层面的精准施策、保障层面的持续发力，政策体系不仅解决了转型初期的基础性障碍，更通过制度创新持续释放发展潜能。这种政策驱动的转型模式既体现了国家对教育公平的价值坚守，也彰显了教育治理现代化的实践智慧，为乡村教育在数字时代实现跨越式发展提供了根本保障。

2. 规范指南与转型水平

作为政策体系向实践落地的操作性转化，规范指南通过确立标准框架、明晰实施路径、设定质量基准，为乡村教育数字化转型提供了从理念到行动的完整坐标系。其价值不仅在于解决转型过程中的技术适配问题，更在于构建起支撑可持续发展的制度性框架，使分散的探索上升为系统性变革，推动乡村教育在数字时代实现质的跃升。通过制定数字化转型的总体架构与实施标准，规范指南将抽象的发展目标转化为具象的操作指引，为乡村学校提供了清晰的行动路线图。在实践层面，规范指南通过技术标准与操作流程的精细化设计，显著提升了转型实施的效率与质量。在组织生态层面，规范指南的推广实施重构了乡村教育数字化转型的协同网络。通过明确政府、学校、企业、家庭等主体的权责边界与协作机制，规范指南促进了多元主体的价值共识与行动协同。

规范指南对乡村教育数字化转型的影响本质上是教育治理现代化的微观呈现。通过将转型实践纳入规范化、标准化的发展轨道，这些指南既破解了基层创新中的随意性与不确定性，又为教育主体的创造性实践保留了弹性空间。随着规范体系的不断完善，乡村教育数字化转型正从初期的基础设施建设阶段，迈向深度融合发展新阶段，在技术理性与教育规律的平衡中持续探索高质量发展路径。这种规范引领下的转型模式，不仅提升了乡村教育的数字化水平，更重塑了数字时代乡村教育振兴的底层逻辑，为教育公平与质量提升提供了持久动力。

3. 宣传推广与转型水平

宣传推广对乡村教育数字化转型的影响如同催化剂，在技术设施与制度框架之外开辟了认知革新与社会动员的独特路径。这种影响并不直接作用于硬件配置或资源供给，而是通过观念重塑、经验共享与文化建构，为数字化转型注入深层动力，使政策规划与技术部署真正转化为教育实践中的生动图景。

在认知维度上，宣传推广构建了数字化转型的集体认同。乡村教育转型初期常面临认知隔阂，针对这些认知障碍，系统化的宣传策略通过典型案例剖析、转型成果可视化、教育价值阐释等方式，逐步解构传统教育观念与技术恐惧。这种认知重构不仅提升了个体参与意愿,更在乡村教育系统内部形成了"数字化转型势在必行"的群体共识,为深度变革奠定了心理基础。在实践层面,宣传推广搭建了经验迁移与协同创新的桥梁。乡村教育数字化转型具有显著的地域差异性,山区、牧区、平原地区的实践路径各有特色。通过建立多级联动的宣传矩阵,形成立体化的经验传播网络。这种网络不仅传递成功案例的操作范式,更通过呈现转型过程中的试错经历与突破路径,为后发者提供可借鉴的方法论。在社会动员方面,宣传推广激活了多元主体的协同参与。教育数字化转型不仅是学校系统的内部变革,更需要政府、企业、家庭及社会组织的共同支持。通过策划主题鲜明的宣传活动,能够有效调动各方资源形成育人合力。

宣传推广对乡村教育数字化转型的影响,本质上是通过意义生产与价值传递完成的软性赋能。它不替代政策制度的刚性约束,也不取代技术设施的物理支撑,而是以润物无声的方式重塑教育主体的认知图式、实践惯习与文化认同。这种影响虽难以量化却至关重要,它确保数字化转型不止步于设备升级的表层改变,而是深入教育肌理的价值重构,最终使数字技术真正成为推动乡村教育振兴的持久力量。

4. 愿景与转型水平

愿景在乡村教育数字化转型进程中具有战略性导向功能,其作用机制体现为价值共同体的构建、前瞻性行动框架的形塑、协同治理机制的形成以及战略韧性的培育。作为教育现代化进程中的意义锚点,愿景通过整合工具理性与价值理性,为技术赋能乡村教育的实践提供深层次的价值合法性,并引导数字化转型突破技术决定论的局限,迈向教育本真价值的回归与重构。

教育数字化愿景为乡村教育工作者创设了超越现实约束的认知参照系。这种愿景驱动的创新机制具有双重效应:其引导功能体现为将技术应用的阶段性成果定位为通向理想图景的中间状态,其激励效应则表现在激发教育主体突破资源约束的创造性实践。愿景的存在使技术实践保持必要的张力,在现实条件与理想目标间形成持续创新的动力机制。此外,数字化转型往往面临技术失效、资源波动、文化冲突等系统性风险,愿景在此过程中发挥精神稳定器的关键作用。共享愿景能够为持续变革提供认知缓冲与价值支撑。当数字教学遭遇网络中断等技术故障时,对教育公平的价值坚守促使教师开发替代性解决方案;当阶段性成果未达预期时,对终极目标的信念维系着决策者的战略定力。

5. 规划与转型水平

规划是乡村教育数字化转型的具体实施路径。政府制定的总体战略、发展任务、行动计划和保障措施能够确保乡村教育数字化的有序推进。例如,《中国教育现代化2035》提出了教育数字化的总体战略和具体任务,为乡村教育数字化提供了明确的实施框架。该规划强调通过顶层设计和分区推进的方式,推动各地结合实际制定本地区教育现代化的具体规划,形成因地制宜的教育数字化转型方案。

在规划的具体实施中,政府通过细化目标、分步推进的方式,科学设计不同发展阶段的教育数字化任务,确保有计划、有步骤地实现教育现代化。同时,《教育强国建设规划纲要(2024—2035年)》进一步明确了实施国家教育数字化战略,强调建强用好国家智慧教育公共服务平台,建立横纵贯通、协同服务的数字教育体系。这一战略不仅为乡村教育数字化转型提供了技术支持,还通过开发新型数字教育资源、推进智慧校园建设等方式,推动乡村教育的高质量发展。乡村教育数字化转型的规划通过明确的战略目标、具体的发展任务、可操作的行动计划和有力的保障措施,为乡村教育的高质量发展提供了清晰的路径和坚实的保障。这些规划不仅关注技术层面的建设,还注重教育理念的更新、教师数字素养的提升以及教育资源的优化配置,从而推动乡村教育在数字化时代的全面发展。

综上所述,政策环境对乡村教育数字化转型具有重要的推动作用。政策支持为乡村教育数字化提供了明确的行动指南和资源保障,奠定了转型的基础;规范指南则通过明确的操作标准和技术支持,帮助乡村教师提升数字化素养,确保教学实践的规范性和有效性;宣传推广通过多种渠道增强乡村教育工作者和家长对数字化教育的认知度和参与度,激发其参与转型的积极性;愿景目标为乡村教育数字化转型提供了长远的方向,帮助乡村教师理解教育改革的长远意义和自身职业发展的清晰路径;具体规划则通过总体战略、发展任务、行动计划和保障措施,确保乡村教育数字化转型的有序推进。这些政策要素相互配合,不仅关注技术层面的建设,还注重教育理念的更新、教师数字素养的提升以及教育资源的优化配置,从而为乡村教育在数字化时代的全面发展提供了坚实支撑。

本 章 小 结

本章通过结构方程模型(SEM)对乡村教育数字化发展的影响因素进行了深入分析,主要从数字技术、学校组织和政策环境三个维度探讨了其对乡村教育数字化影响的路径和机制。研究结果表明,数字技术、学校组织和政策环境在乡村教育数字化转型中均发挥了重要作用。数字技术的应用对乡村教育数字化具有显著的正向影响,教学环境、创新空间、资源可用性、资源丰富度和资源动态性等因素显著提升了教师的自我效能感和乡村教育数字化转型水平,基础设施的完善和教学资源的优化配置为乡村教育数字化提供了必要的技术支持和资源保障。学校组织的实施机制、共同体建设和管理评价对乡村教育数字化具有重要影响,清晰的数字化建设规划、完善的设施和资源以及科学的管理评价体系显著提升了教师的自我效能感和乡村教育数字化转型水平,共同体建设通过构建协作网络和共享资源,促进了乡村教育数字化的可持续发展。政策支持、规范指南、宣传推广、愿景和规划等政策环境因素对乡村教育数字化具有显著的推动作用,政策支持为乡村教育数字化提供了明确的行动指南和资源保障,规范指南和宣传推广提升了教师的数字化素养和参与度,愿景和规划为乡村教育数字化提供了长远的发展目标和实施路径。综上所述,数字技术、学校组织和政策环境三个维度的协同作用为乡村教育数字化转型提供了系统性支持。这不仅解决了资源和技术层面的挑战,还通过能力建设和社会协作,推动了乡村教育的可持续发展,为实现教育均衡发展和质量提升奠定了坚实基础。

第五章　乡村教育数字化发展的质性检验

　　本章运用访谈法、个案研究法及扎根理论,结合第四章所得的数据分析结果,通过选取具有代表性的乡村教育数字化案例,探究推动乡村教育数字化发展的因素及其运作机理。这一探究过程,不仅能够多维度地揭示各要素对乡村教育数字化进程产生的不同影响,而且为研究者提供一个全面而客观的视角,以深入理解当前乡村教育数字化的实际状况。同时,该分析也可以为后续相关路径的探索提供坚实的理论基础与实践指导框架。

第一节　乡村教育数字化发展的个案剖析

　　个案研究法可以提供对特定现象或事件的深入理解,通过对个案进行详细的观察和分析,可以获取丰富的细节和深层次的信息,揭示出现象背后的原因和机制[①]。在第三章与第四章的量化分析中,我们从数字化教育教学观念、数字化教育教学模式、数字化教育评价机制、数字化教育教学治理体系、教育公平推进以及教育质量提升六个关键维度深入探讨影响教育数字化转型水平的要素,并明晰了自我效能感等影响因素所扮演的中介角色。本章在先前量化分析的基础上,从乡村教育数字化发展各主体的典型个案角度对其进行进一步解释分析,从访谈结果的个案剖析入手,了解乡村教师、教学管理人员以及学生在现状水平、影响因素、经验教训三个方面的特征。通过对各主体在以上方面的特点进行深入研究,我们将更好地了解乡村教育数字化的发展状况。

　　本研究选取山东省东、中、西部三个地市的 17 所乡村中小学校,以教师、教学管理人员和学生为研究对象。首先采用访谈法收集资料,随后根据研究对象对不同问题的回答特点,从总体样本中选取最能集中体现某类共性特征的个体作为研究个案[②]。研究内容主要聚焦于乡村教师、教学管理人员及学生的个人背景和数字化转型现状水平。数字化转型现状水平从六个维度展开分析:数字化教育教学观念、数字化教育教学模式、数字化教育评价机制、数字化教育教学治理、教育质量以及教育公平。通过综合量化分析、质性分析及访谈结果,全面把握教师、教学管理人员和学生的数字化发展状况,深入探讨影响因素的作用机制,并总结数字化发展过程中的经验与教训。

一、乡村教育数字化转型之教师个案剖析

(一)教师 A 个案分析

1. 教师 A 个人背景

　　教师 A,现年 46 岁,累计教龄达 27 年,具有显著的教学经验优势。其专业发展轨迹

---

　　① 金爱冬,马云鹏.质性取向教育个案研究综述[J].延边大学学报(社会科学版),2013(2):129-136.
　　② 王宁.代表性还是典型性? ——个案的属性与个案研究方法的逻辑基础[J].社会学研究,2002(5):123-125.

显示,该教师初始学历背景为音乐教育专业(本科),但基于学校课程建设需求及个人专业发展诉求,目前已形成跨学科教学能力,同时承担四年级音乐与语文学科教学任务。值得注意的是,该教师在专业发展历程中展现出持续的专业成长性,已通过职称评定获得高级教师专业资格认证,这一专业资质与其丰富的教学实践经历共同构成其专业化发展的双重保障。

2. 教育数字化转型水平

(1) 数字化教育教学观念:对教育数字化转型的高度认同,能自觉在教学中实践。

从相关访谈内容中可以看出教师 A 的教育数字化转型观念发生了转变,主要体现在以下三个方面:首先,教师 A 的技术认知从"工具辅助"转向"生态重构",将信息技术视为优化教学流程、重构课堂生态的核心要素,会在教学和管理中自觉使用数字化设备;其次,教师 A 的专业发展观呈现持续更新特征,主动适应"备教材—备学生—备课件"的三维备课模式转型;最后,形成技术伦理意识,既肯定数字化教学带来的效率提升("老师减负非常大"),也关注技术过度使用的潜在风险(如保护学生视力)。这种辩证认知体现了成熟教师的技术理性。

现在我们这个理念,老师们已经非常地接受,也非常地愿意去运用。

那么说各类数字化教学资源,特别是我们老师课下备课的时候,首先现在除了备教材、备学生,我们还要备课件,就是我们要用教学课件,试题库,教学视频,教学资源。我们每一课都要建立数字化资源库。

在课堂中,就说在教学当中吧,我们通过各种平台,包括和家长的沟通,通过班级小管家等方式,有效地实现学生数字化管理。

一开始绝对没有现在这个条件。现在这个信息化进入这个课堂之后,就感觉老师减负非常大。

唯一不好的影响就是孩子的视力,我们在课堂上使用大屏幕时尽量地让孩子们座位往后排。

(2) 数字化教育教学模式:打造线上线下融合的新型教学模式。

教师 A 所在的小学积极推动"1+1>2"混合式教学模式的构建,新型模式具有以下显著特征:一是教学流程再造,通过线上协同备课构建标准化资源库,利用学情诊断数据驱动线下精准教学;二是课堂形态革新,在语文教学中,多媒体技术实现历史背景可视化呈现(如鲁迅故乡资料的三维重建),音乐教学则通过数字音频技术突破传统器乐教学限制;三是学习空间延伸,借助班级小管家等平台形成"课堂—家庭"学习闭环,家长可实时追踪学习数据。数据显示,该校网络学习空间开通率达 100%,数字资源使用频率较传统模式有显著提升。

教学模式的话,目前我们学校基本上就是将数字化融入教学中去了。老师可以通过课件,比较形象化地呈现给学生一些历史背景。特别是在语文课上,课后搜集的资源,可以通过视频,可以通过图片等一些方式给学生进行呈现。

通过多年的研究和实践,我们学校形成了"1+1>2",也就是说线上线下相结合的这样一种教学模式,通过线上协同备课,给学生布置任务,通过完成任务情况诊断学情,然后引导学生线下学习,通过家校沟通,从而达到传统教学模式所达不到的这样一种效果。

（3）数字化教育评价机制：强调数据驱动的教育评价机制转型。

通过教师 A 的访谈,我们可以直观感受到其所在学校数字化转型促使评价体系发生了结构性变革。学校强调评价主体多元化,会通过电子档案袋实现教师、家长、AI 系统的多维度评价；强调评价方式可视化,教师运用电子表格生成学情分析报告,以扇形图、柱状图直观呈现知识掌握度分布；通过单元测验的大数据分析既服务个性化辅导,也为教研决策提供支持,突出了评价功能的发展性。值得注意的是,该校将数字化评价纳入班级量化管理,通过绩效考核机制强化实施效能。

数字化骨干团队每学期考核,我们是加绩效分的,并将师生数字化应用情况纳入了我们的班级量化管理中,所以老师们也是在积极地使用。我们在教学中,每一单元,或中期测验可以用电子表格、扇形图、柱状图或者数轴图等方式给孩子们进行大数据的分析。然后我们在教研团队中,分学科也是用到了电子表格、扇形图、柱状图、数轴、曲线图等方式进行大数据的分析。这也为我们学校管理提供了一些决策支持,优化了这一部分的资源配置。

我们也可以通过这样的方式,通过课堂反馈,表扬一些优秀的同学,家长也可以随时关注孩子的成长数据,参与孩子的成长过程。我觉得这一部分还是比较好。

（4）数字化教育教学治理：学校治理呈现三层次创新,具有制度化的特点。

教师 A 指出学校治理注重基础设施的完善、奖励机制的规范与教研活动的推动。首先,在基础设施层方面,学校的无线网络达到全域覆盖,教师每人都配备专用的办公计算机；其次,学校还制订了一些数字化应用方案,通过数字化三年规划明确本学校数字化转型的发展路径,并建立应用奖励机制,每学期对数字化骨干团队进行考核,教师可以加绩效分；同时,在教研活动中积极进行数字化备课,这有利于学校教师形成技术赋能的集体认知。

我们小学教育信息化基础设施是比较完备的,无线网络覆盖所有的办公和教学区域。我们教师办公计算机能够做到人手一台。网络学习空间开通率也可以达到百分之百。

刚才已经提到了网络升级,学校实现了校园网络的全面升级。网络在教室里,它是随时都可以打开用,搭建了高速网络及无线网,为学生提供了更快速稳定的网络环境,满足了我们在一 线教学和管理等方面的需求。

我们小学还制订了一些数字化应用方案,就是数字化发展三年规划,还有数字化应用奖励机制。我们都用于老师的教学中,一些绩效考核,在教师评优中得到了一些体现。

所有的老师在教研的时候也是花大量的时间用数字化形式进行备课,我们在积极地运用这一块。

（5）教育质量：数字化转型显著改善教学效能。

通过学生反馈和教师感受,教师 A 指出,进行数字化教育后学生的认知效率得到提升,由于多媒体技术使抽象概念形象化,学生知识留存率有所提高；学生的课堂参与度也得到增强,课堂实时反馈系统使师生互动频次增加；同时,在家校协同优化方面,家长通过平台参与教育过程,这使得家庭教育一致性提升显著。

学生比较直观地去了解一些课后搜集到的一些资源,比一二十年前光用口头,或者老师在黑板上画个简笔画或者老师用粉笔是进步非常大的,也是效果比较好的。

通过教室的管理群、学科教研群、线上教学管理会议等一些比较简单的流程,我们管理学生的一些电子文档,一定程度上减少了纸质文件的使用,实现了教育教学的数字化管理。

（6）教育公平：整合优质教育资源,努力促进教育公平。

教师 A 表明教育数字化转型有利于实现资源的共享,这可以促进教育公平。教师 A 指出云端共享的数字化资源库覆盖全体师生,这能消除传统模式下优质资源获取差异；同时对教师而言,线上协同备课确保教学基线质量,减少教师个体经验差异影响。

我们现在教育数字化转型,可以打破地域限制,将优质资源进行整合并共享,让不同地区的学生都能够享受到丰富的教育资源,促进教育公平。

我们每周有一个半天无课日教研,教研团队比方说年轻的老师和年长的老师,可以进行一个结对。以及学校之间,学校与外部机构间的资源共享。现在,我们也和市里某学校,通过传递课堂进行一些资源共享。

3. 总结

教师 A 对教育数字化转型高度认同,并能自觉进行教育数字化教学,能够利用信息技术来优化教学流程、重构课堂生态。其所在小学构建的"1＋1＞2"混合式教学模式对教学流程进行再造,主张线上协同备课与线下精准教学相结合。同时教师 A 所在的学校强调评价体系数字化,不仅通过大数据分析来生成学生的学情分析报告,进行个性化辅导,还将数字化评价纳入班级量化管理之中。其学校数字化治理强调制度化,呈现三层次创新。教师 A 指出,进行数字化教育后学生的认知效率与知识留存率均得到提升,能有效地提高教学质量。学校致力于整合优质教育资源,创建校本课程以促进教育公平,缩小城乡教育水平差距。

在分析教师 A 的教育数字化水平时,我们发现多重因素交织在一起,共同影响着其进程。首先,教师自我效能感的不同构成了内在的核心制约。年轻教师凭借对新技术的高适应性,能迅速掌握如希沃白板这样的教学工具,相比之下,年长教师虽然教学经验丰富,却面临"数字鸿沟",在线评价工具使用不熟练,多媒体课件开发能力不足,这在一定程度上限制了他们的数字化转型参与度。这种效能感的代际分化是影响乡村数字化转型进程的不可忽视的因素。其次,教师 A 指出学校虽然配备了先进的教学设备,但设备老化、运行迟缓问题显著,影响了信息技术课程的效率。同时,技术培训缺乏持续性和系统性,教师难以获取可重复学习的资源,导致技能逐渐生疏。此外,教师资源获取渠道有限,校本化数字资源开发受限,技术应用生态也未完全形成,这些都反映了技术供给与教学需求之间的不匹配。还有,学校制度供给与保障机制的不完善、培训体系与教师实际需求脱节等制度层面的碎片化问题,使得数字化转型仅停留在工具应用层面,未能实现系统性教学变革。

综上所述,教师 A 的个案生动展现了乡村教育数字化转型的复杂历程与核心动力。作为经验传承者与技术适配者的双重角色,教师 A 不仅实现了从备教材到备课件的备课模式转型,更在跨学科实践中深度融合个体智慧与技术工具,这展现了教师作为数字化转型核心行动者的能动作用。教师 A 所在学校虽然在数字化转型方面取得了一定的成效,但是与此同时也面临着许多问题,如资金投入、教师队伍建设、教师培训等问题,这表明学校教育数字化转型还未完成。

(二)教师 B 个案分析

1. 教师 B 个人背景

教师 B,50 岁,中级教师职称,教龄 26 年,目前负责八年级和九年级的信息技术课。其教学经验丰富,见证了学校数字化设备的更新换代以及本校信息科技课程的发展。访谈反映出教师 B 对乡村学校教育数字化与信息科技学科教学有一定认识和思考。

2. 教育数字化转型水平

(1)数字化教育教学观念:对数字化教学持有积极态度,主动学习和使用数字化技术。

教师 B 作为一名资深的信息技术教师,经历了从 DOS 到 Windows 系统的更新换代,深刻认识到数字化技术对教学的重要性。我们注意到,教师 B 提到信息技术从无到有、从边缘到核心的变化,说明乡村教师的数字化观念在不断更新。教师 B 强调信息技术的实用性,认为学生必须掌握这项技能,尤其是在农村,更要缩小与城市教育的差距。然而,教师 B 也提到技术更新快带来的压力,想要得到支持与帮助。

那个时候信息技术还没作为学校的课程,刚一来到这儿,全校只有一台计算机,而且是老旧的计算机。当时那个 Windows 系统还没有开始用,我毕业还是 DOS 系统,所以说来到这里我是自己一边学习一边教学。后来信息技术作为课程,我就带领第一任老师一块学。

我觉得很有必要让孩子接触信息技术,我也在推荐他们使用信息技术。有时候在背后鼓励他们,只要是能接触到这些产品,你一定要去努力学习。这是以后自己的一项基本技能,也是自己工作的底气。

所以说教材一旦变化,教学的政策一旦变化,我就感觉很紧张。我就感觉主科教材起码还能用几年,但是相比它们我们这个不行。因为现在技术发展太快了。我感觉我哪天不学习都不行。所以说我就想着时刻充实自己,不能落后。

(2)数字化教育教学模式:通过网络资源补充教学内容,但硬件设施有限无法进一步实操教学。

教师 B 所在的学校在数字化教育教学模式上取得了一定进展,但面临诸多挑战。教师 B 提到教材更新快,但硬件设备无法跟上,导致一些教学内容无法实际操作。虽然学校对信息技术教学有一定的重视,但资源有限,无法满足教学需求。教师 B 通过利用网络资源丰富教学内容,展现了教师在有限条件下对数字化教学模式的积极探索。

所以说我就是尽量从网上找,找我们的一些教材啊,我们现在使用的是青岛版。我也在给孩子们讲授这些应对中考之外的知识,就是像我们现在学习的很多比较实用的手机的 App 啊。

还有当然我们的硬件不到位,我觉得农村信息技术就是走到了瓶颈时期。现在很多教材上的东西要由硬件来支撑。但是没有硬件,我们甚至连课本都没有,也不知道是怎么回事,反正好多年了。

就像我们很多教材上的这个硬件设施,上新课就必须有。比如学习硬件上的一些东西,就需要接触到硬件,机器人,这些我们没有。所以说就是我想教,我只是看教材,只是想教。但是我要是教给孩子们,我必须有实物展示啊,这些目前肯定是做不到。这东西基本要实际操作,肯定要实际操作。

(3) 数字化教育评价机制:重视中考成绩,以传统评价方式为主。

教师 B 的访谈反映出乡村学校在数字化教育评价机制方面存在不足。虽然教学中使用了计算机和网络,但评价方式较为传统,缺乏对数字化教学过程和成果的有效评价。学校对信息技术教学的评价主要集中在中考成绩上,缺乏对教师教学过程和学生学习过程的全面评价。

在信息技术课堂上呢,当然我们现在这个学校肯定是中考啊,这个是纳入中考成绩的。

再一个吧,可能感觉还是所谓的大小科,这个有点区别的,当然最后啊这个中考呀、高考呀,最后还是要求成绩。所以说对这一科,无论是从家长还是从老师认识这方面,可能还是有一点不是很重视。

(4) 数字化教育教学治理:学校资源有限,未实现数字化教育教学治理。

教师 B 所在学校虽然配备了计算机和网络,对信息技术教学有一定的重视,但资源有限,无法提供足够的教材和硬件支持。教师 B 提到学校办公设备老化,严重影响教学效率,说明学校在数字化教育教学治理方面存在不足,无法提供全感知、全连接、可计算的教育治理环境,这影响了数字化教学治理的效能。

再一个就是你看学校的经济,你像我们现在连足够的教材也没有,肯定跟学校的节省开支或者是县里节省开支,有很大的关系。

现在我们学校的办公设施也是跟不上了。从一开始老师配备的办公计算机到现在就没更换过,已经走不动了,所有的机子已经走不动。

(5) 教育质量:乡村学校的教育质量有所提升,但因硬件资源不足而受到限制。

教师 B 的访谈内容揭示了乡村学校的教育质量有一定的提升,计算机和网络的普及为教学提供了便利,县区也注重开展教师培训,但硬件设施的不足限制了教学质量的进一步提升。在学校组织维度上,学校对信息技术教学有一定的重视,但资源有限,无法提供足够的教材和硬件支持。教师 B 通过利用网络资源丰富教学内容,展现了教师在有限条件下对提升教育质量的积极探索。

无论是年轻的教师还是老教师,都用上了计算机。然后教学方式上以及教学上,它真的成了我们重要的一个辅助工具。学生也是已经感觉计算机对他们来说是一个必要的技术。

在信息技术方面也提出加强对孩子们的课堂教育以及操作,也很重视让他们动手操作,看看掌握到什么程度了,这一方面倒是学校也已经重视了。

县里经常开一些会议。你像我们这个信息技术方面,增加这个创客,也开展一些教讲活动什么的,但是硬件上确实也不可能被一个人左右,或者被我们一个部门能左右。

(6)教育公平:网络的普及有利于资源共享,但城乡差距依旧影响着教育资源的分布。

教育数字化提供了多类态数字教育资源,面对缺少教材与课件的困境,教师 B 积极从网络中搜集优质教育资源来开展教学,同时乡村学校学生是有机会参加学科竞赛的,但是由于教育资源分布不均以及家庭背景的差异,乡村学校的教育质量与学生学习机会要落后于城镇学校。

软件方面我感觉还行。软件方面,因为无论是线上研讨,或者是参加一些必要的活动。像推荐学生去参加,老师去参加还行。

再一个就是家庭方面肯定跟城市的孩子不一样,城市的孩子硬件这一点肯定是好一些。有的家长甚至让这个很小的孩子去学编程。但是农村的孩子,这几年肯定有一些信息技术的奥赛啊,我还想挑选一些比较好的、优秀的、在这一方面有些天资的孩子去参与,但是总是选不出来。因为孩子的家庭背景在这放着呢,他没有这个先天的条件。你看跟着爷爷奶奶,他父母在外边,你说谁能给提供这个条件,只能是供给他们正常的生活。

3. 总结

教师 B 对数字化教学始终持有积极态度,不仅自身主动学习,而且希望学生多接触、多掌握。由于学校没有提供足够的教材,教师 B 在日常教学中需要通过网络资源补充教学内容,同时由于教学硬件缺乏而很少开展实操教学。他不仅注重中考考试内容的教学,也尽可能教授给学生实用知识,鼓励学生掌握基本技能。教师 B 清晰地认识到乡村与城镇学校学生家庭背景存在差异,希望区县政府能对学校进行硬件支持并多开展教师培训。

教师 B 指出教师自身必须有学习意识,必须积极学习并掌握新的技术以满足新时代学生新的需求。身为信息技术老师,他注意到学生容易对数字化学习工具产生探索兴趣,可以提高教学质量,同时也注意到农村孩子家庭背景一般,并因此选取偏实际运用的教学内容。他指出与语数外学科相较,信息技术的设备配置可能稍微欠缺一些。所以教师 B 迫切希望在硬件设施方面和信息技术运用方面能获得资金支持和专家引导。

综上所述,对教师 B 的访谈反映出该乡村学校软硬件环境一般,学校和社会还未形成良好的数字化学习环境,可知该乡村学校教育数字化进程受到数字技术的影响,如学校基础设施与教材等教学资源。然而教师 B 能正确对待资源的不足与硬件缺失等问题,积极利用数字化技术开展教学,能做到持续学习与不断反思,不断完善自己的知识与技能。

二、乡村教育数字化转型之教学管理人员个案剖析

(一)管理者 A 个案分析

1. 管理者 A 个人背景

管理者 A 为 46 岁男性校长,累计教龄达 24 年,其兼具基层教学与学校管理双重经

验。在承担校长职务的同时，仍坚持兼任体育学科一线教学工作，形成"管理决策者"与"教学实践者"双重身份的交叠。管理者 A 重视学校教育数字化转型的发展，其探索已取得了初步成效。

2. 教育数字化转型水平

（1）数字化教育教学观念：积极引进设备资源，但教师尚未形成系统性教学创新意识。

学校认为乡村学校在教育数字化转型中具有一定的优势，故对学校数字化转型有一定的自信。目前已形成"工具赋能"的初步理念，通过引入希沃一体机、智慧教室、国家中小学智慧教育平台等设备与资源，尝试开展双师课堂、混合式教学等新模式，学校建立了涵盖 3D 打印以及创客的创客中心，这些反映出学校对数字化转型的战略性重视。然而，教师对技术的应用仍停留在工具层面，部分学科教师数字化教学主动性不足，观念普及不均衡，尚未形成系统性教学创新意识。

我们作为乡村学校可以更好地利用我们的地理优势和自然资源，开展相对丰富的学科融合方面的数字化教学。

我们学校现在有 30 多个多媒体教学班，每一个教学班都配备了一个希沃一体机和高拍仪。同时，学校结合潍坊市的智慧校园建设和信息化战略的开展，我们对我们的计算机教室和所有的教师用机全部进行了一个升级，并建设了一个智慧教室。

在教学过程中，我们发现我们只是把信息技术一些软件作为普通的教学工具，而在教学过程中没有实现很好的融合。

（2）数字化教育教学模式：基于平台进行资源整合以促进教学法方式变革。

网络数据资源的开放性为师生变革教学方式也提供了机会和资源。学校依托三级教学云平台整合资源，利用交互式教学软件优化课堂互动。学校积极利用所在地区的地理优势和自然资源开展跨学科性质的校本课程，比如通过田间实景教学录播生成数字化课程资源，探索学科融合实践。学校教师积极开展在线教学和混合式教学模式，针对学生兴趣制订个性化学习方案。

在智慧教学方面，我们也实现了网络化，主要是依托于国家某市某县三级教学云平台实现了资源的整合使用。结合教学实际运用交互式的教学软件进行课堂教学，促进教学方式的呈现方式、学生学习方式、教师的教学方式以及师生互动方式的多种变革。

比如我们可以组织学生在田间或劳动基地开展生物课程的实景教学。老师们可以通过现场录播或者录制的方式，作为自己的教学资源上传到学习平台，让学生更有兴趣地进行学习。

在教学方式方面，我们提供了在线教学和混合式教学的教学方式，提高教学效果和学习兴趣。同时数字化教学还能够实现教学的个性化，根据学生的学习特点和需求进行个性化教学。

（3）数字化教育评价机制：制订数字化行动计划，组建数字化行动领导小组。

管理者 A 表示学校高度重视数字化转型的推动，并针对性制订有关计划，成立专门的数字化行动领导小组负责推动,学校和教师会根据采集的数据调整教育教学的决策,但是管理者 A 并未明确谈及有关其成效的考核评价的相关内容。

内部方面第一个是学校的高度重视。依托我们学校的智慧校园建设,制订了数字化行动计划,探索推进智慧课堂、智慧资源、智慧管理等三大工程。成立了数字化行动领导小组。

同时各类应用也产生了生成性的数据价值。各类数据的开放为教育教学的决策提供了一个更加合适和精准的依据。

(4) 数字化教育教学治理:致力于数字化校园环境,但其应用管理有待完善。

学校注重校园数字化环境的打造,安装有校园视频安防系统,能够实现全方位的实时的监控覆盖。但其设备管理以管控为主,如教室一体机、电子班牌多用于信息发布,功能开发有限。同时在家校互通方面,学校仅停留在通知传递层面,未协同家庭教育资源。

第一个是在基础设施方面,学校做了一些工作。我们现在建设了全覆盖的校园视频安防系统,做到了全方位的实时的监控覆盖,为校园安全提供了一个坚实的保障。

在各个班门前设立了一个电子班牌,用来呈现学校通知、班级通知以及教学信息方面的东西。我们也积极地利用数字化手段进行家校互通,共同关注学生的学习和进步。

第二个是在应用管理方面,我们主要利用昌邑市的创教云平台的一些通知公告功能,进行发布教研、会议通知、值班管理、教师考核等方面的一些工作,有效地实现了资源的共享和家校互通。

(5) 教育质量:教师教学效率提高,学生积极参赛并获奖。

数字化资源使教学内容更生动,激发学生的兴趣和自主学习的主动性,体现局部质量提升,但教师信息技术素养方面,或多或少会出现一些参差不齐的情况,比如年长教师接受度低而年轻教师流动性大,这就会制约整体教学质量。同时,教师只是单纯将数字化软件当工具使用无法发挥数字化真正的价值。

学校利用了国家中小学智慧教育平台等数字化工具和资源开展双师课堂等新型教学方式,激发学生的学习兴趣,提高教师的教学效率。

另外,我们在数字化转型方面制定了一个清晰的数字化转型的目标,通过利用数字化技术提升调查质量,促进学生的全面发展。

我们多名同学在全国中小学 NOC 比赛中获奖。同时多名同学也在我们潍坊市的科技劳动节上,进行展示并获奖。

在教学过程中,没有充分发挥一些信息技术软件在提升教育教学质量和效率方面的潜力。

(6) 教育公平:数字化建设打破时空界限,提供平等的学习机会和优质的教育资源。

5G、大数据、人工智能等新技术的发展使得学校在获取教育资源、教育资源的传播和使用方面变得更加高效和便捷,学校可以打破地域限制。学校通过云平台整合城乡资源,让乡村和城市的学生能够同时享受到丰富的教育资源。管理者 A 认为数字化建设有助于缩小城乡差距,促进教育公平。

数字化建设可以通过网络技术和多媒体技术,打破时空界限,使乡村学校能够更加方便地接触到教学资源。

在教育公平方面,能够提供平等的学习机会和优质的教育资源。数字化建设有助于缩小城乡差距,促进教育公平。可以使教学内容更加生动形象,直接地激发学生的兴趣和自主学习的主动性。同时兴趣化教学还能够实现教学的个性化,根据学生的学习特点和需求进行个性化教学。

3. 总结

管理者 A 在引领学校教育数字化转型的征途中,已取得了初步成果。学校硬件设施的升级,如智慧教室和电子班牌的建设,云平台的资源整合,以及教学模式的创新尝试,如双师课堂和实景教学,不仅丰富了教学手段,更在学生竞赛中屡获佳绩,彰显了数字化转型的局部成效。

管理者 A 在推动教育数字化转型的过程中,虽取得了一定的成效,但也面临多重挑战。尽管他持有积极态度并制定了清晰的转型目标,如智慧校园三大工程、数字化校园环境,但教师群体的能力差异成为一大制约因素。虽然学校积极引进设备与资源,但教师尚未形成系统性教学创新意识,只是停留在工具的使用层面。同时,年长教师技术接受度低与年轻教师的高流动性影响了改革的可持续性。而在数字技术条件层面,虽然学校已建成多媒体教学班和创客中心等硬件设施,但农村地区的资金短缺导致设备更新滞后,且现有技术的应用也仅停留在浅层,未能深入支撑教学创新。在学校制度层面,虽然成立了数字化领导小组并制订计划,但教师培训机制不健全,教师数字化应用能力欠缺。此外,政策环境也对转型产生了影响,外部政策虽提供了方向指引,但农村专项支持政策的缺失导致资金和资源不足。

管理者 A 的经验表明,教育数字化转型虽前景广阔,但也需要跨越重重障碍,方能实现全面而深入的教育变革。

(二)管理者 B 个案分析

1. 管理者 B 个人背景

管理者 B 现年 45 岁,26 年教龄,音乐专业。曾在初中任教地理,现在小学任教音乐,职称为一级教师。在数字化转型方面,管理者积极推动学校硬件建设和数字化应用,注重教师数字素养提升,并通过多种方式促进教育资源的共享和教学质量的提升,展现了丰富的教育管理经验和数字化转型的领导力。

2. 教育数字化转型水平

(1)数字化教育教学观念:鼓励教师参加数字化教师培训,促进传统教学观念转变。

在访谈中,管理者 B 提到学校在数字化转型过程中,教师的数字化素养提升是一个关键问题。特别是年龄较大的教师,他们的教学观念和方式较为固化,接受新技术的速度较慢。这表明,数字化教育教学观念的转变是乡村教育数字化转型中的一个重要挑战。学校通过组织教师参加各级各类数字化培训,如中国 MOOC 平台的中小学教师数字素养在线开放课程,逐步提升了教师的数字化意识。此外,学校还通过校本培训和年轻教师带动年长教师的方式,促进了教师观念的转变。这种观念的转变不仅体现在教师对数字化工具的接受度上,还体现在他们对数字化教学资源的有效利用上。通过这种方式,学校逐步实现了从传统教学观念向数字化教学观念的过渡。

我们鼓励教师参加各级各类数字化教师培训,比如每年的中国 MOOC 平台组织的中小学教师数字素养在线开放课程的培训,我们每学期都组织老师积极地去报名参加。现在我们学校的教师,完成培训并申领证书的人数已达到 70% 以上。

我们还定期开展校本的数字化培训,年轻教师带动岁数大的老师共同学习。此外我们开展信息化的课堂观摩、优质课展示等教研活动。

(2) 数字化教育教学模式:数字化教学软硬件设备完善,更加多样化和灵活化。

管理者 B 提到,学校在数字化教学模式上取得了显著成效。首先,学校实现了光纤千兆入网和无线网络全覆盖,教师和学生都能方便地使用数字化设备进行教学和学习。学校还建设了精品录播教室,具备高清直播录播和校级互动教学功能,极大地丰富了教学模式。此外,学校利用国家、省、市、县四级教育云平台,实现了用户数据的互联互通,提高了教学效率。教师通过智慧中小学 App 和国家中小学智慧教育客户端,能够便捷地获取和利用优质教育资源。这些举措不仅改变了传统的课堂教学模式,还促进了线上线下混合式教学的发展,使教学模式更加多样化和灵活化。

首先我们学校实现了光纤千兆入网、无线网络全覆盖,教师用机人手一台,学生用计算机教室一个。我们一共有 18 个教学班,全部安装了一体机与投影仪。其中 2019 年新购置教学一体机 12 台。教学云办公屏计算机 40 台,学生云多面计算机 45 台。2020 年我们还新建了精品录播教室。录播教室具备高清直播录播、校级互动教学、互动研究等应用功能。

此外我们在数字化应用方面,有效利用国家、省、市、县四级教育云平台,依托市智慧教育云平台与市互联网学校,与国家(省、市)云平台对接,实现了用户数据的互联互通,提高了使用效率。

课堂授课直接调取相关资源,极大提高了我们的课堂效率。教师全部实现信息化备课上课,教师机与教师一体机全部安装希沃白板,实现了希沃白板同步备课和一体机同步教学。

(3) 数字化教育评价机制:实现听评课教研活动数字化,将教师数字化教学能力和成果纳入考核。

在数字化教育评价机制方面,学校通过录播教室和网络教研系统,实现了听评课教研活动的数字化。教师可以通过网络教研模块进行网上听评课,这不仅提高了评价的透明度和公正性,还促进了教师之间的交流与合作。此外,学校还将教师的数字化教学能力和成果纳入教师技能考核,这种评价机制不仅关注教师的教学效果,还关注教师在数字化教学中的表现,从而推动了教师数字化能力的提升。通过这种机制,学校能够更全面地评价教师的教学质量,促进教学水平的整体提升。

我们充分地利用录播教室做好网络教研活动,依托青州市互联网学校和网络教研模块,分学科建立了多个教研组,定期组织教师在互联网学校预约录播课。各教研组开展网上听评课教研活动,实现了听评课教研活动的数字化,应用网络教研系统常态化。

我们还把教师的数字化教学能力和成果纳入了教师技巧考核,激励教师不断提升自己的数字素养。

(4) 数字化教育教学治理:注重校本资源库的建设与校内外教研共同体的打造。

管理者 B 提到,学校在数字化教学治理方面,通过青州市智慧教育云平台和希沃平台建设了丰富的校本资源库,实现了章节全覆盖。此外,学校还与青州云门书院学校组成了网络教研共同体,定期开展网络教研活动,打造双师课堂。这种治理模式不仅提高了资源的利用效率,还促进了学校之间的合作与交流。通过数字化治理,学校能够更有效地管理教学资源,优化教学流程,提升整体教学管理水平。

学校大力建设校本资源库,我校利用青州市智慧教育云平台和希沃平台建设了数量丰富的校本资源库,在青州云平台及希沃白板建有校本资源达 2 000 余条,包含了微课课件、试题库、教学案例、特色素材等优质教和学的资源,实现了章节全覆盖。

教师全部实现信息化备课上课,教师机与教师一体机全部安装希沃白板,实现了希沃白板同步备课和一体机同步教学。

我们学校还与青州的云门书院学校组成了网络教研共同体,定期开展双师课堂活动,实现了师资共享。

(5) 教育质量:优质教育资源的获取与先进设备的配备极大提高学校教学质量。

在教育质量方面,学校通过数字化转型,显著提升了教学效果。管理者 B 提到,学校利用国家云平台等各级平台的相关资源开展教学活动,实现了优质教育资源的常态化应用。教师通过信息化备课和上课,能够更高效地利用数字化资源,提升了课堂效率。此外,学校还通过录播教室和纸笔课堂等先进设备,进一步提升了教学质量。这些举措不仅提高了学生的学习效果,还促进了教师教学水平的提升,从整体上提高了学校的教育质量。

2022 年某校被评为潍坊市智慧校园,2023 年又被评为潍坊市数字化赋能乡村教育试点学校。

教师积极利用国家云平台等各级平台的相关资源开展教学活动。课堂授课直接调取相关资源,极大提高了我们的课堂效率。

此外在我们的录播教室内还安装了纸笔课堂,大大地提升了课堂的效率。

(6) 教育公平:地区教育政策有利于资源的整合与共享,推动教育公平的实现。

在地区教育政策支持下,管理者 B 指出学校通过数字化转型缩小了城乡教育差距。学校利用青州市智慧教育云平台和互联网学校,实现了优质教育资源的共享。通过与青州云门书院学校的合作,学校定期开展双师课堂活动,实现了师资共享。这种资源共享模式不仅提高了农村学校的教育质量,还促进了城乡教育的均衡发展。

学校大力建设校本资源库,我校利用青州市智慧教育云平台和希沃平台建设了数量丰富的校本资源库。

地区教育政策可以促进我们的师资建设,它时常给我们提供提升数字化能力的一些师资培训机会。同时地区教育政策有利于资源的整合与共享。比如我们的青州互联网学校给我们提供了校级之间沟通交流、互相学习的平台。最后地区教育政策还能给我们提供保障资金的支持。比如新增设施、设备的更新、购买软件资源、教师培训等,都离不开地区教育政策的支持。

3. 总结

通过访谈发现,管理者 B 所在学校对教育数字化转型十分重视,无论是数字化教育教学观念转变还是数字化教育教学实施都颇见成效。学校鼓励教师参加数字化教师培训,积极通过校本培训和年轻教师带动年长教师的方式转变教师观念,增加教师自信。除此之外,学校注重基础设施的建设,配有精品录播教室、希沃白板和一体机,并且主张教师运用教育云平台等优质教育资源创新课堂教学模式。从访谈中可以看出,当地的政策制度对学校乡村教育数字化转型起推动作用,管理者 B 认为地区的教育政策作用是很大的,能为学校的数字化转型提供明确目标,加强师资建设,促进资源整合与共享,提供资金支持。以地区教育政策为导向,学校不仅注重特色化校本资源库建设,还积极通过录播教室和网络教研系统打造校内外教研共同体。但在教育数字化转型的过程中,学校也遇到资金、队伍建设、家校合作等方面的困难,具体表现为设备升级换代需大量的资金支持、年龄偏大的教师数字化应用情况较差、农村家长对数字化家校合作不认可。

对于学校乡村教育数字化转型方面,管理者 B 分享了以下经验:首先,要重视教师数字素养能力的提升。学校最初的时候只重视设备的配备,后来觉察到这个问题之后,学校积极鼓励教师参加各级各类数字化教师培训,优先重视教师数字素养的提升和培训。其次,要学会利用合作共进联盟校平台深入开展校级活动,不仅可以分享数字化转型课堂的经验和资源,还可以拓宽老师的视野。最后,还要在教师考核中体现对数字化教学能力和成果的评价。

管理者 B 认为想让数字化转型能够更快更好地发展,首先得保证资金的投入,及时地更新设备,要跟得上教育的需求。其次要为教师提供更及时、更实用和形式多样的教师数字化素养培训。同时,能利用前沿的技术手段让老师更便捷地筛选出最优的资源,从而节省教师的时间和精力。最后学校还需要配备专业化的信息技术人才,以保证设施的正常使用。

三、乡村教育数字化转型之学生个案剖析

(一)学生群体 A 个案分析

1. 学生群体 A 背景资料

访谈对象群体 A 为九年级学生群体,年龄为 15 岁或 16 岁,均来自农村地区,家庭居住地为行政村。访谈显示,所有受访学生均处于留守状态,父母双方长期在外务工,日常监护职责由祖辈承担,具体监护人以祖父母(爷爷奶奶)或外祖父母(姥姥姥爷)为主。部分学生家中配备计算机和手机,且设备的使用会受到时间限制。学生们对数字化学习方式很感兴趣,表示想要去尝试。

2. 教育数字化转型水平

（1）数字化教育教学观念：不同学科数字化工具应用具有差异性，教师观念尚未普及。

学生群体 A 所在的乡村学校教师对数字化工具的使用存在显著差异。部分学科（如语文）教师较少使用一体机等设备，而其他学科教师会结合视频、音频、动画等资源辅助教学，体现出对数字化工具的部分接纳，但整体观念尚未完全普及或深入应用。学生虽对数字化教学表现出兴趣（如认为技术"神奇"），但其认知主要依赖教师的课堂引导，自主利用数字技术学习的意识较弱。

老师也有用设备的，也有没用设备的。语文老师不太用这个一体机。

老师会结合知识，就是放一些视频啊，音频啊，动画呀，来帮助我们来进行学习。

（2）数字化教育教学模式：数字化设备功能应用有限，教学以传统讲授为主。

学校已初步引入数字化设备（如教室配备一体机），但应用场景有限，主要用于播放与知识点相关的多媒体内容，缺乏互动性设计。信息技术课程每周仅一个课时，教学内容以基础编程和函数为主，授课模式以"讲授＋练习"为主，且设备使用受严格监控，学生缺乏自主探索机会。此外，教师未将数字技术融入日常作业管理（如无线上传或批改），教学模式仍以传统线下形式为主导。

平常老师上课的话他会结合知识给我们放一些视频。

老师上完课之后让我们练习，我们也会继续进行认真练习。老师那有监控，我们不能看别的。

（3）数字化教育评价机制：缺少数字化教育评价，依采用传统评价方式。

数字化教育评价机制严重缺失。信息技术课程除期末一次性考试外，无平时考核或过程性评价，学生实践能力未得到系统反馈。其他学科的教学评价完全依赖纸质考试与线下作业，未利用数字工具进行学情分析或个性化诊断，评价方式单一且滞后。

我们这些信息技术课程平时没有考核，平常也没有任何考试，只是到下学期的时候有一次最终的考试。

平常的作业，老师不会让我们上传到手机上，就是线下去交，然后老师批改，然后直接试卷的考试。

（4）数字化教育教学治理：以防范风险为主，设备管理待改善。

学校在设备管理上偏向"管控"而非"赋能"。例如，信息技术课上设备被强制锁定功能，学生仅能进行指定操作；家庭环境中，家长普遍限制电子设备使用时间（如仅允许周末使用计算机），导致学生数字技术接触机会受限。治理逻辑以防范风险为主，未能支持学生合理利用技术。

老师那有监控，不能看别的，你要是在那边看别的他知道。

家里有计算机，有但是不让我用。

家里有，但我就周末时候会用，看一些优秀的作文。

（5）教育质量：缺少正确引导，数字技术对教育质量的提升作用有限。

硬件设备与资源的不足成为核心障碍，无论是家庭中电脑的缺失或使用限制，还是学校仅提供的基础设备而缺乏配套资源，都使得学生在技术学习上遭遇重重困难。尽管学生渴望通过数字技术学习，对数字化学习资源表现出高期待，但现有资源与他们的学习目标存在不匹配的问题。资源可及性与使用自由度不足，导致数字技术对教育质量的提升作用有限。

如果将来，给一些学习平板电脑，让我们在课堂上进行学习的话，我们想通过这种方式学习。我们可以通过平板电脑自己去学习，老师在平常给我们发一些学习视频，给一些训练的题目，我们自行训练，然后老师课堂上给我们答疑解惑。

除了老师上课外，自己平常也能刷到一些学习方面的视频，这对我们学习有帮助，但不是很大。

我希望老师在这个数字设备上，希望老师多用一些，放一些视频。

（6）教育公平：学校数字化水平落后，加剧了城乡教育水平差距。

数字化资源分配不均加剧了教育公平问题。乡村学生家庭数字设备持有率参差不齐，大部分学生家中没有配备计算机或使用受限，而且学校方面也未提供替代性设备支持，如学习机或平板电脑。同时信息技术课程内容与实际应用的脱节也未能充分回应他们追求进步的内在动机，资源适配的迫切性凸显。

我们班的同学有其他人会用计算机去学习或者用平板电脑去学习，我们希望也像他一样通过技术进行学习。

上信息技术课的时候老师都教给我们函数，老师会先讲，之后会让我们自己练习。

3. 总结

在学生群体 A 教育数字化转型的过程中，多重因素共同影响着其数字素养的培养与提升。学生们虽然对数字技术充满兴趣与好奇心，但实践机会的匮乏却严重制约了他们的自我效能感。家庭与学校的设备管控，导致学生难以在日常生活中积累技术经验，探索信心受挫。此外，学校制度设计上的不匹配也是一大瓶颈，信息技术课程的边缘化、教师未能将数字工具融入常规教学，以及管理政策过于强调"防滥用"而非"促应用"，这些制度性约束都限制了学生数字素养发展的系统性支持，使得转型之路困难重重。

学生们认识到数字技术在辅助学习方面具有显著价值，如视频资料能有效帮助理解知识点。然而，他们也发现非系统性使用技术的局限性，碎片化资源难以满足系统学习的需求，如刷短视频偶然接触的学习内容虽有帮助但效力有限。学生们渴望利用数字技术实现自我提升，但家庭与学校的严格管控限制了他们的学习自由。此外，学生希望教师能增加视频等多媒体资源的使用，这表明数字化教育需与教师教学风格深度融合，单纯依赖技术工具而忽视教学设计难以满足学生需求。

（二）学生群体 B 个案分析

1. 学生群体 B 背景资料

学生群体 B 均为六年级学生，年龄为 12 岁，都居住在小区。学生群体 B 寒暑假期间均无参加辅导班的经历,但是受学校社团的影响有时会上一些兴趣班,如绘画、剪纸、口才、编程等。学生家中都配备无线网络与多种可联网的移动设备,但只有一位同学有一部专属自己的学习机,他在一年级时注意到教师对数字化设备的使用,并对此产生浓厚的兴趣,主动参加信息技术社团且参加过编程类比赛。学生群体 B 表示不仅会推荐朋友使用 AI 软件而且在对未来职业选择与规划中也考虑到对数字化设备的使用。

2. 教育数字化转型水平

(1)数字化教育教学观念:在日常教学中教师习惯应用数字化工具,课后学生能合理使用数字化工具预习与解决难题。

乡村教育数字化转型中,教育教学观念的转变是基础。从与学生的访谈中可以看出,该学校教师已逐步接受数字化工具在日常教学中的应用,如英语老师通过计算机播放电影、动画片和歌曲辅助听力教学,信息技术课教师使用 PPT 和投影仪讲解知识点。学生对此表现出高度好奇和认可,认为数字化工具能帮助理解抽象知识。同时,学校通过开设信息技术社团(如编程、摄影)和课程(如 Scratch、Python),传递了"数字素养是未来竞争力"的观念。

学校里有编程课、社团,可以上那个课,我上的时候觉得很有兴趣就报了。

数字化的资源使用对学习帮助大,确实有帮助。因为如果没有这些电子资源的话,光靠老师说,我们有可能会听不懂。而且这个电脑资源,它还很普及很广泛。

嗯,(我)不会去网上抄代码。

书本上有或者是自己能解决,自己能看懂的,就不会去用这个计算机了。

(2)数字化教育教学模式:乡村学校数字化教学模式呈现多样化特征。

信息技术课采用"理论十实践"模式,如编程课上学生通过图形化工具(Scratch)入门,高年级逐步接触 Python 和 C++,并配合打字软件训练基本功。社团活动(如周五下午的信息技术社团)以项目制学习为主,学生参与机器人编程、NOC 竞赛等实践,强调动手能力。此外,教师利用数字化工具优化传统课堂,如通过投屏展示试卷圈画、播放多媒体资源。学生也自主利用电子设备(如学习机、平板电脑)进行预习和资料搜索。但访谈也暴露问题:部分课程仍停留在工具操作层面(如下载软件),缺乏系统理论教学,且设备使用不均衡(如仅有学习机),需通过完善课程设计和资源分配提升教学模式的有效性。

老师讲到一个知识点了,会放视频来给我们作为补充,或者说是上信息技术课的时候,老师会把某个软件打开给我们展示。

有时候也会让我们去用一些打字软件来打一些句子,也有编程的内容。

摄影是一个社团,就是我们同学会在摄影课上讲一些有关的知识,拍摄一些照片。

推动的话,是我们学过的东西,有遇到不会的问题的时候老师让搜索资料的题。

投屏的时候比较好一点,投屏就是摄像头在这,然后他把书放这然后投到大屏上。

(3)数字化教育评价机制:存在对数字化教育效果的评价机制,但缺乏标准化指标,学生更倾向于传统纸笔测试。

乡村数字化教育评价机制尚处于探索阶段。一方面,学校通过竞赛(如 NOC 省赛、国赛)和线上作业检验学习成果,学生需完成编程任务(如遥控车代码)并参与实战考核,此类评价强调实践能力。另一方面,传统纸笔测试仍占主导,学生表示"更喜欢传统方式",认为其能巩固知识。这种混合评价模式反映了转型期的矛盾:数字化评价虽能激发创新(如摄影社团作品上传网络),但缺乏标准化指标,且教师对数字化工具的评价功能开发不足(如仅用于展示而非数据分析)。

NOC 有两次比赛,一个是省赛一个是国赛。

有线上的那种计算机上的作业,有一点。

我就是喜欢当堂学,当堂练,而且因为老师刚教了,我就想迫不及待的练,检测一下自己学没学会。而且传统的话可以让自己记得更加牢固。

(4) 数字化教育教学治理:数字化教育教学治理情况待改善。

硬件层面,学校配备计算机室、投影仪和 Wi-Fi,可以保障基础教学需求;社团活动有固定时间(每周五下午)和场地。然而,学生设备依赖家庭(如学习机、个人平板电脑),校内资源共享不足,无法做到上课时学生人均学习平板电脑。访谈中,学生提到编程社团"老师没咋讲理论",暴露课程设计随意性问题。

老师会利用一些设备来给我们讲一些题,在试卷上圈画,讲课,放 PPT。

社团活动的话,平时是星期五下午开始,大约一小时左右。

有的时候想他们每个人用 iPad,为什么咱们不能每个人用 iPad 或者说咱们为什么不能去学学这个东西,多多少少会有点美慕。

(5) 教育质量:数字化技术对乡村教育质量提升具有显著作用。

学生通过数字化工具(如文心一言、豆包)解决课业难题,扩展知识边界,学生认为"网上搜索能了解老师没讲的内容"。信息技术课和社团活动培养了逻辑思维(编程)和审美能力(摄影),部分学生甚至在全国竞赛中获奖。然而,质量提升受限于资源分配:仅有少数学生接触高端设备(如 iPad)。

在那个百度上搜索一些作文之类的,用过文心一言、豆包。

我们当时参加的好像是遥控车,硬件是我们自己带过去,他们不会检查代码,就是看车跑得多快,有加分项,是智能救援。

我就是刚学了图形化,就学了一点皮毛而已,但是老师没咋讲理论。

学英语必须要听嘛,我们老师就有时候给我们找英语的电影动画片,还有歌曲。

(6) 教育公平:通过数字化设备缩小城乡教育差距,但依然差距明显。

乡村教育数字化转型加剧了显性公平(设备普及)与隐性差距(资源质量)的矛盾。访谈中,学生提到"老家北京的同学人手 iPad",而本地仅有学习机,凸显城乡资源鸿沟。校内层面,尽管计算机室和社团开放,但家庭条件差异导致课外学习机会不均(如有无个人设备)。此外,教师数字化能力差异影响教学效果,如编程社团学生认为"老师后期没讲理论",可能阻碍深度学习。

没有个人的手机、平板电脑,只有一部学习机。

我的老家在北京,他们那边的教育资源,比咱们这边比较好一点,基本每个人都会有个 iPad。上课的时候他们可能也会用,我很美慕。

3. 总结

访谈显示,学生群体 B 就读的学校中教师已逐步接受数字化工具在日常教学中的应用,如播放音频、视频,使用 PPT 和投影仪讲解知识点,利用投屏展示作业等。同时,学校设有编程、摄影等信息技术社团并开展 Scratch、Python 课程。受教师数字化教学日常化以及开展的社团活动影响,学生课后能合理使用数字化工具预习课本知识或解决不懂的代码问题,并积极参加有关的竞赛活动。这表明丰富的基础设施与教学资源有利于推动乡村教育数字化转型进程,提升教育质量。但面对与大城市的教育差距,学生群体 B 中的一位同学表示很羡慕北京学校的数字化教育环境。而且学校缺乏对数字化教育效果评价的标准化指标,学生更倾向于传统纸笔测试来检验与巩固知识。这揭示当地教育政策与学校管理会影响数字化转型进展。

学生希望获得更优质的教育资源,他指出北京学校学生基本每个人都有 iPad,但是自己所在学校还无法提供专属的学习移动设备,这样在资源获取上会存在落后。这需要当地教育部门与学校的共同努力。

从本节分析中我们可以看到,虽然各采访者身份、所在学校不同,但对本学校教育数字化转型的感悟是有相同之处的:首先,学校数字化转型必须有软硬件设施支撑,但大部分学校数字技术基础设施与支持体系存在结构性缺陷,技术供给与教学需求间的适配性不足,教师可能获取不到更优质的教学资源。其次,学校的实施机制、管理评价的措施会影响学校数字化转型效果,学校制度供给与保障机制尚未形成闭环。同时,学校当地的教育政策对学校数字化转型进程作用显著,政策环境能为学校数字化转型提供明确的目标,在师资建设、资源整合与共享、资金支持方面意义重大。最后,访谈表明教师的自我效能感也会间接影响学校的数字化转型进程,年轻教师因技术适应性强能快速掌握新型教学工具,相较之下,年长教师面对数字化教学工具会产生压力,学生也表示自身的学习会受到教师数字化工具使用情况的影响,学校也应对教师如何使用数字化工具进行培训以提升教师的自信心。

第二节　乡村教育数字化发展的因素探索

为进一步探索乡村教育数字化转型的影响因素及其相互关系,本节内容在问卷调查的分析和对个案的剖析基础上,采用扎根理论的方法对乡村教育数字化发展进行质性分析。首先,本节从理论视角探析了乡村教育数字化发展因素的内在联系,设计了乡村教育数字化发展因素模型。其次,在深入分析乡村教育数字化发展的因素及其作用机制的基础上,本节进一步探究了各维度对乡村教育数字化转型产生的影响,力求为后续实践提供参照。

一、分析方法概述

(一)研究方法

在收集相关材料之后,选取了扎根理论研究路径,利用 Nvivo 软件对收集到的材料进行了自下而上、由表及里的编码,旨在通过质性分析对数据进行概念化和抽象化,以形成相关的概念和范畴,探索农村教育数字化发展因素及其相互关系,为后续乡村教育数字化发展的因素提取及模型构建奠定基础。

(二)研究取样

为了确保访谈对象与研究内容的契合度,并提高收集到的数据质量,本研究选择了我国某省的贫困县内较具有留守儿童特点的学校进行受访者的选择,最终确定了来自 17 所学校的教师、管理者以及学生作为参与的对象(见表 5-1,编号为 T1~T26、M1~M8、S1~S5)。

表 5-1 访谈情况记录

受访者	访谈时间/分钟	访 谈 方 式	访 谈 地 点
T1	9	现场访谈	办公室
T2	6	现场访谈	办公室
T3	12	现场访谈	办公室
T4	12	现场访谈	办公室
T5	15	现场访谈	办公室
T6	15	现场访谈	办公室
T7	7	现场访谈	办公室
T8	17	现场访谈	办公室
T9	13	现场访谈	办公室
T10	20	现场访谈	办公室
T11	29	现场访谈	办公室
T12	26	现场访谈	办公室
T13	20	现场访谈	办公室
T14	12	现场访谈	办公室
T15	18	线上访谈	办公室
T16	16	线上访谈	办公室
T17	17	线上访谈	办公室
T18	19	线上访谈	办公室
T19	14	线上访谈	办公室
T20	21	线上访谈	办公室
T21	17	线上访谈	办公室
T22	53	线上访谈	办公室
T23	20	线上访谈	办公室
T24	51	线上访谈	办公室
T25	18	线上访谈	办公室
T26	50	线上访谈	办公室
M1	27	现场访谈	办公室
M2	16	线上访谈	办公室
M3	10	线上访谈	办公室
M4	40	线上访谈	办公室
M5	38	线上访谈	办公室

续表

受访者	访谈时间/分钟	访 谈 方 式	访 谈 地 点
M6	15	线上访谈	办公室
M7	29	线上访谈	办公室
M8	56	线上访谈	办公室
S1	8	现场访谈	教室
S2	10	现场访谈	教室
S3	31	现场访谈	教室
S4	17	现场访谈	教室
S5	11	现场访谈	教室
总访谈持续时间		14 小时	
转录文本字数		13 万字	

（三）资料收集

1. 访谈提纲编制及预访谈

本研究从乡村教育数字化转型的内涵出发,总结和概括影响乡村教育数字化发展因素的常见描述,以用于编制访谈提纲。访谈提纲可分为三个部分:一是教师卷,二是管理者卷,三是学生卷。其中,每部分关于影响教育数字化转型因素的具体描述,包括数字技术维度、学校组织维度、政策环境维度以及自我效能感四个维度。以教师卷为例,访谈提纲所涉及内容包括但不限于以下问题。

（1）当前,贵校教育数字化转型实践的成效如何? 具体表现在哪些方面?

（2）对于教育数字化转型、技术赋能教育应用,您持有怎样的态度或者看法?

为了进一步完善访谈提纲并提高研究小组访谈过程的一致性和科学性,本研究在正式进行访谈资料收集之前,随机选择了三名受访者进行了预访谈。除了基本问题外,研究人员还询问受访者有关基本问题的科学性及其文字描述是否准确,并征求受访者对访谈提纲的意见。在此基础上,对访谈提纲进行了修订。

2. 正式访谈

建立与 50 多名受访者之间的信任,并创造友好愉快的氛围之后,研究人员进行了正式的访谈。本研究采用了半开放式访谈的方法,将提供的访谈提纲作为问题的主导,研究人员根据现场情况和受访者的年龄特点,灵活调整问题的内容、顺序和表达方式。同时,研究人员注意到了用词技巧和提问语速的重要性,以保持客观、中立和开放的态度,避免干预受访者的想法,力求获取足够深入和详细的信息。在获得受访者的同意后,研究人员全程录音访谈,并在每次访谈后进行简单的分类记录,包括访谈录音和文字资料,以备后续的转录和数据整理。在正式访谈结束后,研究人员收集的资料包括访谈资料、文本资料和备忘录,为建立扎根理论研究框架奠定了基础。

（四）资料分析

为了收集资料,研究进行了为期 3 天的工作。每次访谈的录音时间在 6 分钟到 56 分钟不等,总共录音时长为 14 小时。根据访谈过程的完整性、针对性以及受访者的配合程度,对访谈数据进行了筛选,并排除了未完成或有缺失的访谈内容,以及与研究主题关联性较弱的访谈内容。最终,我们得到了 49 份有效的访谈数据。经过整理,这些数据生成了约 13 万字的初始访谈文本资料。

本研究使用质性文本处理软件 Nvivo,对搜集到的访谈资料和文本资料进行处理。通过使用计算机软件,研究者能够从大量的资料中找出关键概念,并建立理论框架,以研究乡村教育数字化转型的发展因素。本研究采用三个阶段的编码方式,即开放式编码、主轴式编码和选择式编码。在每个阶段完成后,需要对构建的核心概念和类别进行辨别,从而保证研究的信度和效度。

二、乡村教育数字化发展因素提取及模型构建

(一)发展因素提取

1. 开放式编码

开放式编码是对已有资料进行概念化和分析的过程,是扎根理论在处理原始数据时的第一步。在进行开放式编码的过程中,我们首先细致阅读访谈文本资料,筛选出与乡村教育数字化转型密切相关的语句,并为每条语句赋予恰当的概念标签。此步骤旨在将原始的叙述性语句转化为富含概念内涵的表达形式。接下来,我们将这些具有相似性的概念进行归并,构建出更高层次的概念范畴,以此实现对原始文本资料的系统概念化和范畴化处理。这些概念和范畴的来源广泛多样,既可以是研究者基于个人思考与总结的创新命名,也可以直接援引自原始资料中的表述,或是直接采用学界已有的相关概念。通过这样的处理方式,我们能够更加深入地理解和剖析原始资料中所蕴含的信息。同时,对于概念和范畴的总结,我们始终保持开放和灵活的态度,根据研究实际情况以及资料内容的动态变化,及时进行必要的调整和优化,以确保分析结果的准确性和有效性。

经过逐句分析,本研究共提取出"学科差异""教师获取数字化资源""教师数字化意识提升""缺乏数字应用场景"等 155 个初始概念,通过对提取概念的持续比较,我们可以将它们进行合并、归类和整理,同时结合访谈提纲的编制目的,共形成"学科教学""数字化应用""数字化教学观念"等 69 个独立概念,用 A1~A69 表示,开放式编码分析生成的初始范畴见表 5-2,开放式编码过程部分内容见表 5-3。

表 5-2 开放式编码分析生成的初始范畴

编号	范畴	编号	范畴
1	网络条件欠缺	8	基础设施不足
2	校园网络覆盖	9	基础设施较为完善
3	教师办公设备落后	10	教学设备配备问题
4	教室配备一体机	11	数字化教室设施是否使用
5	学校数字化环境建设	12	微机室设有云桌面设备
6	多媒体功能齐全	13	学校平台建设困难
7	高级设备缺少	14	硬件设备落后

编号	范　畴	编号	范　畴
15	学生移动设备的使用	50	学生职业规划
16	校本资源	51	课堂氛围活跃
17	学校编程课	52	课堂上效率高
18	学校传承	53	学生配合
19	学校建设资源库	54	学生喜欢的教学方式
20	学校开发融合课程	55	农村学生获取资源
21	呈现效果好	56	信息课程
22	资源推送	57	学生上网目的
23	教师资源整合应用	58	学生上网学习
24	资源共享	59	社团活动
25	分析个性化需求	60	学生比赛活动
26	教师自制教学资源	61	学生相互影响
27	资源不足	62	辅导班
28	教育资源收费	63	乡村学生设备欠缺
29	资源分散	64	兴趣班
30	学科差异	65	学生家庭经济条件
31	有助于学科教学	66	学生智力问题
32	教师获取数字化资源	67	学生综合素质提升
33	学校提供资源获取渠道	68	住校情况
34	教师数字化意识提升	69	网络教研
35	教师主动学习的态度	70	校际之间沟通交流
36	新教师积极学习	71	建设数字化团队
37	缺乏数字应用场景	72	校内教师共同体
38	技术设备维修	73	学校部门配合
39	技术支持人员解决技术难题	74	教师研讨
40	技术人才引进	75	评价出现的问题
41	学生设备使用管理	76	推行数字化评价
42	管理者带领推动教育数字化	77	传统教学评价
43	后台管理建设	78	教师反映教学问题
44	管理者重视信息科技	79	企业扶持
45	校长期望得到支持	80	县市培训
46	学校高度重视	81	远程培训
47	数字化管理	82	专家讲座
48	对学生学习与成长助力	83	教师培训
49	学生就业	84	培训建议

编号	范　畴	编号	范　畴
85	培训提升教师理念	121	学生不积极
86	培训问题	122	技术应用专业化
87	城乡存在差距	123	减轻了授课负担
88	家庭位置	124	教师坚定支持
89	教育公平性	125	学生对翻转课堂持积极态度
90	教育资源不均	126	学生兴趣
91	动员家长	127	学生支持
92	父母陪伴	128	运用新技术
93	家庭设施配备	129	学生视力
94	家庭支持	130	教师具备使用经验
95	家校沟通	131	学生用 AI
96	家长不关心	132	学生不适应
97	家长不认同	133	年长教师问题
98	家长认知不到位	134	主动用技术解决问题
99	家长数字化工具使用困难	135	教师适应过程
100	家长文化水平	136	教师专业成长
101	留守儿童或单亲	137	教师感到压力
102	数字化转型目标	138	教师能力有限
103	成绩导向	139	教学内容拓展
104	数字化奖励机制	140	乡村学校工资高
105	政府和教育部门设备投入	141	影响资金持续投入
106	政府和教育部门资金投入	142	培训机会少
107	政府推动	143	师资短缺
108	资金欠缺	144	优质教师流失
109	缩小城乡教育差距	145	有利于教师健康
110	研究院推动	146	教学模式转变
111	政策支持	147	教师观念或应用能力欠缺
112	落后时代的观念	148	教师数字素养仍需提升
113	教师示范作用	149	教师需求
114	时代推动	150	教学任务繁重
115	关注新理念新技术	151	深度融合欠缺
116	技术辅助教学的观念	152	教师比赛活动
117	学生数字素养不足	153	AI 授课
118	教师抵触新技术	154	个性化教学
119	教师对技术持中立态度	155	数字化教学
120	线上反馈不及时		

表 5-3　开放式编码过程

原始资料语句	开放式编码	
	初始概念化	类属化
你说谁能给提供这个条件,只能是供给他们这个正常的生活	网络条件欠缺	家庭网络环境(A1)
对,网络全覆盖,每个教室里面都有。 以至于到网络普及,学生现在也能够用上网络,老师每个办公室也都用上网络。 学校实施网络环境改造,构建了快捷高效的网络体系,营造了数字化教育环境。 校园网建设已全面完成,实现了网络全覆盖	校园网络覆盖	学校网络环境(A2)
咱们教师的办公计算机由于置办较早,现在运行起来比较慢一些,运行慢。 我们教师个人使用的设备陈旧。我们现在办公室老师使用的设备是有十几年了,那使用起来就是会对我们有一些影响,上网比较慢,比较卡。他会有一些影响。你像我这个计算机现在就属于一会儿它就自动关机了,会影响我们教学。 其实我们的硬件可以再完善。因为我们那个学校老师办公的那种电脑什么的,都需要更新,就比较老旧了。因为有一些像软件,比如你备课用的,经常在备课过程中,他就会卡死。那种老师的设备还没有跟上	教师办公设备落后	办公计算机配备(A3)
我这个是两套广播系统,一套是希沃的系统,另一套是校园广播的系统,这个希沃的系统就直接可以从后台喊话,就是打开后台之后,就可以对每个教室喊话。 你像我们图书馆里面就有那个,就是那个检索的那种就是数字化的设备,对吧？然后他有一个检索的那种库嘛。因为它比较广泛一点,那我觉得他真的所有的学科都是比较友好的。 学校还配备了录播教室、微机室和云端平台,为教学活动提供了良好的环境支持	学校数字化环境建设	创新教学空间(A4)
跟前几年相比,应该是效果比较显著,之前像这个硬件设施,这个交互一体机,可能某一个教室才有,现在是每一个教室都配备了,况且版本比较高,老师用起来也方便,况且网上的这些资源比原来也多了。 我们班现在用的一个就是比较新的一个,应该是希沃白板。那里边包括那一个展示台,还有一些题库。 每个教室均配备了希沃智慧一体触控一体机	教师配备一体机	

原始资料语句	开放式编码	
	初始概念化	类属化
现在一体机上那个视频展示投影,然后小孩做的那个题立马就能显现出来,特别是从上面可以画一画写一写标注不同颜色的,让小孩记得更加的清楚,这个地方其实以前是没法比的,像以前可能就单纯地去讲这个题可能效果不是太好,像现在的话就是利用那个展台然后把它展示出来,然后包括比较好的孩子的思路,可以让他去讲一讲用不同颜色的笔去画一画,可能效果会更好一些。这个地方就是对我们其实帮助也挺大的。 然后包括投影的那一部分,它的圈点,就是一些标记要比原来老版的使用起来流畅很多。包括颜色,包括就是说你是用粉笔式的,还是用那种细线式的,然后就是只要一点就有,那个是比较先进的。 比如你在课前备课件、PPT 的时候,你在 PPT 上改的一些东西,你可以通过同一个账号,比如你在计算机上改完之后,你也不一定非得那个复制、粘贴过去,通过希沃白板上面登上你的账号是直接可以在上面教学的,比如你在办公室、在家里改完之后在教室里面这个一体机登上你的账号就可以看到了	多媒体功能齐全	数字化教学设备(A5)
就是这种一体化的这种设备呀,然后虽然说现在我们就是全部覆盖了,但是像现在还有更高级的东西,我们可能在这个的层面还接触不到。 就跟刚才我说的那个平板电脑教学,我们就算现在这个设备,目前可能也达不到普及。 教学设备的局限性不容忽视。正所谓"巧妇难为无米之炊",若缺乏必要的信息化教学设备,即便教师拥有先进的教学理念与创新思路,也难以有效开展教学活动,严重制约了教育教学的创新与发展	高级设备缺少	
第一个就是基础设施建设还不足,我们农村学校目前的设施不能满足数字化转型的要求。 一是技术基础设施的不完善,因为教育需要强大的基础设施支持以及互联网的高度互联,因为农村和城区的数字鸿沟依然很明显,差距比较大。 第一个是基础建设方面。我们学校是一个农村学校,所以说我们在基础建设方面,与城市学校相比,基础设施还是相对有所欠缺	基础设施不足	
一是硬件的设施基本齐全,像我们学生的教室用机,老师的用机,我们教室的多媒体、硬件符合上面的规定。 基础设施较为完善。 这个成效的话,我从 2019 年来到学校的时候,已经就是完成了这个数字化的一个基本建设。基本是每一个教室都有这个一体机,硬件上应该是已经配齐了,还专门有一个专递课堂,就是那个录播教室嘛,这个硬件上我觉得是基础设施是比较完善的。 目前来说的话,如果说是单纯的用对于教学来说的话,现在这个配套设施应该是足够了	基础设施较为完善	

原始资料语句	开放式编码	
	初始概念化	类属化
首先是教学设备配备问题。在乡村地区,学校目前配备的主要是计算机,但从实际应用角度来看,平板电脑可能更为便捷。学生若使用平板电脑,可随时随地进行学习,比如上传作业答案时,直接拍照即可完成,然而目前平板电脑的普及率较低	教学设备配置问题	数字化教学设备(A5)
学校还有这种创课教室,这种教室他说还有老师来进行教,就是带学生进行看。 录播室还没用上。 对对对,你还得管理好、使用好。就是怎么把他发挥到最大作用。在这样有生之年,别让他闲着就行	数字化教室设施是否使用	
微机室还设有云桌面设备	微机室设有云桌面设备	
建平台的话,一个是技术上没有,另外一个财力上没有,各方面都没有。 所以要说你要很好地应用,你从一个省,或者一个市,你要有集中精力去建这个东西,给大家出口,然后去应用,去管理。你说谁不用? 这就是可以考量的地方。但是你现在是他没有能力,他没有财力。你一个软件也不便宜。现在国家从上至上到下,经费都很紧张	学校平台建设困难	
再一个就是设备更新的可能相对来说要慢一些。 其实挺早就配上,但是可能后来肯定又落伍了。能用也能用,但是肯定也不新,这个东西。 比方说你有些设备的更新换代。设备都很老了。 在我们学校硬件就有点跟不上。 上一次更新有 8 年左右了,8 年也挺长时间了	硬件设备落后	

2. 主轴式编码

在主轴式编码阶段,通过对开放式编码结果进行组织和加工可以梳理不同概念类属之间的逻辑关系,进一步深化对研究的理解。利用 Nvivo 软件对上述开放式编码所得的69 个独立概念进行主轴式编码,本研究得到包括数字技术维度下对乡村教育数字化转型的发展水平的影响、学校组织维度下对乡村教育数字化转型的发展水平的影响、政策环境维度下对乡村教育数字化转型的发展水平的影响、政策环境下对乡村教育数字化转型的发展水平的影响等在内的 24 个副范畴,用 B1 至 B24 表示,具体见表 5-4。

表 5-4 主轴式编码中的副范畴

副范畴	开放式编码	副范畴	开放式编码	副范畴	开放式编码
网络环境 (B1)	家庭网络环境(A1)	共同体建设(B9)	网络教研共同体(A36)	社会风气 (B17)	消极影响(A53)
	学校网络环境(A2)		区域教育共同体(A37)		积极影响(A54)
			本校数字化队伍(A38)		
硬件设施 (B2)	办公计算机配备(A3)	教研评价体系(B10)	针对分析结果的改进(A39)	资金支持 (B18)	基础设施增添(A55)
	创新教学空间(A4)		人机协同(A40)		项目资助(A56)
	数字化教学设备(A5)		教研数据采集分析(A41)		资金缺乏(A57)
	移动学习设备(A6)				
软件资源 (B3)	电子教学工具(A7)	学校地理位置(B11)	影响资金持续投入(A42)	政策引导 (B19)	宣传推广(A58)
	个性化学习软件(A8)				
	数字化教材(A9)		培训机会少(A43)		
	校本资源库(A10)				
	远程协作工具(A11)				
资源存在的问题 (B4)	资源不足(A12)	教师培训(B12)	邀请校外专业人员交流合作(A44)	自身素养 (B20)	信息素养(A59)
	教育资源收费(A13)		校内数字化应用培训(A45)		数据素养(A60)
	资源分散(A14)				
教师(B5)	学科教学(A15)	多方协同(B13)	社会资源分配(A46)	数字技术应用态度 (B21)	消极态度(A61)
	数字化应用(A16)				
	数字化教学观念(A17)				
	数字化技术应用情境(A18)				
	人员问题(A19)		家校沟通(A47)		积极态度(A62)
	教学模式创新(A20)				
	教师挑战(A21)				
	教师活动(A22)				
	多媒体教学(A23)				
技术支持人员(B6)	数字化设施维修(A24)	乡村学校数字化优势(B14)	呈现效果好(A48)	数字化工具使用习惯(B22)	过于依赖(A63)
	数字化软件应用指导(A25)		教学内容拓展(A49)		合理使用(A64)
	技术人才引进(A26)		乡村学校工资高(A50)		消极对待(A65)
教育管理人员(B7)	学校资源调配(A27)	愿景规划(B15)	转型目标明确(A51)	问题解决 (B23)	存在困难(A66)
	学校数字化转型规划(A28)				
	数字化意识(A29)				顺利解决(A67)
	数字化管理评估(A30)				
学生(B8)	学生职业发展(A31)	制度支持(B16)	实施细则(A52)	教师心态 (B24)	存在信心(A68)
	学生行为(A32)				
	学生网络使用(A33)				
	学生活动(A34)				感到压力(A69)
	学生个人情况(A35)				

　　通过对各个副范畴间关联的研究与梳理,形成更抽象、更具概括性的主范畴,同时需要明确副范畴与主范畴之间的逻辑关系。通过主轴式编码,研究得出了四个主范畴:数字技术维度、学校组织维度、政策环境维度、自我效能感,用 C1 至 C4 表示:①数字技术维度包括网络环境、硬件设施、软件资源以及资源存在的问题四个副范畴。不同的数字技术环境会导致软硬件环境不同,对乡村教育数字化转型的发展水平产生影响。②学校组织维度包括教师、技术支持人员、教育管理人员、学生、共同体建设、教研评价体系、学校地理位置、教师培训、多方协同、乡村学校数字化优势十个副范畴。学校组织维度中信息技术课程的开设、共同体的组建、学校社团活动对乡村教育数字化转型的发展水平有着不可忽视的影响。③政策环境维度对乡村教育数字化转型的发展水平的影响包括愿景规划、制度支持、社会风气、资金支持、政策引导五个副范畴。政策环境维度是在乡村教育数字化转型目标规划基础上,通过人力物力财力的支持,共同对乡村教育数字化转型的发展水平产生影响。④自我效能感维度对乡村教育数字化转型的发展水平的影响包括自身素养、数字技术应用态度、数字化工具使用习惯、问题解决、教师心态五个副范畴。自我效能感是乡村教育数字化转型发展水平提高过程中的重要内容,是影响乡村教育数字化转型发展水平的关键因素。

3. 选择式编码

　　选择式编码是通过继续梳理与挖掘主轴编码阶段形成的主范畴以提炼出核心范畴的过程。选择性编码是一个深化过程,它涉及对主轴编码阶段确立的主要类别进行进一步的梳理与深入挖掘,旨在提炼出核心类别。选择式编码对独立概念、副范畴、主范畴具有统领作用,其核心目标是简化主范畴间的复杂交织关系,确保研究结论的规范性和一致性。通过这一精细化的处理,我们能够构建各范畴间的逻辑桥梁,从而揭示研究的核心发现。

　　基于对各层级编码的详尽分析及对乡村教育数字化发展因素理论架构的搭建,通过对各级编码的分析以及乡村留守儿童成就动机发展因素理论框架的构建,本研究将核心范畴确定为“乡村教育数字化转型影响因素”:乡村教育数字化转型的发展水平,主要受数字技术、学校组织、政策环境、自我效能感的影响。这些因素共同作用于乡村教育的数字化转型,塑造了其当前的发展面貌。

(二)发展因素模型构建

　　根据分析扎根理论的研究结果,为探明乡村教育数字化转型水平的发展因素,本研究提出本研究理论框架,如图 5-1 所示。该理论框架包括数字技术维度、学校组织维度、政策环境维度、自我效能感维度四个主范畴,包含网络环境、硬件设施、软件资源、资源存在的问题等 24 个副范畴和 69 个独立概念。

　　通过本节对影响乡村教育数字化转型发展各因素的梳理并结合第四章结果分析得到的乡村教育数字化转型影响因素关联模型,研究设计了乡村教育数字化转型发展因素模型图(见图 5-2),模型揭示了乡村教育数字化转型发展的机理及其各部分间的内在联系。

乡村教育数字化转型水平的发展因素框架

数字技术维度C1

网络环境（B1）
家庭网络环境（A1）学校网络环境(A2)

硬件设施（B2）
办公计算机配备（A3）创新教学空间（A4）数字化教学设备（A5）移动学习设备（A6）

软件资源（B3）
电子教学工具（A7）个性化学习软件（A8）数字化教材（A9）校本资源库（A10）
远程协作工具（A11）

资源存在的问题（B4）
资源不足（A12）教育资源收费（A13）资源分散（A14）

学校组织维度C2

教师（B5）
学科教学（A15）数字化应用（A16）数字化教学观念（A17）数字化技术应用
情境（A18）人员问题（A19）教学模式创新（A20）教师挑战（A21）
教师活动（A22）多媒体教学（A23）

技术支持人员（B6）
数字化设施维修（A24）数字化软件应用指导（A25）技术人才引进（A26）

教育管理人员（B7）
学校资源调配（A27）学校数字化转型规划（A28）数字化意识（A29）
数字化管理评估（A30）

学生（B8）
学生职业发展（A31）学生行为（A32）学生网络使用（A33）学生活动（A34）
学生个人情况（A35）

共同体建设（B9）
网络教研共同体（A36）区域教育共同体（A37）本校数字化队伍（A38）

教研评价体系（B10）
针对分析结果的改进（A39）人机协同（A40）教研数据采集分析（A41）

学校地理位置（B11）
影响资金持续投入（A42）培训机会少（A43）

教师培训（B12）
邀请校外专业人员交流合作（A44）校内数字化应用培训（A45）

多方协同（B13）
社会资源分配（A46）家校沟通（A47）

乡村学校数字化优势（B14）
呈现效果好（A48）教学内容拓展（A49）乡村学校工资高（A50）

政策环境维度C3

愿景规划（B15）
转型目标明确（A51）

制度支持（B16）
实施细则（A52）

政策引导（B19）
宣传推广（A58）

自我效能感维度C4

自身素养（B20）
信息素养（A59）数据素养（A60）

数字技术应用态度（B21）
消极态度（A61）积极态度（A62）

数字化工具使用习惯（B22）
过于依赖（A63）合理使用（A64）消极对待（A65）

问题解决（B23）
存在困难（A66）顺利解决（A67）

教师心态（B24）
存在信心（A68）感到压力（A69）

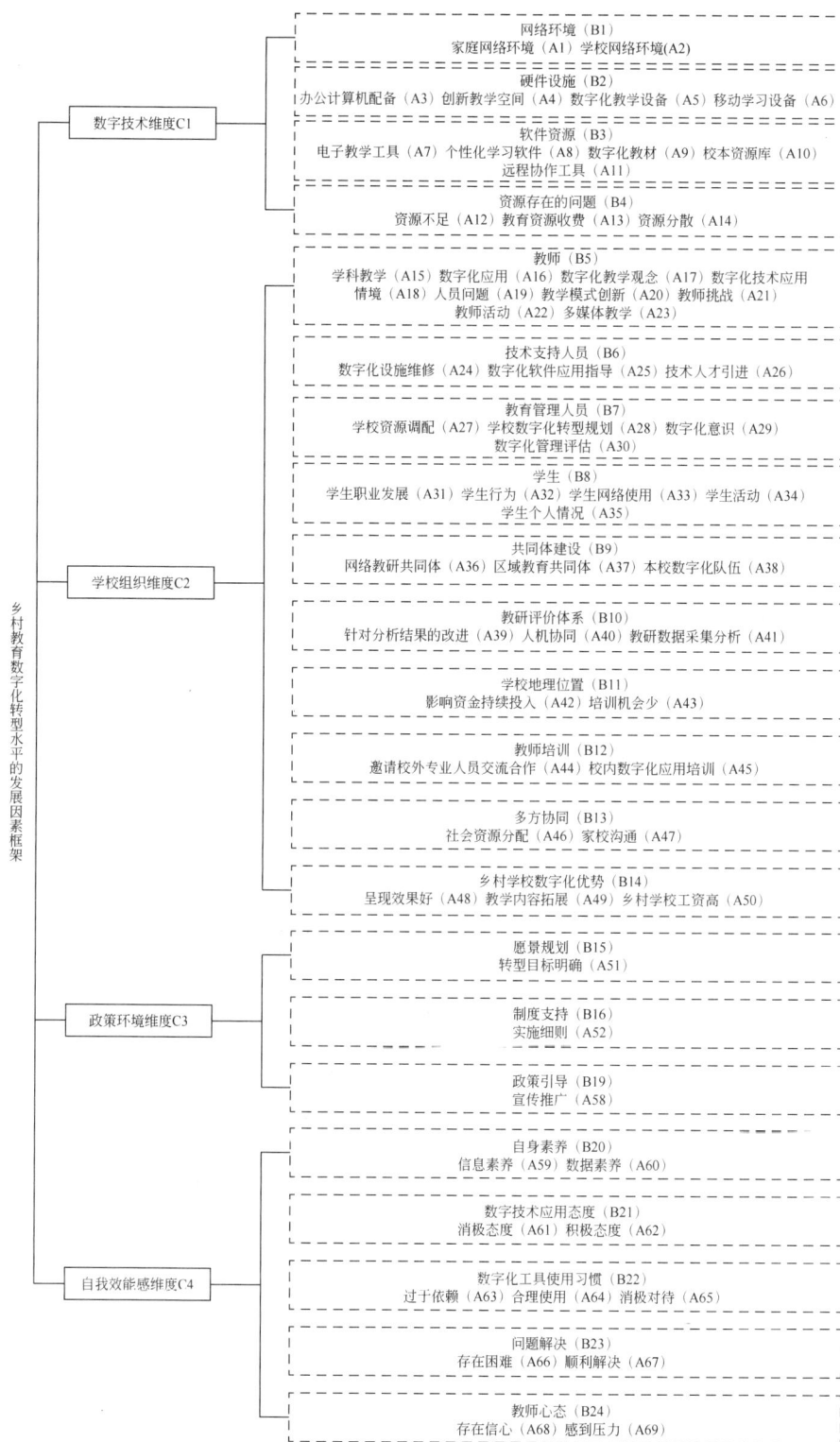

图5-1　乡村教育数字化转型水平的发展因素框架

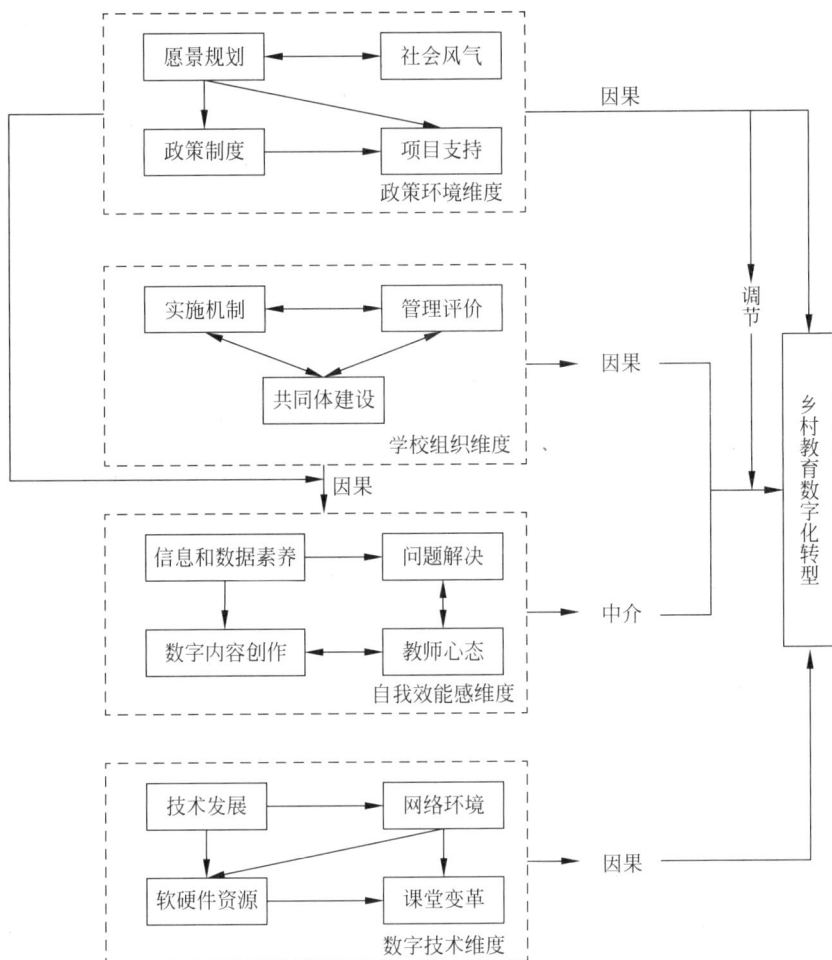

图 5-2　乡村教育数字化转型发展因素模型图

（三）发展因素模型阐释

　　本章运用扎根理论方法，对乡村教育数字化转型相关访谈资料进行了系统的多级编码分析。在第三章与第四章所开展的问卷调查及深入分析的基础上，本研究揭示了数字技术、学校组织、政策环境以及自我效能感是影响乡村教育数字化转型的关键因素。在本章节中，根据乡村教育数字化转型影响因素的内在与外在属性，对这些因素进行了分类：将学校组织和自我效能感界定为影响转型的内部因素，它们直接关联于教育系统内部的结构与个体心理状态；而将数字技术和政策环境视为外部因素，它们作用于教育系统外部，通过提供技术支持与制度保障间接影响转型进程。这一分类有助于更清晰地理解各因素在乡村教育数字化转型中所扮演的角色。

1. 乡村教育数字化转型的内部因素

　　乡村教育数字化转型的内部驱动力主要涵盖学校组织和自我效能感两方面。

学校组织是乡村教育数字化转型的"中枢系统",统筹着教师、学生、技术人员等多方主体,以及培训、评价等多方面的内容。在数字化转型的过程中,学校组织发挥着至关重要的作用。学校通过制定相关政策和制度,为教育数字化转型提供制度保障。学校通过制定数字化教学规范,明确教师在教学过程中应如何使用数字技术,以及如何评估数字化教学的效果。这些政策和制度的制定,有助于规范教师的教学行为,提高数字化教学的质量。学校通过组织培训和学习活动,提升教师和学生的数字化素养。学校借由组织教师参加数字化教学培训,帮助他们掌握数字化教学的基本技能和方法。学校也可以开展数字化学习活动,引导学生利用数字技术进行自主学习和协作学习。此类培训和学习活动的开展,有助于提升教师和学生的数字化素养,推动教育数字化转型的深入发展。此外,学校组织还通过打造特色培训体系,推动乡村教育数字化转型的本土化发展。针对乡村教育的实际情况和教师的实际需求,学校可以组织教师挖掘乡土文化素材,开发具有地方特色的校本数字资源库。这些资源库的建设,既有助于弥补统编资源的适配性不足,又为乡村文化传承提供了新载体。通过系统化的组织培训,乡村学校可以逐步缩小城乡教育信息化差距,培育出既懂教育规律又具备数字素养的新型教师队伍。然而,在学校组织推动教育数字化转型的过程中,也存在一些挑战和问题。例如,部分教师在数字化转型中面临认知与实践的双重挑战,对数字技术的价值定位存在局限性,往往将数字化转型简单理解为"教学设备的电子化替代",而非教育理念与方法的系统性变革。此外,技术操作能力的薄弱也制约了他们的课堂实践。因此,学校组织需要加强对教师的培训和引导,帮助他们树立正确的数字化转型观念,提升他们的技术操作能力。

自我效能感是指个体对自己能够成功完成某一任务或达成某一目标的信念和预期。在乡村教育数字化转型的过程中,自我效能感发挥着重要的内在驱动作用。自我效能感影响着教师对数字化教学的态度和行为,具有高自我效能感的教师往往对数字化教学持有积极态度,愿意尝试新的教学方法和技术手段。他们相信自己能够掌握新技术并运用到教学中去,从而取得良好的教学效果。相反,自我效能感较低的教师可能对数字化教学持怀疑态度或缺乏信心,不愿意尝试新技术或担心自己的教学能力不足以应对新的挑战。自我效能感还影响着学生的学习动力和学习效果,具有高自我效能感的学生往往相信自己能够克服学习中的困难并取得优异成绩。他们愿意利用数字技术进行自主学习和协作学习,积极探索新的学习方法和策略。这种积极的学习态度有助于提高他们的学习效果和创新能力。相反,自我效能感较低的学生可能对学习缺乏信心和动力,不愿意尝试新的学习方式和手段。提升教师和学生的自我效能感是推动乡村教育数字化转型的重要一环。学校组织可以通过组织成功案例分享、表彰优秀教师和学生等方式来激发他们的积极性和自信心。同时,教师也需通过不断学习和实践来提升自己的教学能力和技术水平,从而增强自我效能感。

2. 乡村教育数字化转型的外部因素

乡村教育数字化转型的两大外部驱动力是数字技术和政策环境。

数字技术是乡村教育迈向数字化转型不可或缺的基础架构与核心驱动力,其基础设施的全面覆盖与高效运作,以及技术应用的精准匹配程度,从根本上塑造了转型进程的深度与广度。在乡村地区,数字技术的硬件资源配置状况展现出了较为明显的地域不均衡性。具体而言,不少乡村学校面临着信息技术设备严重老化的问题,加之运维管理跟不上时代步伐,导致设备故障频发且难以及时修复,形成了阻碍教育现代化的一大瓶颈。这种硬件层面的客观局限性,直接导致了技术应用的表面化现象,诸如虚拟仿真实验、人工智能辅助教学等能够极大丰富教学内容与形式的前沿技术,难以在这些学校得到有效实施与推广,从而在一定程度上阻碍了乡村教育数字化转型向更深层次、更广范围推进的步伐。随着全球范围内数字技术的飞速迭代与日益普及,我们正见证着数字技术逐步渗透并深刻改变着乡村教育的面貌。云计算技术的引入,使得偏远地区的学校也能享受到高质量的在线教育资源与远程协作平台;大数据分析的应用,为教育工作者提供了精准教学与学生个性化学习的可能;而人工智能技术的融合,则进一步丰富了教学手段,如智能辅导系统、自动化测评工具等,这些都为乡村教育的质量提升与效率优化开辟了新的路径,有力促进了教育公平与优质均衡发展目标的实现。数字技术在乡村教育的有效应用,还需紧密结合乡村教育的实际情况与特殊需求,强调技术的适配性与本土化改造。这意味着,在推进数字化转型的过程中,我们应更加注重技术的实用性与可操作性,避免"一刀切"的策略。例如,通过深入调研乡村教育的实际需求,开发出一系列既符合国际标准又贴近乡村教学实际的数字化教学资源与软件平台,这些资源和平台不仅要易于操作、维护成本低,还要能够激发学生的学习兴趣,促进师生互动,从而真正提升数字技术在乡村教育实践中的应用效果与社会价值。此外,加强乡村教师的数字技能培训,也是确保数字技术能够顺利落地并发挥最大效益的关键一环。

政策环境对于乡村教育数字化转型的发展无疑具有深远且关键的影响。在国家层面,中央政府发布的一系列顶层设计文件不仅为乡村教育信息化的发展明确了清晰的方向,还通过一系列具体而有力的政策措施为其提供了坚实的后盾。这些政策文件不仅强调了教育信息化的重要性,还通过专项资金的划拨,确保了乡村地区有足够的财政支持来推进相关项目。同时,通过在全国范围内建设教育信息化示范学校,不仅为乡村地区提供了可借鉴的范例,还通过资源共享和模式推广,加速了乡村教育信息化的进程。地方政府和教育部门也积极响应中央号召,将乡村教育数字化转型视为提升教育质量、缩小城乡差距的重要途径。他们结合本地实际情况,制定了一系列具有地方特色的政策和规划,旨在通过加强基础设施建设,如升级网络设施、配备现代化教学设备等,来优化教育资源配置。此外,地方政府还高度重视提升教师的数字化素养,通过组织培训、搭建交流平台等方式,帮助乡村教师掌握信息技术,提高教学效果。这些措施的实施,不仅促进了乡村教育信息化的深入发展,还有助于缩小城乡教育信息化差距,推动教育公平和优质均衡发展。然而,在政策环境的实施过程中,也暴露出了一些问题和挑战。部分政策在制定时可能过于宏观,缺乏针对乡村教育信息化的具体指导和可操作性,导致在实际执行过程中难以有效落地。此外,政策执行过程中也面临着资金不足、人才短缺等实际困难。一些偏远地区的乡村学校由于资金匮乏,难以承担教育信息化所需的硬件和软件投入;同时,由于乡村地区人才流失严重,缺乏具备信息技术能力的专业教师,也制约了教育信息化的推进。因此,为了进一步完善政策环境,推动乡村教育数字化转型的深入发展,还需要采取一系列措施。一方面,要提高政策的针对性和可操作性,确保政策能够切实解决乡村教育信息化过程中遇到的实际问题;另一方面,要加强政策的执行力度和效果评估,确保政策能够得到有效落实,并产生预期的效果。同时,还需要通过加大资金投入、引进和培养信息技术人才等方式,为乡村教育信息化提供有力的支持和保障。

3. 内部因素与外部因素的相互作用

在乡村教育数字化转型的复杂过程中,内部因素与外部因素的相互作用显得尤为关键,它们如同耦合齿轮,既相互依存又相互促进,共同构成了转型发展的强大动力源泉。内部因素,诸如学校组织的管理机制、师生的自我效能感以及教学文化的革新等,是转型成功与否的内核所在。学校通过制定一系列科学合理的政策和制度,不仅规范了数字化教学的实施流程和质量标准,还为技术的应用提供了明确的导向和框架。这些内部机制的有效运行,为数字化转型奠定了坚实的基础。

外部因素,特别是数字技术的革新、政策环境的优化以及社会资源的注入,为乡村教育数字化转型提供了不可或缺的外围支撑。数字技术的飞速发展,不仅为教学方式的多样化提供了可能,还通过智能教学平台、大数据分析等工具,极大地提升了教学效率和学习体验。政策环境方面,从国家到地方各级政府出台的一系列鼓励和支持政策,通过设立专项基金、提供技术支持、推广成功案例等方式,为乡村教育数字化转型注入了强大的外部动力。社会资源的广泛参与,包括企业捐赠、公益项目等,也为转型提供了丰富的物资和智力支持。

内部因素与外部因素在推动转型的过程中,展现出显著的协同效应。当学校组织制定出鼓励创新教学的政策时,数字技术的引入便成为实现这些政策目标的得力助手,两者相辅相成,共同促进了教学模式的革新。同样,师生的自我效能感提升,使他们更加乐于接受并实践新的教学方法,而政策环境提供的资金和资源支持,则成为他们创新实践的坚强后盾。这种内部动力与外部支持的有机结合,形成了推动转型发展的强大合力。

然而,内部因素与外部因素之间也存在潜在的冲突和挑战。学校组织在追求短期政绩和形式化考核的压力下,可能会忽视教师的实际需求和技术应用的实际效果,导致技术应用趋于表面化,甚至加重教师的心理负担。数字技术本身也可能受限于硬件设施的不足,难以充分发挥其应有的教学效能。政策环境在资源配置上可能存在不均衡的问题,一些偏远或资源匮乏的地区难以获得足够的支持,而自我效能感高的师生在缺乏有效引导和持续支持的情况下,其创新和实践能力也可能难以持久发挥。

构建一个平衡机制,以协调内部因素与外部因素之间的关系,显得尤为重要。这要求我们在政策制定、资源配置、技术应用以及教学文化等方面,既要注重内部机制的完善和师生的主观能动性激发,又要强化外部环境的优化和资源的有效整合。通过设立反馈机制、加强沟通协作、实施差异化支持策略等措施,确保内部因素与外部因素在推动乡村教育数字化转型的过程中能够相互支持、相互促进,共同推动乡村教育的全面升级。

本 章 小 结

本章第一节深入探讨了乡村教育数字化转型的微观层面,聚焦于转型过程中的核心参与者——乡村教师、管理者及学生,通过细致的个案分析,以质性研究的独特视角,丰富对转型影响因素的理解。在第三章和第四章量化研究的坚实基础上，通过深度访谈，研究者捕捉到乡村教师在技术接纳、教学创新中的心路历程，管理者的决策逻辑与资源调配策略，以及学生在数字化学习环境中的学习体验与反馈，这些个案不仅展现了乡村教育数字化转型的多样性和复杂性，还揭示了转型过程中的亮点与挑战，为后续研究和实践提供了丰富的素材和深入的洞察。本章第二节则进一步运用扎根理论，对访谈数据进行深度挖掘和理论构建。通过对访谈内容的细致编码与归纳，进一步验证了数字技术、学校组织、政策环境以及自我效能感对乡村教育数字化转型的影响作用。结合第四章的量化数据与第五章的质性分析，本章构建了乡村教育数字化转型发展因素模型图。该模型图直观展示了各影响因素间的相互作用关系，以及如何共同作用于转型过程，为乡村教育决策者、实践者及研究者提供了一套清晰的框架。本章的研究成果不仅为提升乡村教育数字化转型水平提供了科学依据和实践指导，也为实现教育公平与质量的双重提升、推动乡村教育的可持续发展贡献了重要力量。

第六章 乡村教育数字化发展的路径探索

乡村教育数字化发展,作为推动教育公平与质量提升的关键措施,对于促进乡村儿童的全面发展、缩小城乡教育差距具有重要意义。鉴于我国乡村教育面临的复杂挑战,如资源分配不均、教学方式传统等,结合数字技术的迅猛发展,亟须制定一套全面而具体的行动策略。这些策略将围绕教育者、管理者及教育共同体三大核心主体展开,旨在通过他们的协同努力,推动乡村教育向数字化转型。与此同时,策略的实施将注重系统性与可持续性,从顶层设计到具体实施,从资源建设到共享机制,全方位推进乡村教育数字化进程,以期实现教育资源的均衡配置,促进乡村儿童的健康成长,并为社会主义农村建设贡献力量。

第一节 乡村教育数字化发展路径探索的总体机制

一、乡村教育数字化发展的核心理念

(一)技术赋能

乡村教育数字化转型的核心在于以技术为杠杆,破解传统乡村教育的结构性困境,重塑教育生态。技术赋能理念聚焦于通过数字技术的深度应用,构建覆盖教学、管理、资源、评价全链条的数字化体系,实现乡村教育质量的跨越式提升。乡村教育数字化转型绝非简单"搬运技术",而是用适配性工具直击痛点。两大核心路径值得深入探索:其一,"轻量技术＋本土场景"破解资源困局,许多乡村学校网络不稳定、设备匮乏,若强行推广城市模式的高清直播课或复杂教学软件,反而加剧师生挫败感,真正的技术赋能需"小而美";其二,"数据驱动＋精准干预"激活教师潜能。乡村教师常因培训资源不足、教学场景复杂而面临发展困境,而技术赋能的核心价值在于用最低成本解决最痛问题。当技术真正服务于人而非束缚于人,乡村教育便能在数字时代找到自己的破局之路。

技术赋能的本质并非追求技术本身的先进性,而是通过系统性、场景化的技术嵌入,激活乡村教育的内生动力。这一过程既需要顶层设计的战略规划,更离不开对乡村教育真实需求的深度回应——唯有让技术真正服务于师生、扎根于乡土,才能实现从"数字化工具覆盖"向"数字化能力生成"的质变。

(二)均衡发展

均衡发展并非追求"整齐划一",而是通过数字化手段构建动态平衡的教育生态,让不同地域、不同条件的乡村学校都能找到适配的成长路径。其核心在于打破"资源集中化"与"发展同质化"的双重陷阱,在公平与差异之间寻求最优解。均衡发展拒绝表面的"数字

平等",而是追求深层的机会公平。它不要求每所学校配备同样昂贵的硬件,但确保每个孩子都能获得适配其成长需求的数字支持;不强制所有教师使用统一的教学软件,但保障每位教育者都能调用助力职业发展的工具。当数字化成为弹性包容的"基础设施",而非冰冷刻板的"考核指标",乡村教育才能真正走出"追赶式发展"的焦虑,在差异中孕育多元生机。

资源分配的公平性是均衡发展的根基。数字化技术应成为"资源均衡器",而非"差距放大器"。一方面,通过云端平台整合全国优质教育资源,建立公开透明的共享机制,避免优质课程被少数学校垄断;另一方面,借助智能算法识别偏远地区的资源缺口,定向推送适配内容,如为山区学校定制离线科普课程。这种"全局统筹＋精准滴灌"的模式,既保障基础资源的普惠性,又尊重地域需求的特殊性,避免数字资源下乡却"水土不服"。

发展路径的动态适配是均衡发展的灵魂。乡村教育数字化不能套用统一标准,而需构建弹性框架:对于基础设施较完善的乡镇中心学校,可探索智慧校园、数据驱动的精细化管理;对于偏远教学点,则优先解决从无到有的问题,聚焦离线工具、轻量化应用。关键在于建立动态评估机制,根据学校数字化成熟度(如设备覆盖率、教师技术能力)制定阶梯式目标,允许发展有快慢,但确保底线不缺失。这种分层推进策略,既避免盲目投入造成浪费,又防止弱势学校被"一刀切"政策边缘化。

（三）乡村特色

乡村教育数字化转型绝非对城市模式的机械模仿,而是要在技术浪潮中守护乡土文化的根脉,让数字化的触角与乡村独有的自然禀赋、文化传统深度交融。其核心逻辑在于:拒绝"削足适履"的标准化改造,转而构建"从土地里长出来"的数字化教育生态。当技术介入教育时,既要避免将乡村文化符号简化为电子展板中的标本,更要警惕用统一的城市化课程挤压本土知识空间。真正的融合在于将方言、农耕智慧、非遗技艺转化为可感知、可互动的数字资源。例如,通过语音识别技术开发方言学习工具,借助虚拟仿真还原传统手工艺制作流程。这种转化不是对乡村文化的"博物馆式封存",而是让其以动态方式融入日常教学,使学生在掌握数字技能的同时,建立起对乡土价值的认同感与传承力。

外力驱动的技术移植往往昙花一现,唯有激发本地主体的创造力,才能形成可持续的数字化生态。这需要为乡村教师、学生、社区成员搭建参与式创新平台:教师可自主设计融合乡土元素的数字教案,学生能用编程工具开发村落文化小游戏,村民可通过短视频分享生产经验成为"编外讲师"。当数字化从"外来输入"转变为"本土生长",技术才能真正扎根乡土,成为乡村教育自我革新的催化剂。乡村特色的本质,是在数字化进程中守护多样性。它不排斥现代技术,但拒绝被技术异化;不固守传统,但警惕文化断流。唯有让数字化的每一步都带着泥土的质感,乡村教育才能在拥抱时代的同时,留住自己的精神原乡。

二、乡村教育数字化发展的原则

（一）问题驱动和理念引领的原则

乡村教育数字化转型的深层逻辑,在于将"问题驱动"的实践理性与"理念引领"的价值理性编织成一张动态的网。这张网既要兜住乡村教育最迫切的现实需求，又要为未来预留文化生长的弹性空间。乡村教育的问题往往裹挟着复杂的地方性知识：师资短缺背后可能隐藏着代课教师的文化传承角色难以被技术替代；网络覆盖率不足的困境里，或许暗含社区对"屏幕入侵"的本能抗拒。真正的数字化转型，不是用标准答案覆盖这些问题，而是通过技术手段激活乡土社会的自我修复能力，要求技术方案像毛细血管般渗透到乡村教育的褶皱之中，在解决具体问题的同时，悄然重塑教育生态。

当城市学校追逐元宇宙教室时，乡村教育的数字化转型更需警惕技术乌托邦陷阱。其核心理念应包含三重标准：一是从"追赶型"转向"内生型"，不再将城市教育数字化成果设为唯一标杆，而是发掘乡土场景的独特优势——如将田间地头的劳动实践转化为AR（augmented reality，增强现实）生态课程；二是从"效率优先"转向"包容共生"，承认数字化进程中的文化摩擦，允许保留部分非数字化教学传统；三是从"技术赋能"升级为"技术驯化"，让工具服务于乡村师生的主体性成长，而非倒置为技术规训人。这种价值转向，本质上是在数字时代重新定义乡村教育的尊严与可能性。

问题解决过程中沉淀的经验，不断修正理念的边界：当发现单纯引入城市名师直播课加剧乡村教师边缘化时，理念重心自然从"资源输送"转向"能力共建"；当智能设备使用率数据揭示代际数字鸿沟时，解决方案就从硬件堆砌转向家庭数字素养整体提升。反过来，理念的进化又照亮新的问题域：在确立"文化主体性"价值后，那些曾被视为"发展滞后"的乡土知识，突然显现出转化为数字化特色课程的潜力。这种螺旋上升的互动，使得乡村教育的数字化转型既不会困在具体问题中失去方向，也不会悬在理念高空难以落地。在此过程中，需特别守护两对关系的微妙平衡：一是技术标准化与乡土异质性之间的张力，既要通过国家云平台实现基础资源普惠，又要为方言语音识别、本土化虚拟教具等预留创新接口；二是短期见效与长效演进的博弈，在快速补齐网络、设备等"显性短板"的同时，更需耐心培育教师数字素养、社区数字文化等"隐性根基"。这种平衡艺术，恰恰体现了乡村教育数字化转型的深层辩证法——它不是在传统与现代之间做单选题，而是通过数字技术重新发现、激活并转化乡土教育的传统基因。

当问题驱动与理念引领在乡村教育的土壤中深度耦合，数字化转型便不再是外来技术的强行植入，而成为一场由内而外的教育生态演进。这场演进或许没有城市教育的炫目场景，却能在田间教室的离线智能板、方言保护的数字档案库、家校共育的轻量化平台中，生长出属于乡村教育的数字文明新形态。

（二）面向未来和能力本位的原则

面向未来对乡村教育而言，意味着在技术浪潮中既要追赶时代步伐，又要守护乡土基因。乡村学生的未来，不仅需要掌握数字时代的基本生存技能，更需具备将技术与乡土资源创造性结合的能力。例如，在田间地头运用智能传感器监测土壤湿度，既是数字技术的实践应用，也是对传统农耕智慧的现代转化；通过虚拟仿真技术还原村落历史变迁，既培养了数字素养，又强化了文化认同。这种"技术＋乡土"的能力构建，使得乡村教育的未来性不再是对城市模式的亦步亦趋，而是生长出独特的生命力——既能适应数字社会的普遍规则，又能为乡村社会的可持续发展注入新动能。

能力本位的转向则为这种未来性提供了方法论支撑。传统的知识本位教育在乡村场景中往往显得格格不入：课本上的抽象公式与田间地头的实际问题之间，总有一道难以跨越的鸿沟。能力本位的意义在于，它将学习目标从"记住什么"转向"能做什么"，为乡村教育开辟了一条更接地气的实践路径。这种转向不仅体现在技术技能的培养上，更深入到乡村生活的方方面面：学生能用数据分析工具预测农作物产量，这是科学探究能力的体现；能用短视频平台记录村庄故事，这是文化表达能力的展现；能组织村民共建数字化村史馆，这是社会协作能力的实践。能力本位打破了课堂与田野的界限，让学习成果直接转化为改变乡村生活的行动力。

乡村教育的未来性与能力本位，最终指向一种"在地化"的数字化转型路径。这种路径既不排斥现代技术的介入，也不放弃乡土文化的独特性，而是通过技术与乡土的创造性融合，培育出既面向未来又扎根土地的"数字乡土人"。他们既能用智能工具解决乡村发展的实际问题，又能在数字时代守护乡村的精神根脉；既能适应全球化的技术浪潮，又能为本土文化的现代转化提供智慧支持。这种能力的培养，不仅关乎个体的成长可能性，更关乎乡村社会在数字时代的可持续发展潜能。

面向未来与能力本位的交织，要求乡村教育数字化转型保持"动态平衡"的智慧：既要用技术打开通向未来的窗口，又要防止窗口吞噬原有的文化地基；既要培养适应数字社会的能力，又要守护乡村特有的生命节奏。这种平衡体现在三个层面：技术介入的尺度、评价体系的张力、发展节奏的把握。当屏幕上的代码与田垄间的秧苗共同生长，乡村教育便能在数字时代找到属于自己的进化路径，既不被时代抛弃，也不丢失自己的灵魂。

（三）学为中心和适性服务的原则

教育数字化转型的核心目标，是将学习从外部驱动的被动接受，转化为内在驱动的主动探索。这一目标在乡村教育场景中显得尤为重要，因为乡村学生的成长环境、文化背景与学习需求往往与城市学生存在显著差异。学为中心与适性服务的原则，正是为了回应这种差异性，让每个学生都能在数字化的支持下找到属于自己的学习节奏与成长路径。学为中心与适性服务的原则，最终指向"以学习者为本"的教育新生态。在乡村教育的数字化转型中，这种生态不仅意味着技术工具的普及，更是一种教育文化的重塑：让每个学生都能在数字化技术的支持下，找到属于自己的学习节奏与成长路径；让每所学校都能在技术赋能中，焕发出独特的生命力。当学习成为一场充满乐趣与意义的探索之旅，乡村教育的未来便不再是对城市模式的追赶，而是一条通向多元可能性的创新之路。

学为中心的理念，要求教育数字化转型彻底摒弃"教为中心"的传统模式，转而围绕学习者的真实需求重构教育生态。在乡村教育中，这种重构不仅意味着技术工具的更新，更是一场教育文化的深层变革：从"教师讲、学生听"的单向传递，转向"学生探、教师导"的双向互动；从统一化的课程进度，转向个性化的学习路径设计。例如，通过智能学习平台，乡村学生可以根据自己的兴趣选择乡土文化探究项目，或围绕农业生产中的实际问题展开跨学科学习。这种转变不仅释放了学生的学习主动性，也让教育更贴近乡村生活的真实场景，使学习成为一种与生活经验深度交织的探索过程。

适性服务则是学为中心理念的技术延伸。它通过数据驱动的精准分析，为每个学生提供量身定制的学习支持。在乡村教育中,适性服务的意义尤为突出:面对学生家庭背景、文化认知、数字素养的多样性,统一化的教学模式往往难以奏效。而数字化工具可以通过学习画像技术,动态捕捉学生的知识水平、学习风格、情感状态等多维度信息,进而生成个性化的学习方案。例如,对于数字素养较低的学生,系统可以优先推荐图文结合的离线资源;对于学习动机不足的学生,则通过游戏化设计激发探索兴趣。这种服务不是简单的技术适配,而是通过数据洞察与教育智慧的融合,让每个学生都能在适合自己的节奏中成长。

(四)人机协同和数据赋能的原则

人机协同的核心在于充分发挥机器与人类的各自优势,实现互补与共生。机器智能在数据处理、模式识别和自动化执行方面具有显著优势,能够高效地完成重复性、计算密集型任务。人工智能可以通过分析学生的学习数据,精准识别其知识盲点,并提供个性化的学习建议;智能教学系统可以自动批改作业、生成学习报告,减轻教师的负担。然而,机器智能的局限性在于其缺乏人类的创造力、情感理解力和道德判断力。这些能力是人类独有的,也是教育过程中不可或缺的要素。人类的抽象思维和创造力能够帮助学生在复杂问题中找到创新的解决方案;社会情感能力则使教师能够理解学生的情感需求,营造温暖的学习氛围;领导力则使教育管理者能够统筹全局,制定科学的教育政策。在人机协同的框架下,技术与人类能力相互补充,共同推动教育质量的提升。

数据赋能是人机协同的重要基础。通过数据的采集、分析和应用,学习突破了时间、空间、能力和信息的限制,打破了传统的教育壁垒。学习不再局限于课堂内的固定时间,学生可以通过在线平台随时随地进行学习;学习资源也不再受限于地域,学生可以访问全球范围内的优质教育资源;学习方式也更加多样化,学生可以通过虚拟现实和增强现实技术,沉浸式地体验学习内容。数据赋能还创新了教育评价手段,传统的评价方式往往依赖于考试成绩,而数据驱动的评价则能够全面记录学生的学习过程和学习成果,形成"全息画像"。这种多维度的评价不仅能够更准确地反映学生的综合能力,还能为教师提供科学的教学改进依据。此外,数据赋能还为教育研究提供了丰富的数据资源,推动了教育理论和实践的创新。

人机协同与数据赋能的原则为乡村教育数字化转型提供了新的路径。通过智能教学系统和在线教育平台,乡村学生可以接触到优质教育资源,享受个性化的学习支持;虚拟现实和增强现实技术则为乡村学生创造了沉浸式的学习体验,激发学习兴趣。数据赋能则通过全面记录和分析学生的学习过程,为教师和教育管理者提供科学依据,帮助制定更有针对性的教育策略。

(五)终身学习和伴随记录原则

2020年,联合国教科文组织终身学习研究所正式出版了《拥抱终身学习的文化》,系统勾勒了迈向2050年终身学习文化的图景,提出了终身学习生态系统的八大要素、四大目标和十大行动方向,使终身学习成为教育政策的指导原则,并为人们提供终身学习的机会。终身学习原则的核心在于打破传统教育的时空限制,赋予个体在任何时间、任何地点、以任何形式进行学习的机会和能力。

伴随记录原则是终身学习的重要支撑,它强调通过技术手段全面、全程、多模态地记录学习者的学习过程和学习成果。伴随记录不仅包括传统的考试成绩和课程完成情况,还涵盖学习者的学习行为、学习路径、学习兴趣以及学习反馈等多维度信息。

在乡村教育数字化转型的背景下,终身学习原则和伴随记录原则的结合具有特殊的意义。乡村地区由于地理、经济和社会条件的限制,长期以来面临教育资源匮乏、教育质量不高以及学习机会有限等问题。数字化转型为乡村教育带来了新的可能性,而终身学习和伴随记录原则为这种转型提供了理论支撑和实践路径。终身学习原则为乡村教育数字化转型指明了方向。通过数字化技术,乡村学生可以突破地域限制,接触到更广泛的学习资源和机会。在线课程、虚拟实验室和远程教学平台等数字化工具,可以为乡村学生提供与城市学生同等的学习体验。同时,终身学习原则强调学习的灵活性和自主性,这为乡村学生提供了更多样化的学习方式,使他们能够根据自己的兴趣和需求选择学习内容和节奏。伴随记录原则为乡村教育数字化转型提供了技术支持,通过数字化平台,乡村学生的学习过程可以被全面记录和分析。这些数据不仅可以帮助学生了解自己的学习进展,还可以为教师提供科学的教学依据,使其能够更好地满足学生的个性化需求。此外,伴随记录还可以为教育管理者提供数据支持,帮助他们评估教育政策的效果,优化资源配置,从而提升乡村教育的整体质量。

终身学习原则和伴随记录原则的结合,为乡村教育数字化转型提供了理论框架和实践路径。通过数字化技术,乡村学生可以享有更加公平和优质的教育机会,而伴随记录则使学习过程更加科学和高效。这种结合不仅有助于缩小城乡教育差距,还能为乡村地区的可持续发展提供人才支持。最终,实现全民终身学习的愿景,需要全社会的共同努力和持续投入,而乡村教育的数字化转型将是这一进程中不可或缺的重要环节。

(六) 多维评价和可信证据的原则

在教育数字化转型的背景下,教育评价的理念和方法正在发生深刻变革。传统的教育评价往往以甄别和选拔为主要目的,侧重于对学生的学业成绩进行单维度的量化评估。这种评价方式虽然在一定程度上满足了选拔性需求,却忽视了评价对学习者发展的促进作用,也难以全面反映学生的综合能力和成长过程。随着教育数字化转型的深入推进,教育评价需要从单一维度的静态评价转向多维度的动态评价,从经验主导转向数据驱动,从单一主体转向多元主体协同,从而构建一个更加科学、公平和高效的评价体系。

教育评价的核心目标应从"重甄别、重选拔"转向"以评促学、以评促教、以评促管",即以评价促进学习者的发展、教师的教学改进以及学校的管理优化。这一目标要求评价体系从单维评价转向多维评价,不仅关注学生的学业成绩,还要综合评价学生的核心素养、实践能力、创新能力以及情感态度等多方面的发展。对教师的评价也应从单一的教学效果评估转向综合的教学能力、专业发展以及教育创新能力的评价。对学校的评价则需要从升学率等单一指标转向学校整体教育质量、管理水平以及社会影响力的综合评价。这种多维评价体系能够更全面地反映教育活动的实际效果,为教育决策提供科学依据。

传统的教育评价多依赖于经验判断和主观印象,缺乏科学的数据支持。而在教育数字化转型的背景下,评价方法与依据需要从经验主导转向数据驱动,基于循证思想,多维度收集过程性和动态性数据,构建多元评价体系。通过数字化技术,学生的学习行为、学习过程、学习成果以及情感状态等多维度数据可以被实时记录和分析,形成"全息画像",从而实现对学习者的全面精准评价。

传统的教育评价主体通常局限于教师或学校管理者,评价过程缺乏多元主体的参与。而在教育数字化转型的背景下,评价主体需要从单一性转向多元化,坚持多元主体参与,多方力量协同。学生可以通过自我评价和同伴评价,反思自己的学习过程和成果;家长可以通过参与评价,了解孩子的学习进展并提供支持;企业和社会组织可以通过参与职业教育评价,为人才培养提供实践导向的建议。多元主体协同的评价模式,不仅能够增强评价的全面性和公正性,还能促进教育生态系统的良性发展。

在多维评价的基础上,可信证据是确保评价科学性和有效性的关键。数据作为新兴的战略性资源,能够有效驱动劳动力、资本、技术、管理等要素的网络化共享、集约化整合、协作化开发和高效化利用。数据的价值在于其可信性。在庞杂的数据中识别可信数据,是充分开发利用数据资源的前提和关键。可信证据的获取需要依靠科学的数据采集方法、严格的数据验证机制以及透明的数据使用规则。

多维评价与可信证据的结合,为乡村教育数字化转型提供了科学化和人性化的新路径。通过数据驱动的多维评价,乡村教育者能够更全面地了解学生的学习过程和发展需求,从而提供更有针对性的支持和指导。同时,可信证据的支持能够确保评价的客观性和公正性,帮助乡村学生获得更公平的教育机会。通过这种评价方式的创新,乡村教育可以突破资源限制,为学生提供更加个性化、多样化的学习体验,助力他们实现全面成长,为乡村教育的振兴和可持续发展奠定坚实基础。

（七）迭代进化和持续创新的原则

在经济社会数字化和科技数字化快速迭代的背景下,教育系统正面临着前所未有的挑战和机遇。传统的教育体系因其固有的稳定性和保守性,往往难以迅速适应外部环境的变化。随着数字化转型的深入推进,教育系统亟须通过全要素、全业务、全领域和全流程的阶段性、持续性变革,实现从内到外的全面升级。这种变革不仅是为了应对数字化时代的冲击,更是为了回归教育的本质,即以促进学生全面发展为核心,同时向社会输出文化影响力,发挥教育引领社会、规划未来的重要作用。

教育系统的迭代进化,是指在数字化转型过程中,通过不断试错、优化和升级,逐步逼近教育目标的过程。这种进化并非一蹴而就,而是一个复杂而动态的持续改进过程。教育问题的复杂性和多样性决定了单一解决方案往往难以奏效,而是需要通过多次迭代,不断分析问题、调整策略、优化方案,最终实现教育质量的全面提升。迭代进化强调渐进式改进,而持续创新则注重突破性发展。在教育数字化转型的过程中,创新是推动教育系统跨越式发展的核心动力。这种创新不仅体现在技术应用上,还包括教育理念、教学模式、评价体系以及管理机制的全方位革新。

迭代进化与持续创新的原则强调通过不断试错、优化和升级,逐步逼近教育目标,同时注重突破性创新,推动教育系统的跨越式发展。在乡村教育数字化转型中,迭代进化帮助教育者通过数据分析和技术应用,动态调整教学策略,满足学生的个性化需求;而持续创新则通过引入新技术、新模式和新理念,打破传统教育的局限,为乡村学生提供更加丰富和多样化的学习机会。这一原则的实施需要在尊重现有规则的基础上,逐步推动教育政策和管理制度的优化,确保数字化转型的平稳推进。通过迭代进化与持续创新,乡村教育系统能够在保持稳定性的同时,实现教育质量的全面提升,为乡村学生创造更加公平、优质的教育环境,助力乡村教育的振兴与长远发展。

(八) 系统开放和生态发展的原则

在经济全球化的背景下,数字化转型已成为推动社会进步和经济发展的重要动力。随着数字技术的快速发展,教育系统正经历深刻变革。数字化转型不仅为教育领域带来了技术革新,还促进了跨文化国际交流与合作的发展。在这一过程中,教育系统的开放性与生态化发展至关重要。封闭的教育系统会限制其创新能力的提升,而开放的教育生态则能够更好地整合全球化资源与机遇,推动教育质量的全面提升。

数字化转型为教育系统带来了无限的可能性,尤其是在跨文化教育领域。通过与国外主流科技和理念的融合,教育系统可以突破地域和文化的限制,为学生提供更加多元化和国际化的学习体验。这种融合不仅能够丰富教育内容和形式,还能促进不同文化背景下的教育理念和教学模式的交流与借鉴。然而,要实现跨文化教育系统的深度融合,教育系统必须打破自身的边界,积极参与到全球化的教育生态中。这不仅需要技术上的开放,还需要理念上的创新。教育系统应以开放的心态,吸收和借鉴国外先进的教育理念和教学模式,同时结合本土文化的特点,构建具有国际视野和本土特色的教育体系。

在对外开放层面,教育系统需要加强与先行国家的数字战略对接,积极参与国际数字教育合作。通过举办数字教育论坛,推动成立数字教育发展联盟,促进优质数字教育资源的共享,教育系统可以提升自身的国际化水平,并为教育资源的均衡分配提供支持。此外,教育系统还应推进在数字教育标准制定、网络数字空间治理等方面的国际合作。通过制定统一的数字教育标准,确保不同国家和地区的教育资源能够互联互通,为学生提供无缝衔接的学习体验。同时,网络数字空间的治理合作则能够为教育系统的数字化转型提供安全可靠的环境。在技术开放层面,教育系统需要开通与主流管理系统和数据库的接口和通道,如多功能数据调用接口、身份认证接口、业务系统接口、算法共享通道等。这种技术开放不仅能够实现多平台的全覆盖,还能为全息记录和可信证据提供数据支持。通过多功能数据调用接口,教育系统可以实时获取学生的学习数据,分析其学习行为和效果,从而提供个性化的学习建议;通过身份认证接口,可以确保学生信息的安全性和隐私性;通过算法共享通道,可以促进教育技术的创新和应用。

教育数字化转型事关教育领域全要素、全流程、全业务、全领域的发展,与数字技术、社会文化、经济利益相互交织,形成了错综复杂的教育网络。要实现教育系统的可持续发展,必须从系统开放的视角,打破各种壁垒,以生态化战略促进面向未来的美好教育生态发展。生态化战略强调教育系统与外部环境的协同发展。通过构建开放的教育生态,教育系统可以充分利用全球化的资源和机遇,实现教育质量的全面提升。

第二节　基于多元主体的乡村教育数字化发展策略

乡村教育数字化转型是推动乡村教育高质量发展的关键引擎,而这一宏大进程离不开多元主体的协同发力。教育者、管理者以及共同体,分别在教学实践、统筹规划和资源整合等方面发挥着不可替代的作用。提升教育者数字素养,能够为教学注入新活力,打造转型所需的"专业力",让前沿的数字技术切实融入日常教学;培养管理者数字素养,则能增强其统筹规划能力,锻造引领转型方向的"领导力",保障转型工作有序推进;推动共同体数字建设,有利于凝聚各方力量,凝聚起助力转型的"向心力",实现资源共享与优势互补。唯有三方主体共同提升数字素养,凝聚合力,乡村教育数字化转型才能稳步前行,迎来崭新的发展局面。

一、提升教育者数字素养,打造转型"专业力"

教师是教育过程的直接引导者,他们的数字能力直接关系数字化教育资源能否有效融入教学,进而影响乡村儿童的学习体验与成效[①]。提升教师的数字素养,意味着他们要掌握应用数字化工具的方法,能够灵活运用数字化工具丰富教学手段、创新教学模式。更重要的是,教师要更深入地理解数字时代学生的学习需求,并运用各种数字化的手段来激发学生的学习兴趣,培养其批判性思维和创新能力。因此,加强教师的数字素养,是推动乡村教育数字化转型的关键一环,对于缩小城乡教育差距、促进教育公平、实现乡村教育的现代化具有不可估量的价值。

(一)采用多种方式加强宣传

为切实推动乡村教育数字化转型进程,充分发挥数字化技术在乡村教育领域的积极作用,相关部门需着力通过多样化、全方位的政策宣传手段,促使乡村教师针乡村教育数字化转型形成正确且全面的认识。线上宣传凭借其传播范围广、速度快的特点,能够突破地域和时间限制,让乡村教师无论身处何地,都能及时接收转型政策的相关信息,全面了解转型的战略方向与深远意义。线下宣传则以面对面交流的形式,营造深度沟通的沉浸式氛围,帮助教师精准把握政策要点,消除认知误区。通过线上线下协同的政策宣传,能够系统性地向乡村教师传递乡村教育数字化转型的重要理念,促使他们从思想层面深刻理解转型的必要性,进而激发教师主动投身转型的内在动力,提升其运用数字技术的积极性,为乡村教育数字化转型提供坚实的人力支持。

首先,利用线上学习平台,推送有关教育数字化政策的深度文章与案例分析。例如,可以组织乡村教师学习《中共中央、国务院印发〈教育强国建设规划纲要(2024—2035年)〉》《中国教育现代化2035规划》《新一代人工智能发展规划》《教育信息化2.0行动计划》等

---

① 黄庆双,张岩.乡村教师数字素养的生成逻辑、困境根源与发展路径[J].现代教育管理,2024(12):108-116.

政策文件,来深度了解国家教育发展的最新趋势①。同时,乡村教师又可以学习现有的教育数字化转型的成功案例,总结其中的成功经验。通过这些宣传方式,帮助乡村教师清晰地理解政策导向与目标,形成对乡村教育数字化转型的正确认识,从而有效激发其对数字化教育工具和方法的应用热情,使他们积极主动地融入乡村教育数字化的浪潮之中,为乡村教育事业注入新的活力与动力。

其次,可组织专门的政策解读讲座,邀请教育领域专家深入乡村,为教师们详细阐释数字化转型对乡村教育质量提升、学生全面发展的深远意义。专家凭借深厚的专业知识与政策解读能力,全面且深入地剖析政策要点,详细讲解国家对乡村教育数字化建设的资金扶持方向、政策倾斜重点,以及推动乡村教育数字化转型的长期规划。乡村教师迅速理解政策导向,明确自身在转型中的角色与责任,从而在教学中更准确地践行政策要求。在交流互动环节,教师们可将对政策的疑问、落实中的困难提出,专家结合实际案例答疑解惑,帮助教师规避政策执行误区,增强推进教育数字化的信心,为乡村教育的创新发展注入强大动力。

（二）构建教师培训体系

为高效推进乡村教育数字化转型,全面提升乡村教育质量,构建一套科学、系统且具针对性的乡村教师教育培训体系至关重要②。构建科学、系统且有针对性的乡村教师教育培训体系,通过合理安排课程设置与定期实践演练指导,提升教师数字化素养与教学能力,助力其理解落实教育数字化转型政策,缩小城乡教育差距,推动乡村教育高质量发展,为乡村学生提供更优质的教育服务。

培训内容不仅需要涵盖前沿数字化教学理论与实操技能,还需重点融入数字伦理知识,以全面培养教师的数字素养。通过案例分析、专题研讨等方式,助力教师深刻理解在数字化教学中保护学生隐私、尊重知识产权以及防范网络欺凌的重要性,能够使学生在学习数据分析及网络资源引用时遵循相应规范,维护正常的网络环境。同时,依据教师数字素养水平分层设置教学内容,为基础薄弱者提供计算机基础操作、网络使用等知识,为有一定基础者开设大数据分析在教学中的应用、人工智能教育工具深度使用等进阶课程,进而实现具备不同层级数字化知识的教师都能够得到发展。

在培训机制方面,应构建长期稳定的培训规划。每学年至少组织一次为期一周的线下集中培训,设置小组讨论与实践操作环节,并利用寒暑假开展为期两周的深度培训,强化理论与技能;学期中则安排固定的碎片化线上学习时段,从而实现对教师数字素养的长效培养。此外,搭建线上交流平台至关重要,创建乡村教师数字化教学交流论坛,设置线上答疑专区,定期邀请专家入驻,借助线上平台开展讲座,并留存视频供教师回看学习。通过这一全方位的教育培训体系,逐步提升乡村教师数字化教学能力,推动其积极投身乡村教育数字化转型,助力乡村教育迈向高质量发展的新台阶。

---

① 徐如梦,孙众.指向乡村教师数字素养提升的远程学习支持服务体系研究[J].现代教育技术,2025,35(1):120-127.

② 李梦莹,陈飞.区域教育数字化转型升级的问题挑战与政策建议[J].中国电化教育,2024(12):65-72.

（三）制定教学规章制度

扎实推动乡村教育数字化转型，全方位提升乡村教育数字化水平，制定详尽且切实可行的数字化教学规章制度，并建立行之有效的数字化教学评价监管机制①。这能让乡村教师明确数字化教学规范，保证教学活动有序开展，通过科学评价和有效监管，及时发现问题并优化教学，推动乡村教育数字化转型高质量发展，提升乡村教育质量。

在规章制度方面，要明确乡村教师在数字化教学资源获取与运用上的规范，正确树立乡村教师数字化应用的良好形象。要求从正规权威渠道获取资源，如指定教育资源平台、专业数据库等，严格按版权规定使用，杜绝侵权行为；规定教师日常教学中数字化教学手段的应用频率与基本要求，确保课程内容与数字化教学深度融合，同时依据课程标准和学生特点合理设计数字化教学方案，充分利用多媒体资源增强教学吸引力与实效性，针对线上教学制定明确的课堂纪律规范。

数字化教学评价监管机制需从多维度构建，设立专门的评价指标体系，涵盖教学过程中数字化工具运用效果、学生参与度与学习成果提升情况等；通过专业教育督导人员定期课堂观察，记录教师教学环节表现；借助线上教学平台数据统计功能收集学生学习行为数据，分析教学效果；建立定期反馈机制，将评价结果及时反馈给教师，助其改进教学；设立奖励与惩罚机制，对表现突出的教师给予物质奖励、荣誉称号等表彰，对未按规定开展数字化教学或教学效果不佳的教师，采取培训帮扶或减少评优评先机会等措施，以此引导乡村教师积极规范地投入乡村教育数字化转型工作，为乡村教育高质量发展提供有力保障。

二、培养管理者数字素养，锻造转型"领导力"

在乡村教育数字化发展的进程中，管理者肩负着统筹规划、引领方向的重要职责，提升管理者的数字化素养是推动乡村教育成功实现数字化转型的重要举措②。管理者作为乡村教育发展的决策者和组织者，其数字化素养的高低直接影响着教育资源的合理配置、教育政策的有效执行以及教育教学活动的创新开展。具备良好数字化素养的管理者，能够敏锐洞察数字时代的教育发展趋势，精准把握乡村教育的实际需求。在分析学校现有条件、教育发展最新趋势和国家教育政策等多方面的基础之上，制定出科学合理且切实可行的发展策略，带领乡村教育在数字化浪潮中稳步前行。

管理者要深入理解国家数字化战略，以此来正确规划并合理组织乡村教育的数字化转型。国家的数字化战略为乡村教育的发展指明了方向，管理者需认真研读相关政策文件，深刻领会其精神内涵，将国家战略与乡村教育的实际情况紧密结合。在制定本地教育发展规划时，依据学校实际建立特色化的发展路径，充分融入数字化元素，合理布局数字

---

① 付卫东,汪琪.乡村教育数字化转型：价值意蕴、风险隐忧与策略调适[J].河北师范大学学报(教育科学版),2024,26(5)：83-90.

② 胡姣,彭红超,祝智庭.教育数字化转型的现实困境与突破路径[J].现代远程教育研究,2022,34(5)：72-81.

化教育资源,确保乡村教育在数字化转型的道路上行稳致远。例如,依据国家对教育信息化的要求,制定乡村学校数字化基础设施建设的时间表和路线图,推动优质数字教育资源的广泛覆盖与高效利用。

管理者应具备前瞻精神,拥有创造能力。数字技术发展日新月异,数字教育的发展也是一日千里,这就要求乡村教育的管理者不能因循守旧,要以开放的心态和敏锐的洞察力,密切关注教育领域的前沿动态和新兴技术。并且勇于尝试新的教育理念和教学模式,如在线教育、人工智能教育等,结合乡村教育的特点和需求,探索出适合本地的创新发展路径。通过创新管理方式,激发教师和学生的积极性与创造力,为乡村教育注入新的活力。比如,尝试建立数字化教育创新实验区,鼓励教师开展数字化教学实践探索,及时总结经验并推广应用。

在实践层面,管理者要切实提高数字化执行能力。制订完善的数字化教育实施方案,明确各阶段的目标和任务,将数字化转型的各项举措细化到具体的工作环节。加强对数字化项目的组织与管理,合理调配人力、物力和财力资源,确保项目的顺利推进。同时,建立有效的监督评估机制,对数字化教育工作的进展和效果进行实时跟踪与反馈,及时发现问题并加以解决。例如,定期对学校的数字化教学设备使用情况、教师的数字化教学能力提升情况进行评估,根据评估结果调整工作策略。

管理者要积极参与培训,不断提升自身的数字化素养。管理者如果数字素养过低,就无法在教师之中树立一个积极学习教育数字化应用数字化的良好形象,就无法真正引领学校氛围内教育数字化转型[①]。管理要积极组织并参加各类专业的数字化培训课程,学习先进的数字化管理理念和技术工具,拓宽自己数字化视野和知识面。同时要积极地与其他地区的管理者进行经验交流与分享,吸收接纳成功的数字化转型案例,结合本地实际加以运用。通过持续学习,不断更新自己的数字化知识,提升在数字化环境下的管理决策能力和问题解决能力,更好地适应乡村教育数字化发展的需求。

三、推动共同体数字建设,凝聚转型"向心力"

在乡村教育数字化发展的宏大背景下,构建教育共同体是一项具有深远意义的关键举措。乡村教育长期面临着资源匮乏、师资力量薄弱等诸多困境,单凭某一方的力量难以实现根本性的突破。而教育共同体能够整合政府、学校、社会等多方资源,形成强大的合力,能够为乡村教育数字化转型提供全方位的支持。这能够打破传统教育中各主体之间的壁垒,有助于信息更广泛地流通与共享,使得先进教育理念、有效教学方法、优质教育资源等能够在不同主体间充分交流与融合,有助于实现教育公平。通过构建教育共同体,能够激发乡村教育的内在动力,提升乡村教育的整体质量,推动乡村教育的可持续发展,为乡村学生提供更加优质、均衡的教育环境。

首要任务是着力构建政府部门、学校以及教师专业发展共同体[②]。政府部门在乡村

---

① 李锋,顾小清,程亮,等.教育数字化转型的政策逻辑、内驱动力与推进路径[J].开放教育研究,2022,28(4):93-101.

② 袁振国.数字化转型视野下的教育治理[J].中国教育学刊,2022(8):1-6,18.

教育数字化发展中起着宏观调控和资源保障的关键作用。政府应加大对乡村教育数字化建设的资金投入,完善乡村学校的网络基础设施,确保数字教育资源能够顺畅地输送到乡村课堂。同时,制定相关政策,激励优秀教师到乡村任教,还要确保优秀教师能够留在乡村,切实提高乡村教师的待遇和社会地位。学校作为乡村教育数字化的直接实施主体,要积极配合政府的工作,根据自身实际情况制定数字化发展规划,合理利用政府提供的资源,推动学校的数字化教学改革。教师专业发展共同体能够为教师提供一个相互学习、交流和成长的平台。通过定期组织教学研讨、经验分享等活动,促进教师之间的思想碰撞,共同提升数字化教学能力。例如,政府可以组织区域内的乡村学校与城市优质学校结对帮扶,建立教师交流机制,让乡村教师能够学习到先进的教学理念和方法,同时城市教师也能深入了解乡村教育的需求,实现互利共赢。

基于专业发展共同体,积极打造云端学习共同体。在新媒体和数字技术迅猛发展的今天,云端学习共同体为乡村教育带来了新的机遇[1]。借助互联网和云计算技术,打破地域限制,将乡村教师、学生与优质的教育资源紧密连接起来。云端学习共同体可以为教师提供丰富的在线培训课程,涵盖数字化教学技能、课程设计、教育信息化理论等多个方面,满足教师个性化的学习需求。教师可以根据自己的时间和能力,自主选择学习内容和学习进度,不断提升自己的专业素养。对于学生而言,云端学习共同体提供了海量的学习资源,如电子图书、在线课程、虚拟实验室等,拓宽了学生的学习渠道,激发了学生的学习兴趣。同时,学生还可以通过云端平台与其他地区的学生进行交流互动,分享学习心得,开阔视野。例如,开发专门的乡村教育云端学习平台,整合各类优质教育资源,为乡村教师和学生提供一站式的学习服务,促进乡村教育的数字化发展。

第三节　乡村教育数字化发展的路径选择

在乡村振兴战略持续推进的大背景下,乡村教育数字化发展已成为提升乡村教育质量、促进教育公平的关键举措。然而,乡村教育数字化并非一蹴而就,需要清晰的路径指引。加强顶层设计,完善制度保障是基础,通过科学规划与政策支持,为乡村教育数字化奠定坚实的政策根基;优化战略部署,完善实施机制,涵盖建立监测机制与健全评价体系,以此确保数字化进程稳步推进,精准把握发展方向;完善基础设施,促进资源共享则是核心支撑,夯实硬件基础,打通资源流通渠道,让乡村师生能够切实享受到数字化带来的红利。只有多管齐下,才能让乡村教育在数字化浪潮中实现质的飞跃。

一、加强顶层设计,完善制度保障

在乡村教育数字化转型的进程中,加强顶层设计、完善制度保障是具有根本性和先导性的关键任务。这一举措不仅关系教育资源的优化配置,更是实现教育公平、促进乡村振

① 柯清超,刘丽丽,鲍婷婷,等.国家智慧教育平台赋能区域教育数字化转型的四重机制[J].中国电化教育,2023(3):30-36.

兴的重要战略举措。顶层设计如同绘制建筑蓝图,是乡村教育数字化发展的宏观指引,需要立足国家教育现代化战略,倘若缺乏科学合理的顶层设计,乡村教育数字化发展就可能陷入方向不明、布局混乱的困境;制度保障则是稳固大厦的基石,为发展提供坚实的支撑,通过建立健全政策体系,确保各项举措落地实施,没有完善的制度保障,再好的规划也难以落地生根,发展过程中可能遭遇各种阻碍与不确定性。只有加强顶层设计与制度保障,才能让乡村教育数字化发展沿着正确的轨道稳步推进,实现资源的高效配置和发展的可持续性,为乡村教育质量提升筑牢根基。

(一)国家积极引领

国家层面应积极发挥引领作用,出台具有权威性和指导性的文件[①]。这些文件要高瞻远瞩,明确乡村教育数字化转型的总体目标,将缩小城乡教育数字化差距、提升乡村教育质量、促进乡村儿童全面发展等作为核心目标。在路径规划上,详细阐述如何从硬件设施建设、软件资源开发、师资队伍培训等多个维度协同推进。例如,在硬件设施方面,制定乡村学校网络全覆盖的具体举措,确保在规定的时间内实现乡村学校网络的全覆盖。这不仅包括网络基础设施的搭建,如光纤铺设、无线网络覆盖等,还要考虑网络的稳定性和带宽是否能够满足教育教学的需求。同时,要配备相应的硬件设备,如多媒体教室、计算机教室、智能教学终端等,为乡村学校创造良好的信息化教学环境。此外,还应制定相应的维护和更新机制,确保硬件设施的长期稳定运行。在软件资源开发方面,明确优质数字教育资源接入乡村课堂的具体方式和要求,一方面,要大力推广应用国家中小学智慧教育平台,通过组织培训、提供技术支持等方式,让乡村教师能够熟练运用该平台的优质资源,丰富教学内容,创新教学方法。另一方面,要注重地方特色数字资源的开发与共享,结合乡村地区的文化、历史、地理等特色,开发具有地域特色的数字教育资源,如乡土文化课程、地方历史纪录片等,增强乡村学生对本土文化的认同感和自豪感。同时,要建立资源共建共享机制,鼓励乡村学校之间、城乡学校之间进行资源共享,实现优质教育资源的最大化利用。在师资队伍培训方面,文件应该制订系统的乡村教师素养提升计划,在培训内容的设计上,既要注重提升信息技术应用能力,包括多媒体教学工具的使用和在线教学平台的操作,也要聚焦教育教学理念的更新,如项目式学习的实施方法和个性化教学的策略。在培训方式上,要采取线上线下相结合的模式,线上通过网络课程、在线研讨等方式,为教师提供便捷的学习渠道;线下通过集中培训、校本研修、专家讲座等形式,增强培训的针对性和实效性。同时,要建立科学合理的考核标准,对教师的培训效果进行评估,确保培训质量,促进乡村教师专业成长。此外,还应制定科学严谨的评估标准,从教学效果、学生满意度、资源利用率等多方面进行量化评估,定期对乡村教育数字化转型的成效进行考核,确保转型工作始终朝着预定目标前进,有效整合各方资源,形成推进乡村教育数字化转型的强大合力。

①　陈云龙,孔娜.我国教育数字化转型的基础、挑战与建议[J].中国教育学刊,2023(4):25-31.

（二）政府因地制宜

地方政府需要制定切实可行的具体实施方案和行动计划。地方政府在乡村教育数字化发展中扮演着承上启下的重要角色。在国家指导性文件的框架下，地方政府要深入调研本地乡村教育的实际情况，包括学校分布、师资力量等。结合这些实际因素，制订切实可行的具体实施方案和行动计划。对于经济相对发达、教育基础较好的乡村地区，可以率先推进智能化教学设备的普及，开展数字化教学示范学校建设，打造标杆案例，以点带面推动区域发展；而对于经济欠发达、教育资源相对匮乏的乡村地区，地方政府应重点加大资金投入，优先保障网络基础设施建设和基础数字教学资源的供给。可以采取"分步走"的方式：第一步实现所有学校宽带网络全覆盖，第二步为每个班级配备多媒体教学设备，第三步建设标准化的实验教室①。建立城乡学校结对帮扶机制，推动优质资源向乡村学校辐射，促进城乡教育均衡发展。为保证方案落地见效，地方政府还可以制定详细的任务分解表和时间进度表，将各项工作任务落实到具体部门和责任人，定期对工作进展进行检查和督促，确保国家政策能够在本地精准落地，切实推动乡村教育数字化转型工作有序开展。

地方政府在制订实施方案和行动计划时还可以适当注入乡村特色，服务于乡村教育数字化。在数字化教学中融入乡村地域文化、民俗传统等内容，增强学生的文化认同感和自豪感。例如，开发乡土文化数字课程，组织专家、教师和当地文化传承人，共同开发以乡村地域文化、民俗传统、非物质文化遗产等为主题的数字化课程，并将其纳入地方课程或校本课程体系。此外，还可以利用数字化平台，组织开展线上线下结合的乡土文化活动，如乡村文化节、民俗展演、非遗传承人讲座等，拓宽学生视野，激发学习兴趣。

二、优化战略部署，完善实施机制

在乡村教育数字化转型的进程中，优化战略部署并完善实施机制，是确保乡村教育数字化发展能够顺利推进、达成预期目标的核心环节。科学合理的战略部署能够对有限的资源进行高效配置，避免资源浪费和发展的盲目性；而完善的实施机制则是将战略规划转化为实际行动的有力保障，确保各项措施能够落地生根，产生实实在在的教育成效。具体来说，优化战略部署可以从顶层设计入手，结合乡村教育的实际需求和资源条件来制定切实可行的教育数字化发展规划。首先，明确乡村教育数字化转型的目标和路径，确保战略部署的可操作性和有效性。其次，要注重教育资源的合理配置，优先解决乡村教育在硬件设施、数字教育资源等方面的短板问题，可以通过政府主导企业参与的方式，建立乡村教育数字化专项基金，用于支持技术设施建设、教师培训以及数字资源开发。在完善实施机制方面，需要建立健全的组织管理体系，明确各级教育行政部门、学校和相关机构的职责分工，形成上下联动、协同推进的工作布局。建立常态化的监测与评估机制，定期对乡村教育数字化项目的实施情况进行跟踪评估，及时发现问题并加以改正。同时，要注重教师队伍的数字化能力建设，通过开展专项培训、建立激励机制等方式，提升乡村教师的数

---

①　朱永新，杨帆.我国教育数字化转型的现实逻辑、应用场景与治理路径[J].中国电化教育，2023(1)：1-7,24.

字技术应用能力和数字化教学水平。通过优化战略部署和完善实施机制,乡村教育数字化转型将能够更加有序高效地推进,使乡村教育在数字化浪潮中把握机遇,实现教育质量的跨越式提升,缩小与城市教育的差距,为乡村儿童提供更加公平、更加优质的教育服务。

(一) 创新教育管理与组织形式

借助云计算和大数据技术,构建集成化的教育管理平台,能够有效整合分散的网络教学资源,打破资源孤岛现象。构建集成化的教育管理平台需要从技术架构、资源整合、数据应用等多个层面进行系统性设计①。首先,在技术架构方面,应该采用分布式云计算架构,确保平台的高可用性和可扩展性,使其具备良好的兼容性和开放性,能够与现有的教育管理系统、教学工具和学习平台无缝衔接。其次,在资源整合方面,平台应该建立统一的教育资源标准,对各类教育资源进行规范化的分类管理。此外,平台还应该具有资源的动态更新和共享机制,鼓励教师、学校和教育机构上传优质教育资源,形成共建共享的良性生态。

在数据应用方面,集成化教育管理平台应充分发挥大数据技术的优势,构建多维数据分析模型。通过云计算的强大计算能力和大数据的分析功能,对教育管理过程中的各项数据进行实时监测和分析,如可以通过学习分析技术深度挖掘学生的学习行为数据,分析学生的学习偏好、知识掌握情况以及在学习中可能遇到的困难,为教师提供个性化的建议。同时,平台还可以通过教学质量评估模型进行量化分析,评价教师的教学设计、课堂互动以及作业布置等环节,帮助教师发现自身不足以及时调整改进。此外,平台还应该具有支持教育管理者的决策分析功能,通过可视化的工具呈现区域教育发展的整体情况,如教育资源分布、教学质量差异、学生学习成效等,为教育政策的制定和调整提供数据支持。

(二) 革新教学模式与学习方式

积极推广混合式教学模式,混合式教学模式的核心在于通过技术手段和教学设计的深度融合,实现线上线下的优势互补②。线上教学可以利用丰富的数字化教学资源,为学生提供个性化的学习内容和自主学习的空间,这种个性化学习模式不仅满足了学生的差异化需求,还为其创造了自主学习的空间,使学生能够根据自身的学习进度和理解程度,灵活安排学习时间和节奏,实现随时随地的泛在学习。通过整合优质的教育资源,如国家精品课程、名师公开课等,学生可以突破地域限制,接触到更广泛的知识领域。线下教学则注重师生之间的互动交流和实践操作,教师可以通过面对面的教学方式,及时了解学生的学习状态,为学生答疑解惑,并通过小组合作、项目式学习等方式,培养学生的合作能力和动手能力。在乡村教育中,线下教育还可以与当地实际相结合,利用自然环境和文化资

① 祝智庭,郑浩,许秋璇,等.教育数字化转型的政策导向与生态化发展方略[J].现代教育技术,2022,32(9):5-18.
② 毛雁冰,李心羽,赵露.教育数字化转型中在线教育质量提升研究[J].中国电化教育,2022(9):38-42.

源,设计具有地方特色的教学活动,增强学生的学习兴趣和参与感。

同时,加大数字化教学资源的开发力度,结合乡村教育的特点和学生的实际需求,开发具有针对性的多媒体课件、在线课程、虚拟实验室等教学资源。这些资源能够生动形象地呈现教学内容,激发学生的学习兴趣,提高教学效果,使乡村学生能够享受到与城市学生同等优质的教育资源,促进教育公平的实现。通过推广混合式教学模式和开发高质量的数字化教学资源,乡村教育不仅能够突破传统教学的时空限制,还能够为学生提供更加丰富、多元的学习体验。这种模式不仅有助于提升乡村教育的教学质量,还能够缩小城乡教育差距,促进教育公平的实现。

(三) 强化教师队伍建设

强化教师队伍建设,提升数字化教学能力,是推动乡村教育数字化转型的重要保障。

首先,针对乡村教师数字素养偏低的现状,应开展系统化培训,同时,根据教师自身的能力水平以及不同需求,设计分层分类的培训体系。在基础能力培训阶段,应着眼于数字化设备的基本操作和教学资源的获取与使用,帮助教师掌握必要的技术技能,通过开展设备操作、资源获取等实用性培训,帮助教师掌握多媒体教学设备的基本使用方法,熟悉国家中小学智慧教育平台等资源库的检索与下载功能。可以组织技术骨干深入乡村学校,指导教师使用电子白板、录播设备等教学工具,确保每位教师都能独立开展数字化教学;在能力提升阶段,则更加注重数字技术与学科教学的深度融合,通过案例教学、示范课展示等形式,引导教师将数字资源有机地融入教学设计,创新教学方法,提升教学效果。同时,要鼓励教师探索基于数据的精准教学,利用学习分析技术及时掌握学情,实施差异化教学。

其次,建立常态化支持机制,通过定期组织线上研修活动、构建教师学习共同体、提供技术支持和教学指导等方式,形成乡村教师数字素养提升的长效机制。线上研修活动可以邀请教育技术专家和优秀教师分享数字化教学的经验与案例,帮助乡村教师开阔视野、学习先进理念;教师学习共同体则通过建立区域内的教师协作网络,以县域为单位,建立跨学校的教师协作网络,通过线上线下相结合的方式,促进教师之间的经验交流与资源共享。可以设立"数字化教学研讨日",定期组织教师开展教学观摩、课例研讨等活动,形成互帮互学的良好氛围;技术支持团队应提供及时的技术咨询和故障排查服务,确保教师在教学中能够顺利使用数字化工具。这种常态化的支持机制能够为教师提供持续的学习和实践机会,帮助他们在实际教学中不断巩固和提升数字素养。

此外,完善激励机制,将教师的数字素养水平与职称评聘、评优评先等职业发展环节挂钩,激发教师主动学习和应用数字技术的积极性。具体而言,可以将教师参与数字化培训的学时、设计数字化教学案例的质量、开展信息技术与学科融合的成果等作为职称评聘的重要参考指标;同时,设立专项奖励基金,对在数字化教学中表现突出的教师给予表彰和奖励,树立典型榜样。这种激励机制不仅能够增强教师的学习动力,还能在乡村学校中营造良好的数字化教学氛围,推动数字化教育的全面普及。

通过系统化培训、常态化支持和激励机制的有机结合,全面提升乡村教师的数字素养和实施能力,为乡村教育数字化转型提供坚实的人才支撑。在这一过程中,政府、学校和社会各界应协同合作,确保培训资源的充足性、支持机制的有效性和激励政策的可持续性,从而为乡村教育的高质量发展奠定坚实基础。

（四）整合社会各方力量

为推动乡村教育数字化高质量发展,构建现代化教育支撑体系,需建立健全多部门协同推进机制。乡村教育数字化是一项系统性工程,涉及教育、财政、工信、科技等多个职能部门,各部门必须协同合作,形成合力共同推动乡村教育数字化进程。教育部门要切实担负起统筹规划的责任,深入调研乡村学校实际需求,科学制定中长期发展规划和年度实施方案。规划要立足当前、着眼长远,明确阶段性目标和重点任务;财政部门要加大资金保障力度,优化专项资金使用机制,确保资金投入与项目建设需求相匹配;工信部门要着力补齐乡村信息基础设施短板。加快推进乡村学校宽带网络升级改造,确保实现千兆到校、百兆到班。加强网络运维保障,建立快速响应机制,确保网络稳定运行。同时,要推动5G、物联网等新技术在乡村学校的试点应用,为智慧校园建设奠定基础;科技部门要聚焦技术创新与应用推广。组织科研院所、高校和企业开展联合攻关,研发适合乡村教育特点的数字化教学设备和应用软件。建立新技术应用示范基地,开展虚拟现实、人工智能等技术在乡村教育场景中的试点应用。同时,要加强科技成果转化,通过技术培训、应用推广等方式,帮助乡村教师掌握新技术、新方法,提升信息化教学能力。

在区域协作方面,要创新帮扶机制,推动形成优势互补、协同发展的新格局。鼓励发达地区与欠发达地区建立结对帮扶关系,通过"互联网＋"等方式开展远程教研、同步课堂等活动,促进优质教育资源跨区域共享。同时,要广泛动员社会力量参与,构建多元主体协同推进的格局。鼓励高校、科研院所与乡村学校建立互助关系,开展教师数字技术能力培训。支持公益组织设立专项基金,为乡村学校捐赠数字化设备。动员有专业技术的志愿者参与乡村学校数字化应用指导,帮助教师提升数字技术与教育教学融合能力。通过建立常态化社会参与机制,形成全社会共同支持乡村教育数字化的良好氛围。

三、建立监测机制,健全评价体系

在乡村教育数字化转型的复杂进程中,建立监测机制与健全评价体系是保障转型成效、确保发展方向正确的关键支撑。乡村教育数字化转型涉及诸多环节与要素,从基础设施建设到教学模式变革,从师资队伍培训到资源整合利用,若缺乏有效的监测与评价,就难以精准把握转型的实际进展,无法及时察觉发展过程中的问题与偏差。监测机制能够实时追踪转型动态,及时发现潜在风险;评价体系则能对转型成果进行科学评估,为后续决策提供有力依据。只有通过建立完善的监测机制和健全的评价体系,才能让乡村教育数字化转型在科学、有序的轨道上稳健前行,切实提升乡村教育质量,实现教育公平的目标。

（一）建立监测机制

建立乡村教育数字化转型风险审查机构,是确保转型顺利推进的重要举措。随着数字技术在乡村教育领域的广泛应用,潜在的风险也随之而来,如数据安全问题、技术应用不当等。该审查机构需明确数字技术在乡村教育中的应用边界,详细界定哪些数字技术适用于乡村教育的不同场景,以及如何规范使用。通过制定全面的风险评估标准和预防指南,对乡村教育数字化转型过程中可能出现的各类风险进行量化评估[①]。一旦发现转型过程中存在偏位与错位问题,如过度依赖技术而忽视教学本质、数字资源与乡村实际需求脱节等,能够及时主动干预,提出针对性的解决方案,引导转型回归正确轨道,保障乡村教育数字化沿着健康、可持续的方向发展。

首先,设立乡村教育数字化转型风险审查机构刻不容缓。当下,数字技术正以惊人的速度全方位渗透到乡村教育领域,从日常教学的开展,如教师利用在线教学平台授课,到教育管理流程的优化,如运用信息化系统进行学籍管理等,乡村教育的各个环节都在发生深刻变革。但随之而来的是诸多潜在风险,数据安全问题尤为突出。乡村教育系统积累了海量师生个人信息,包括姓名、联系方式、学业成绩等,这些敏感数据一旦遭受恶意攻击或不慎泄露,不仅会严重损害师生的个人权益,还会对正常的教育教学秩序造成极大冲击。同时,由于部分乡村地区在引入数字技术时,缺乏专业指导,对本地教育实际情况考量不足,技术与教学需求不匹配的现象时有发生,这既造成了资源的浪费,又无法达到预期的教学效果。所以,构建这样一个专业的风险审查机构,成为推动乡村教育数字化转型顺利进行的关键一步。

其次,风险审查机构的重要职责之一是精准划定数字技术在乡村教育场景中的应用边界。这需要深入乡村学校,全面调研乡村教育的独特需求。例如,要了解乡村学生的知识基础、学习习惯以及乡村学校的硬件设施条件等。同时,还要考察乡村教育资源的现状,如学校的网络覆盖情况、教学设备的配备水平等。此外,教师与学生的实际接受能力也不容忽视,不同年龄段的学生和不同教学水平的教师对数字技术的适应程度有所不同。针对课堂教学环节,对于一些抽象知识的讲解,多媒体演示技术能通过生动的图像、动画,将复杂内容直观呈现,帮助学生更好地理解;而课后辅导环节,在线互动答疑平台则能方便师生随时交流,及时解决学生学习中遇到的问题。在明确适配的数字技术类型后,还需制定严格规范的技术使用准则,涵盖从设备操作流程到数据存储与传输规范等各个方面,使数字技术在乡村教育中的应用有规可依。

再次,制定一套科学全面的风险评估标准与预防指南是风险审查机构的核心任务。从技术层面来看,要考量技术的稳定性,确保教学过程中数字工具不会频繁出现故障;关注技术的兼容性,使新引入的技术能与学校现有设备和软件良好协作;还要重视更新维护的便捷性,因为乡村地区的技术支持相对有限。在教育教学层面,重点聚焦技术应用对教学目标达成的促进作用,比如通过数字技术的辅助,学生是否在知识掌握和能力提升方面取得更好的效果;关注学生的学习体验,包括学习界面是否友好、操作是否便捷等;衡量学习效果的提升情况,可通过对比使用数字技术前后学生的学习成绩、学习积极性等指标来判断。管理层面则要着重关注数据管理的安全性,严格把控数据访问权限,防止数据被非法获取或篡改;同时评估技术应用的成本效益,确保投入的资源能带来相应的教育

① 赵磊磊,赵玉洁,张黎.数字化转型背景下教育技术伦理观照与风险消解[J].中国远程教育,2023,43(12):46-58.

教学效益提升。通过构建量化模型,为每一项风险赋予合理的权重与分值,使风险评估结果更具客观性和可比性,为后续决策提供有力依据。

最后,建立主动干预机制至关重要。当审查机构在监测过程中发现乡村教育数字化转型出现偏位或错位问题时,必须立即行动。若发现部分乡村学校在数字化教学中过度追求技术的炫酷展示,而忽略了教学的核心目标——学生知识的掌握与能力的培养,审查机构应迅速组织专家团队深入学校。通过实地调研,了解教师在教学过程中存在的问题和困惑,然后举办专题培训,围绕教学目标的设定、教学方法与技术的融合等内容进行详细讲解和实践指导,帮助教师重新认识教学本质,引导他们将技术合理融入教学过程,切实提升教学质量。若发现数字资源与乡村地区的实际教育需求脱节,审查机构应积极搭建资源开发方与乡村学校之间的沟通桥梁。组织双方进行深入交流,让乡村学校充分表达本地教育特色和学生的实际需求,资源开发方据此对数字资源进行优化与定制,开发出更符合乡村学生认知水平和学习兴趣的资源,确保资源的适用性和有效性。

(二) 健全评价体系

依托乡村教育大数据中心,开展乡村教育数字化转型过程性监测,能够为转型提供全方位、动态的信息支持①。大数据中心汇聚了乡村教育在数字化转型过程中的海量数据,涵盖教学过程数据、学生学习行为数据、教师教学反馈数据等。通过对这些数据的深度挖掘与分析,能够实时监测转型的各个环节。例如,通过分析学生在在线学习平台上的学习时长、参与互动情况以及作业完成质量等数据,了解学生对数字化学习的适应程度和学习效果;通过监测教师使用数字化教学工具的频率和效果,评估教师的数字化教学能力提升情况。基于这些监测结果,及时调整转型策略,优化资源配置,确保乡村教育数字化转型稳步推进,不断取得新的成效。

首先,要全力构建乡村教育大数据中心的多元数据收集渠道。这意味着需要全面整合乡村教育数字化转型进程中产生数据的各个来源。在教学过程数据方面,要全面地收集课堂教学的每一个关键环节数据,比如教师讲解知识点所用时长、学生课堂提问与发言的频次,以及小组讨论的活跃度等,这些数据能够反映教学过程的节奏与互动性。对于学生学习行为数据,不仅要涵盖学生在在线学习平台上的学习时长、参与互动情况以及作业完成质量,还需关注学生自主学习时间的分配、学习资源的选择偏好等,以全方位洞察学生的学习习惯与兴趣点。教师教学反馈数据的收集同样重要,包括教师对数字化教学工具的使用感受,如工具是否易于操作、功能是否满足教学需求,以及教师在教学过程中遇到的困难与改进建议等。为了确保数据收集的全面性与准确性,需采用先进的数据采集技术,如利用智能教学设备自动记录课堂行为数据,开发专门的教师与学生反馈应用程序,方便他们便捷地提交反馈信息。同时,建立严格的数据质量审核机制,对收集到的数据进行清洗与筛选,去除重复、错误或无效的数据,为后续的分析奠定坚实基础。

其次,精心设计科学合理的乡村教育数字化转型评价指标体系。从教育教学效果维度出发,要重点考量数字化教学对学生知识掌握程度的提升效果,如学生在学科知识测试

---

① 顾小清,胡碧皓.教育数字化转型及学校应变[J].人民教育,2023(2):47-50.

中的成绩变化趋势,以及对复杂知识的理解与应用能力的增强情况。同时,关注学生综合素质的培养,包括通过数字化手段开展的实践活动,对学生创新思维、团队协作等能力的促进作用。在教师专业发展维度,除了评估教师的数字化教学能力提升情况,如熟练运用各类数字化教学工具的水平、将数字资源与课程内容深度融合的能力,还要考察教师在数字化环境下教学理念的更新,是否从传统的知识传授者转变为学生学习的引导者与促进者。在资源利用率维度,分析数字化教育资源的使用频率,判断资源是否真正满足乡村教育的实际需求,以及资源的更新速度是否能够跟上教育发展的步伐。为了使评价指标更具可操作性与针对性,需组织教育领域专家、乡村一线教师以及教育技术专业人员共同研讨,结合乡村教育的特点与数字化转型目标,确定每个指标的权重与评分标准,确保评价体系既科学严谨又贴合乡村教育实际。

再次,高效运用评价结果推动乡村教育数字化转型持续优化。基于对学生学习行为数据和教学过程数据的分析结果,若发现学生在特定学科知识的学习上存在困难,可针对性地调整教学内容与方法。例如,为学生推送个性化的学习资源,如微课程、专项练习题等,帮助他们弥补知识短板。针对教师数字化教学能力不足的问题,学校或教育管理部门可组织专门的培训活动,邀请数字化教学领域的专家进行线上或线下培训,分享先进的教学经验与技巧,促进教师教学能力的提升。在资源配置方面,若发现某些数字化教育资源的使用频率极低,说明这些资源与乡村教育实际需求脱节,应及时对资源进行筛选与更新,将有限的教育资源投入更有价值的领域,提高资源利用效率。通过这种基于评价结果的精准调整,不断优化乡村教育数字化转型的策略与实施路径,使转型工作更具成效。

最后,持续完善乡村教育数字化转型评价体系,以适应不断变化的教育环境与发展需求。随着乡村教育数字化进程的深入推进,新的教育技术与教学模式不断涌现,评价体系需要与时俱进。定期对评价指标进行审查与更新,关注教育领域的最新研究成果与实践经验,将符合乡村教育发展趋势的新元素纳入评价体系。例如,随着人工智能技术在教育领域的应用逐渐广泛,可适时增加对学生利用人工智能学习工具进行自主学习能力的评价指标。同时,广泛收集乡村教师、学生以及家长对评价体系的反馈意见,了解他们在实际应用过程中遇到的问题与改进建议。通过问卷调查、座谈会等形式,与各方进行深入沟通,根据反馈意见对评价体系进行优化调整,确保评价体系始终能够准确反映乡村教育数字化转型的实际情况,为乡村教育的持续发展提供有力保障。

四、完善基础设施,促进资源共享

在乡村教育数字化转型的壮阔征程中,完善基础设施与推进资源共享是有机融合、相辅相成的核心要点,是助力转型从规划蓝图转化为生动实践的关键引擎。乡村教育数字化转型是一项系统性、全方位的深刻变革,涉及基础网络设施从无到有、从弱到强的建设,前沿教学工具的创新应用,外部优质资源的积极引入,以及内部资源的精细化、合理化调配等多个关键领域。完善的基础设施是转型的根基,为教育数字化奠定坚实的物质基础;而资源共享则如同纽带,串联起各个环节,确保优质资源在乡村教育体系中广泛流通、充分利用,推动乡村教育数字化转型稳步前行。

（一）完善基础设施

在乡村教育朝着数字化大步迈进的关键阶段，加大地方财政在乡村教育数字化基础设施上的投入，无疑是夯实乡村教育数字化根基、加速乡村教育现代化进程的关键之举。当下，乡村教育数字化转型正处于紧要关头，基础设施的好坏成为左右转型成败与未来发展潜能的关键因素。但不可忽视的是，目前乡村地区在教育数字化基础设施领域存在诸多短板，网络带宽不够稳定、速度缓慢，教学设备陈旧过时等问题突出，极大地阻碍了乡村教育数字化前行的脚步。

首先，地方财政应当精准锚定投入重点，全力契合乡村教育现代化的实际需求。其一，着力提升网络基础设施建设层次，务必让乡村学校实现网络的高速、稳定全面覆盖。充足的网络带宽是线上教学资源顺畅传输的保障，能够有力支持师生之间的实时互动沟通，为远程教学的顺利开展、在线课程的有效学习筑牢网络根基。其二，持续加大对数字化教学设备的采购力度，并及时更新换代。配置智能教学一体机、打造多媒体教室、引入虚拟现实设备等先进教学设施，这些设备可以将抽象的知识内容以多元的形式展现出来，有效激发学生的学习热情，切实提高教学质量。与此同时，要高度重视数字化教育管理平台的搭建，便于学校对教学资源进行合理调配，对学生学习情况进行精准掌握，实现高效管理。

其次，为充分满足乡村教育现代化进程中对新一代数字技术的急切需求，应当推进5G网络部署建设。首先，大力推进5G网络在乡村学校的全方位覆盖，并促进其深度融入日常教学。5G技术所具备的高传输速率、超低延迟以及强大的连接能力，为乡村教育的变革提供了强大动力。高传输速率让高清教学视频与海量教学资源能在瞬间完成加载，使乡村学生得以与城市学生同步接触前沿知识；超低延迟特性则保障了远程互动教学的即时性，师生间的交流讨论不再受网络卡顿困扰，成功打破时空限制；强大的连接能力能够支持众多智能教学设备同时接入，进而构建起一个全维度、智能化的教学环境。通过大力建设5G网络，为乡村教育数字化转型铺设一条高速信息通道，助力乡村教育紧跟数字时代的步伐。

再次，积极助力智慧校园在乡村地区的规划与建设。地方财政应加大对智慧校园硬件设施的采购投入，如引入智能门禁系统，加强校园安全管控；配备智能考勤设备，实现对师生出勤情况的高效管理；部署环境监测传感器，为师生营造健康舒适的教学环境，全方位提升校园管理的智能化水平，确保校园运行安全有序。与此同时，积极引入集智能备课、个性化学习分析、智能作业批改等功能于一体的智慧教学软件平台。教师借助智能备课工具，可快速筛选整合丰富的教学素材，精心设计教学方案；利用个性化学习分析功能，精准把握每个学生的学习进度与知识薄弱环节，实现差异化教学；智能作业批改能大幅节省教师批改作业的时间，使教师能够将更多精力投入教学研究与学生辅导工作中。这些智慧校园设施与软件的广泛应用，将传统的乡村校园全面升级为智能化学习空间，显著提高教学效率与管理效能。

最后，在乡村教育向数字化转型的关键进程中，搭建一个独具乡村特色的数字平台，有着举足轻重的作用。此平台意在全方位串联起教育管理者、教师、家长以及学生这些关键主体,达成数据、组织、物联、消息和应用的集中化管理。在数据管理工作中,平台广泛收集学生的学习成绩、课堂表现、作业完成状况等多方面数据。这些数据经过深度分析整合,不但为教育管理者制定科学决策提供了有力依据,助力其把握乡村教育发展方向,还能辅助教师精准掌握学生学习情况,实现更具针对性的教学。从组织管理层面来看,平台整合学校各部门、教师团队以及家长群体,打破以往沟通不畅的困境。学校管理层能快速在平台发布教学安排、工作通知;教师可在平台交流教学经验、开展教研活动;家长也能随时知晓学校最新动态和孩子学习进度,实现家校紧密合作。为确保平台稳定高效运行,有必要统一数据接入、应用接口及物联设备的标准。比如,统一的物联设备标准,使智能教学设备如智能平板、互动大屏等,能顺利接入平台,实现教学资源的广泛共享。通过以上举措,平台成功构建起一个互联互通、智能高效的乡村数字教育生态。在这个生态里,家长能实时了解孩子在校表现,学生可便捷获取丰富学习资源,拓宽知识视野,教师能借助平台开展创新教学,如项目式学习、跨学科融合教学等,推动乡村教育朝着现代化、智能化方向快速发展。

(二)促进资源共享

在当今教育革新的浪潮中,利用数字技术推进教育资源开放共享,无疑是确保形成包容、公平、优质教育的重要杠杆。教育数字化转型在教育资源共享方面的实践,应聚焦于构建一个开放、互联、高效的资源共享生态系统。此系统依托先进的数字基础设施,打破地域与层级的限制,通过应用数字化手段,促进教育资源跨越空间的广泛传播与深入各教学环节的深度利用,最终实现教育资源配置的科学优化以及教育质量的稳步提升。

首先,着力搭建功能完善、操作便捷的乡村教育资源共享平台。这一平台需融合前沿的信息技术,打造出一个集资源存储、检索、交流等多功能于一体的综合性空间。在平台架构设计上,要充分考虑乡村地区网络环境不稳定、设备性能参差不齐的现状,采用轻量化设计理念,确保平台在低配置设备与弱网络条件下也能流畅运行。平台的资源存储模块,应具备强大的容纳能力,能够分类存储海量的教育资源,涵盖各学科的教学课件、教学视频、试题库、拓展阅读资料等。在资源检索方面,配备智能精准的搜索系统,支持多种检索方式,教师与学生不仅可通过关键词搜索,还能依据学科、年级、资源类型等进行筛选查找,快速定位所需资源。为促进乡村教育工作者之间的交流协作,平台需搭建交流互动板块,如开设教师论坛,方便教师分享教学经验、探讨教学难题,共同提升教学水平;设立资源评价与反馈专区,鼓励使用者对资源的丰富度、易用性进行评价,为资源的优化提供依据。同时,加强平台的安全防护体系建设,运用加密技术保障资源传输与存储的安全性,防止资源被非法窃取或篡改,为乡村教育资源共享筑牢安全防线。

其次,精心整合与筛选适合乡村教育实际需求的优质资源。在浩如烟海的教育资源中,并非所有资源都契合乡村教育的独特情境。因此,需组建专业的资源审核团队,团队成员涵盖乡村一线骨干教师、教育专家以及熟悉乡村教育的教研员。他们深入了解乡村学生的知识基础、学习特点以及乡村学校的教学目标与实际条件。对于学科教学资源,重点筛选内容贴合乡村生活实际、能够将抽象知识与乡村常见事物相结合的资源,以便学生更好地理解与吸收。例如,在科学学科资源筛选中,优先选取以乡村自然现象、农业生产实践为案例讲解科学原理的教学资料。对于素质拓展资源,注重挖掘能够培养乡村学生创新精神、实践能力且符合乡村文化特色的资源,如民间艺术传承、乡村生态保护等相关内容。在资源整合过程中,避免简单的堆砌,应该按照课程体系与教学进度进行系统梳理,构建层次分明、逻辑连贯的资源体系,方便教师根据教学计划有序选用,提高资源的针对性与实用性,让优质资源真正服务于乡村教育教学。

再次,大力推动乡村教育资源在教学实践中的广泛应用。为提升教师对共享资源的应用能力,开展全面系统的培训活动至关重要。培训内容不仅包括资源平台的操作技能,使教师熟练掌握资源的查找、下载与运用方法,还涵盖如何将数字资源巧妙融入课堂教学的策略与技巧。通过组织线上线下相结合的培训课程,邀请教育技术专家、优秀教师进行案例示范与经验分享,展示如何利用资源创设生动有趣的教学情境、引导学生开展探究式学习。同时,建立激励机制,鼓励教师积极运用共享资源创新教学方式。对于在教学中有效应用资源并取得良好教学效果的教师,给予表彰与奖励,如颁发荣誉证书、提供教学资源采购经费等。学校与教育管理部门也要营造积极使用共享资源的教学氛围,定期组织教学观摩活动,让教师相互学习借鉴,促进资源应用在乡村学校的全面普及,切实发挥资源共享对教学质量提升的推动作用。

最后,持续优化乡村教育资源共享机制,以适应不断变化的教育需求与发展趋势。随着教育理念的更新、技术的进步以及乡村社会的发展,资源共享机制需要与时俱进。定期对资源共享平台进行升级维护,根据教师与学生的反馈意见,优化平台功能,如改进搜索算法,提高检索精准度;拓展资源存储类型,纳入更多新兴教育资源形式,如虚拟现实教学资源、人工智能辅助教学工具等。同时,不断完善资源更新机制,密切关注教育领域的最新动态与研究成果,及时将优质的新资源引入乡村教育资源库。加强与外部教育机构、高校、企业的合作,拓宽资源获取渠道,丰富资源种类。此外,建立资源共享效果评估机制,通过对学生学习成绩提升情况、教师教学满意度、教学创新成果等多维度指标的分析,评估资源共享的成效,根据评估结果针对性地调整资源共享策略,确保资源共享机制始终高效运行,为乡村教育数字化转型提供源源不断的动力支持,助力乡村教育迈向更高质量的发展阶段。

本 章 小 结

本章旨在探索乡村教育数字化转型的具体路径,为系统推进乡村教育数字化转型提供了可实践、可推广的具体路径。本章首先指出了乡村教育数字化转型的总体目标,之后分别基于多元主体视角提出了乡村教育数字化转型的总体策略和基于不同实施视角提出了乡村教育数字化转型的具体路径。通过实施上述策略,能够极大地促进乡村教育数字化转型发展进程,完成乡村教育数字化转型。

乡村教育数字化转型路径探索的总体目标是构建一套完整、系统且能广泛应用的乡村教育数字化转型执行机制,充分发挥数字技术的推动作用,助力乡村教育迈向高质量发展的新台阶。而建立乡村教育数字化转型社会化协作共同体,充分发挥教育者、管理者、政府部门的三方协同作用是促进这一目标实现的重要基础。

在基于多元主体的乡村教育数字化发展策略中,重点探索了教育者、管理者、教育共同体的发展路径。首先是教育者发展策略,主要包括多样化、全方位的政策宣传手段;构建一套科学、系统且具针对性的乡村教师教育培训体系;制定详尽且切实可行的数字化教学规章制度,并建立行之有效的数字化教学评价监管机制。其次是管理者发展策略,主要要求管理者深入理解国家数字化战略,正确规划并合理组织乡村教育的数字化转型;管理者具备前瞻精神,拥有创造能力;管理者切实提高数字化执行能力;管理者积极参与培训,不断提升自身的数字化素养。最后是教育共同体发展策略,主要包括着力构建政府部门、学校以及教师专业发展共同体,同时需要积极打造云端学习共同体。

在乡村教育数字化发展的路径选择中,主要包括加强顶层设计,完善制度保障;优化战略部署,完善实施机制;建立监测机制,健全评价体系;完善基础设施,促进资源共享。首先,国家层面应积极发挥引领作用,出台具有权威性和指导性的文件,地方政府因地制宜制订切实可行的具体实施方案和行动计划。其次,创新教育管理与组织形式,革新教学模式与学习方式。再次,建立乡村教育数字化转型风险审查机构,开展乡村教育数字化转型过程性监测。最后,在完善基础设施层面,主要包括地方财政应当精准满足乡村教育现代化的实际需求;推进5G网络部署建设;积极助力智慧校园在乡村地区的规划与建设;搭建一个独具乡村特色的数字平台。在促进资源共享层面,要大力研发和广泛共享数字化教育资源,合理配置并充分利用数字工具、网络环境以及信息平台。

第七章　乡村教育数字化发展的实践案例

基于前六章的理论分析与路径探索,本章通过具体的区域和学校实践案例,展示了乡村教育数字化发展的实际成效与创新模式。本章与前面章节紧密相连,尤其是第六章提出的多元主体策略和路径选择,在本章中得到了具体的实践验证。通过青州市和寿光市弥水未来学校的案例,本章详细阐述了如何通过"三个课堂"和智慧校园建设,推动乡村教育的数字化转型,促进教育资源的均衡配置和教学质量的提升。本章分为两节,第一节以青州市为例,介绍了"三个课堂"模式在乡村教育中的应用,展示了如何通过专递课堂、名师课堂和名校网络课堂,解决乡村学校师资不足、课程开设不全等问题。第二节则以寿光市弥水未来学校为例,探讨了智慧校园建设在"教—学—管—评—测—食"六大场景中的创新实践,展示了数字化技术如何全面提升学校的教育质量和管理效率。通过这些案例,本章为乡村教育数字化发展提供了可借鉴的实践路径和推广价值。

第一节　乡村教育数字化发展的区域实践案例——"三个课堂"引领乡村教育数字化转型新路径

一、案例背景与问题分析

青州市是一个山区与平原相结合的城市,作为鲁中地区兼具山地地貌与平原地形特征的地理形态单元,其基础教育资源配置面临多重挑战。根据最新教育统计数据显示,区域内西南部存在大片山区乡镇,全市 110 所学校中,有 70 余所位于农村,其中西南部山区乡镇教育机构密度显著低于平原区域。近年来伴随新型城镇化进程加速,由于人口迁徙、教师老龄化等多种原因,农村小规模学校规划布局与师资配置呈现明显失衡态势。具体表现为结构性缺编现象显著,特别是英语、音乐、美术等师资严重不足,教师年龄偏大,教育理念更新滞后于课程改革进程,影响教育发展的情况。

在此背景下,县域教育治理面临双重核心议题:其一,如何通过制度创新保障偏远教学点国家课程方案的完整实施;其二,如何构建教师数字素养持续提升机制以实现优质教育资源普惠共享。针对这一现实困境,青州市借助智慧教育示范区建设,通过政策引导、技术赋能与机制创新的协同作用,建构起系统化顶层设计、差异化实施路径与全域覆盖推进模式相结合的县域教育数字化转型范式。这一实践路径有效破解了传统教育资源配置模式的空间限制,为同类型区域推进教育优质均衡发展提供了可资借鉴的实证案例,逐步走出一条整体规划、精准推进、全域实施的教育数字化引领带动之路。

二、案例特色与创新

青州市在实施乡村教育振兴战略的结构性改革中,通过多维路径创新性地运用了"三个课堂"模式,并在生态视域下进行了深入实践,形成了具有地域特色的协同育人机制。这一创新内容主要体现在以下几个方面。

(一)乡村教育生态系统的构建与资源均衡配置

青州市在推进乡村教育现代化的理论建构中,基于复杂适应性系统理论框架,将乡村教育系统解构为多要素非线性互动的生态群落,将乡村教育视为一个复杂的生态系统,注重各因素间的相互影响与协同作用。通过实施"三个课堂"模式,青州市成功实现了城乡教育资源的均衡配置,有效打破了长期以来城乡教育二元结构的壁垒。具体来说,青州市通过建设智慧教育云平台和高速教育城域网,构建了一个覆盖全市的教育资源共享网络。这一网络确保了乡村学校能够实时接入优质教育资源,解决了乡村学校课程开设不全的问题。此外,通过数字化手段,青州市实现了教育资源的动态调配,进一步确保了教育资源的公平性和可及性。这种创新模式不仅提高了乡村学校的教育质量,还促进了城乡教育的均衡发展。

(二)"三个课堂"模式的差异化优势发挥

青州市在推进"三个课堂"的应用过程中,特别注重发挥每个课堂的独特优势,力求在不同教学场景中实现最大化效果。通过这种差异化的发展策略,青州市成功构建了一个互补性极强的教育生态链。

1. 专递课堂

专递课堂是一种远程教学模式,主要是为了解决一些地区教育资源不均衡的问题,尤其是针对那些偏远、师资力量薄弱的乡村学校或者教学点。它通过网络技术等手段,将优质学校的课程实时、远程地传递到这些教育资源相对匮乏的地方。例如,城市里的重点学校可以通过专递课堂,把优秀教师讲授的语文、数学、英语等课程,以视频直播的形式传送到偏远乡村学校的教室里,让那里的学生也能同步收听、收看,和城市里的学生一样接受高质量的教学内容,从而在一定程度上缩小城乡教育差距,实现教育资源的共享与优化配置,促进教育公平的实现。

通过互联网技术,青州市将城市优质教师的课程实时传输到乡村学校,解决了乡村学校师资不足、课程开设不全的问题。特别是在英语、音乐、美术等学科上,专递课堂的引入极大地弥补了乡村学校在这些领域的短板。

2. 名师课堂

名师课堂是一种以优秀教师为核心资源的教学模式。它是通过录制或者直播的方式,将教学经验丰富、教学水平高超的名师的课堂教学内容呈现给更广泛的学生群体。其主要目的是让更多学生能够接触到高质量的教学内容,突破地域、师资分布不均等限制。例如,在一些偏远地区学校,可能缺乏优质的学科教师,通过名师课堂就可以让学生学习到和城市学校一样精彩的课程。名师课堂涵盖各个学科的知识点讲解,这些知识点讲解往往经过名师精心设计,不仅包括教材中的基础内容,还有对知识的拓展和延伸。同时,还有学习方法的传授,名师会分享他们独特的学习技巧和思维方法,帮助学生提高学习效率。

青州市依托"青州市互联网学校"平台,开设了多个名师工作室,定期组织特级教师、学科带头人进行在线直播教学和教研活动。这不仅促进了乡村教师的专业发展,还通过名师示范课、公开课等形式,提升了乡村教师的教学水平和数字化素养。

3. 名校网络课堂

名校网络课堂是一种依托互联网技术,将名校的优质课程资源通过网络平台进行传播的教学模式。它以名校的师资力量、教学理念、课程体系等优质教育资源为依托,为更广泛的学生群体提供学习机会。名校网络课堂所提供的课程通常由名校的优秀教师团队精心打造。这些教师具有丰富的教学经验和深厚的专业知识,在课程设计上注重知识的系统性和前沿性。课程内容涵盖范围广,包括基础学科课程(如数学、物理、化学等)、人文社科课程(如历史、哲学、文学等)以及特色课程(如名校独有的特色专业课程或兴趣拓展课程)。

青州市通过与省内外的名校合作,系统性、全方位地推动优质教育资源在区域内的共享。名校网络课堂不仅提供了丰富的教学内容和先进的教学方法,还通过线上互动、远程答疑等方式,增强了乡村学生的学习体验和参与感。

(三)多方协同机制的构建与政策支持

青州市在推动"三个课堂"模式的过程中,注重政府、学校、社会等多方力量的协同作用,形成了支持乡村教育数字化转型的强大合力。具体措施如下。

1. 政策引导

政策引导能够为乡村教育数字化转型指明方向。青州市政府出台了一系列政策文件,如《青州市教育和体育局 2021 年推进教育数字化深度融合应用行动计划》和《青州市加快推进数字乡村建设发展行动方案》,确定区域教育数字化的战略目标和重点任务,营造有利于教育数字化转型的外部环境,为"三个课堂"的推广提供了政策保障。

2. 资金投入

充足的资金投入是改善学校数字化硬件设施的基础,青州市政府通过专项资金支持,为全市 200 人以下的乡村学校免费配备了录播教室、创客教室等数字化设备,并升级改造了教育城域网,确保在线教学、数字资源下载等数字化教学活动能够顺利开展,保证了"三个课堂"的技术基础。

3. 技术支持

技术支持能够为区域教育数字化转型提供先进的教学工具和平台,从而提升教学效率和质量。青州市与多家科技公司合作,开发了智慧教育云平台和全连接视频应用平台,为"三个课堂"的实施提供了技术支撑,有助于打破乡村学校之间的地域限制,促进教育资源的共享与交流。同时,青州市还通过"深蓝工程"和"青椒计划"等专项培训,提升了乡村教师的数字化应用能力,激发了教师不断探索数字化教学的热情。

（四）区域特色与创新成果的推广

青州市的"三个课堂"模式不仅在本市取得了显著成效,还通过多种渠道进行了推广和示范。青州市的经验被中央电视台《新闻联播》和中国教育电视台《山东教育新闻》等多家媒体报道(见图7-1),成为全省乃至全国乡村教育数字化转型的典范。此外,青州市还通过"城乡学校共同体"和"合作联盟共进校"等机制,将"三个课堂"模式推广到周边地区,进一步扩大了优质教育资源的覆盖面。

图7-1　中央电视台《新闻联播》、中国教育电视台《山东教育新闻》推介青州市人工智能教育

（五）数字化赋能乡村教育的可持续发展

青州市在破解乡村教育发展困境的实践探索中,通过"三个课堂"模式,系统推进教育生态的数字化转型与制度创新。该模式通过整合城乡教育资源,不仅解决了当前乡村教育面临的师资不足、课程开设不全等现实问题,使乡村学校能够实时获取城区优质课程资源,还为乡村教育的可持续发展奠定了基础。通过数字化手段,青州市实现了教育资源的动态调配和精准供给,确保了乡村学校能够持续获得优质教育资源。同时,青州市还开展"双师智能互联"行动,通过人工智能技术构建的远程教学平台,城乡教师可协同备课、联合授课,实现优秀教师资源的跨区域共享。系统利用学生学习数据分析,为不同基础的学生提供个性化学习方案,帮助乡村教师精准把握教学重点。这种"线上名师指导＋线下教师辅助"的教学方式,既提升了课堂教学效率,又通过实时互动促进了乡村教师的专业成长,形成城乡教育协同发展的良性循环。

三、案例目标与实施过程

青州市以"三个课堂"为核心,推动乡村教育数字化转型,通过专递课堂、名师课堂和名校网络课堂的创新应用,解决乡村学校师资不足、课程开设不全等问题,促进城乡教育资源的优化配置,提升乡村教育质量。通过全市统筹建设教育数字化基础数据底座、整体布局平台建设、强化规划指导、重视基层应用、深度融合"三个课堂"与数字化教学治理以及探索"三个课堂"数字化应用新场景,青州市成功构建了以"三个课堂"为核心的乡村教育数字化转型新路径。

这一系列举措不仅解决了乡村学校师资不足、课程开设不全等问题,还通过数字化手段实现了城乡教育资源的均衡配置,提升了乡村教育的整体质量,探索出可复制的数字化转型路径:通过统一平台打破资源壁垒,借助智能技术实现精准供给,依托制度保障促进深度应用。既解决了乡村教育燃眉之急,又通过数字技术建立起长效发展机制,为同类地区提供了可借鉴的实践经验。

(一)全市统筹建设教育数字化基础数据底座

青州市自 2018 年启动教育数字化改革以来,系统推进乡村学校基础设施建设。针对小规模乡村学校(200 人以下)的实际情况,优先为这些学校免费配置了录播教室、创客空间等数字化教学设施,确保每所乡村学校都具备开展在线课堂、远程互动教学的基本条件。例如,录播教室可实时记录教师授课过程,创客教室则为学生提供编程、机器人等现代化课程的操作平台。同时,青州市对第五代教育城域网进行了全面升级改造,全市重点打造了高速教育专用网络,建成了以 8 万兆为核心、2 万兆裸光纤为主干、2 000 兆裸光纤到学校的高速教育城域网,相当于为每所学校铺设了一条"信息高速公路",实现了"宽带网络校校通"。这项升级使得城区与偏远乡村学校之间的视频传输延迟降低至 0.1 秒以内,保证了跨校直播课堂的流畅互动。同时建设的教育视频专网,将全市所有班级的智能教学设备、安全监控摄像头统一接入云端数据中心,实现了"每间教室可监控、每节课堂可回放"的精细化管理。建成的教育安全视频监控及城域云数据中心,实现了"班班有视频,校校无死角"的全覆盖目标。这一系列举措为"三个课堂"的常态化应用奠定了坚实的硬件基础。

(二)整体布局平台建设,奠定"三个课堂"应用基石

1. 青州智慧教育云平台的建设

青州市打造的智慧教育云平台是一个集教学、管理、学习于一体的综合性数字系统。平台主要包含三大功能板块:智慧管理模块负责学校日常事务的数字化管理,智慧教学模块为教师提供备课、授课的在线工具,智慧学习模块则为学生打造个性化的学习空间。特别值得一提的是平台中的"分章节资源库",它将国家、省市的优质课程资源按照教材章节进行分类整理,形成系统化的知识树结构,方便教师快速查找所需素材。在资源建设方面,青州市构建了"县域教育资源池",不仅整合了本地优秀教师的精品课程,还接入了北京、上海等教育发达地区的优质资源。这些资源经过统一筛选和标准化处理,按照学科、年级、知识点进行分类存储,形成覆盖全学段、全学科的数字资源库,为"三个课堂"提供了丰富的教学资源支持,确保了专递课堂、名师课堂和名校网络课堂的高效运行。

2. 全连接视频应用平台的搭建

针对教学、教研、德育、党建、家校等六种高频应用场景,青州市建设了全连接视频应用平台,推进了"三个课堂"的常态化应用,这种"一平台多功能"的设计,让"三个课堂"真正融入学校的日常教学和管理中。通过打造市域全连接应用体系,青州市实现了城乡学校之间的常态化互动与合作,特别是通过"合作联盟共进校"机制,将城区优质学校与乡村

学校结成帮扶对子,推动了专递课堂的常态化开展,进一步促进了城乡教育资源的均衡配置。平台还支持多种创新应用,城乡教师可以共同备课、互相听课评课;不同学校的学生能一起参加线上主题班会;城区学校的公开课、专家讲座也能同步推送到乡村教室。城乡学校间的常态化互动已成为教学常规。这种深度合作模式,有效缩小了城乡教育差距,让优质教育资源真正流动起来。

(三)强化规划指导,构建"三个课堂"全链条应用体系

青州市通过强化规划指导,建立了以"三个课堂"为核心的全链条应用发展机制。具体措施如下。

1. 政策支持

制定并下发了《青州市教育和体育局 2021 年推进教育数字化深度融合应用行动计划》《青州教体局"三个课堂"建设与应用工作实施方案》《青州市教育和体育局加快推进数字乡村建设发展行动方案》等一系列政策文件,为"三个课堂"的推广提供了政策保障。

2. 资金投入

青州市先后投入 1.8 亿元,全面优化教育信息化硬件环境,确保"三个课堂"的顺利推进。

3. 组织保障

青州市成立了各级领导小组,确保以"三个课堂"为主要手段,促进教育均衡发展。同时,青州市还成立了数字化转型专班,各部门协同推进,确保各学校在"三个课堂"应用中有特色、有规划、有目标。

(四)重视基层应用,提升乡村教师"三个课堂"应用能力

青州市高度重视基层应用工作,通过详细的论证分析,制定并实施了"深蓝"和"青椒"系列行动,旨在提升乡村教师在"三个课堂"中的数字化应用能力。自 2020 年开始,青州市连续三年组织了面向乡村教师与青年教师的"深蓝工程"和"青椒计划"数字化专项培训活动,累计培训教师 4 000 余名。这些培训活动有效提高了乡村教师在专递课堂、名师课堂和名校网络课堂中的教学水平,为县域教育补齐了短板,推进了县域教育的优质均衡和可持续发展。

(五)深度融合"三个课堂"与数字化教学治理

青州市通过理念先行、虚实融合、高端引领、流程重塑和系统升级等多方面的举措,推动了"三个课堂"与数字化教学治理的深度融合。

1. 理念先行

青州市创新人才培养模式,将人工智能技术融入教师培训体系。通过"未来教育家"培养计划,重点提升校长的数字化管理能力,在干部选拔中增加信息化应用能力考核。同时实施"人工智能+教师"培训工程,开设了"青椒""深蓝"系列数字化素养提升工程,内容涵盖在线教学、智能备课、数据分析等实用技能。目前已培训教师 4 000 多人次,显著提

升了乡村教师运用"三个课堂"开展教学的能力。

2. 虚实融合

青州市完善了云端学校,汇集了各类优质课程资源,形成"课程超市"。通过"智享课堂"天天直播课,组织优秀教师开展示范教学,促进教师教学能力提升。同时建立城乡学校结对机制,组建了 17 个教育联盟,实现每所乡村学校都有城区学校结对帮扶,常态化开展专递课堂、联合教研等活动,促进城乡学校深度互动,实现了校校有联盟、校校常互动。

3. 高端引领

青州市积极对接国家智慧教育平台,创新"1＋1＋N"双师课堂模式:1 位主讲教师通过直播授课,1 位助教现场指导,N 个乡村班级同步学习。建设"互联网＋教育"空间,开展线上线下融合教学研究,实现了网络学习空间"人人通"。建立市、校、教研组三级资源建设机制,通过智能推送系统,为师生精准推荐优质资源。

4. 流程重塑

青州市打通了传统业务流程,建立了全域智慧校园移动应用体系,实现了校园治理办公的"移动化"。通过创新网络"复眼"观校模式,青州市打造了多元巡管新模式,提升了数字化治理水平和效率。

5. 系统升级

青州市完善了"阳光招生"平台,建立了自动审核校验机制,实现了家长"零跑腿"、学生资助"网上办"、招生"零证明",真正做到"数据多跑路、群众少跑腿",进一步提升了教育服务的便捷性和透明度。

(六)探索"三个课堂"数字化应用新场景

青州市通过创设场景、创新智联、提升理念和智能巡查等多方面的举措,探索了"三个课堂"数字化应用的新场景。

1. 创设场景

青州市投资 7 000 万元,建成了规模超前、全国领先的人工智能学习体验中心,探索未来教育学习模式,培养数字化创新思维,提升学生数字化素养。中心定期组织全市中小学生开展研学活动,目前已接待 7 万多名学生,通过沉浸式体验培养了学生的数字思维和创新能力。

2. 创新智联

青州市创新实施了双师智能互联行动,通过人工智能技术,形成了虚实融合共同体,城乡教师通过智能平台共同备课,利用智能纸笔系统实时采集学生课堂表现数据,及时调整教学策略。课后,系统自动分析作业完成情况,为教师提供精准的教学反馈,帮助改进教学方法,这种虚实结合的教学模式,提高了课堂效率,实现了因材施教的精准化教学。

3. 提升理念

青州市利用教师人工智能素养提升体验馆,搭建了学校数字校园智能技术应用样板,组织教师人工智能现场体验研修活动,提升了教师的数字化素养,探索了教师信息素养监测和考评机制。

4. 智能巡查

青州市建设了人工智能巡课系统,规范了信息科技课程的开设,探索了体育、实验课程的智能巡查、处理和分析能力,系统通过教室摄像头和传感器,自动记录信息科技、体育、实验等课程的教学情况,生成数据分析报告。管理人员可以实时查看课程开展情况,及时发现并解决问题,确保课程规范实施。这种智能化的巡查方式,提高了课程管理效率,为教学改进提供了数据支持,形成了课程巡查大数据应用新机制。

四、案例应用与成果成效

(一) 实施"互联网＋教学",跨界化共享优质课堂

青州市通过"互联网＋教学"模式,打破了传统课堂的时空限制,实现了优质教育资源的广泛共享。具体措施如下。

1. "三个课堂"常态化应用

青州市积极推进专递课堂、名师课堂和名校网络课堂的常态化应用,组织 600 名优秀教师研发了 1 460 节在线课程,建立了线下线上融合、虚实结合的跨界课堂。这种模式不仅让城区学生受益,也让偏远乡村的学生能够享受到优质的教育资源。

2. 城乡学校共同体建设

青州市建立了 13 个城乡学校共同体,通过数字化手段实现教育发达地区与薄弱地区的结对帮扶。城乡学校学生通过"城乡学校学生同上网络名校课堂活动"实现了 600 余次的互动学习,真正做到了"校校有联盟,校校能互动"。

3. "局长听课日"与"智享直播课堂"

青州市以"局长听课日"为引领,推动常态课堂建设,并通过"智享直播课堂"活动,实现了全市义务教育阶段所有学校的参与。截至目前,共完成了 112 节课程的直播工作,极大地提升了教师的数字化素养和教学能力。

(二) 实施"互联网＋教师",多元化共推应用改革

青州市在教师队伍建设方面,通过"互联网＋教师"模式,推动了教师数字化能力的全面提升。一方面,青州市邀请了 50 名教育数字化专家对中小学校长进行信息技术培训,提升了学校管理层的数字化领导力。同时,创新开设了"青椒"和"深蓝"系列信息素养提升工程,分别针对年轻教师和年长教师进行专项培训。年轻教师通过"青椒"工程实现了"爆发式"增长,而年长教师则通过"深蓝"工程焕发了新的教学活力。另一方面,青州市特别关注乡村教师的数字化能力提升,通过专项评比通道,优化了乡村教师的数字化应用水平,缩小了城乡教师之间的数字鸿沟。

(三) 实施"互联网＋教研",众筹化共谋教改创新

青州市在教研方面,通过"互联网＋教研"模式,推动了教学改革的创新:一是实现了

网络学习空间"人人通"。全市9 000余名教师建立了实名制网络学习空间,实现了网络学习空间的"人人通"。教师可以通过网络空间进行教学资源的共享和教学经验的交流,极大地提升了教研效率。二是开展了"一师一优课、一课一名师"活动。青州市组织了"一师一优课、一课一名师"活动,95％以上的教师能够熟练开展数字化教学。通过这一活动,建立了80余个网络学科融合在线名师工作室,培育了300余名数字化教学名师。三是建立了常规课堂巡查机制。青州市建立了常规课堂巡查机制,将传统的"推门听课"变为"不推门远程听课",提升了常规课堂的教研效率,特别是对薄弱学校的教育教学水平提升起到了显著作用。

(四)实施"互联网＋人工智能",精准推进专递课堂提升

青州市通过"互联网＋人工智能"模式,精准推进了专递课堂的应用,提升了乡村教育的质量。一方面,青州市组织实施了"双师智能互联"行动,借助人工智能技术推进精准化教学。该行动以学科为单位,由一名学科名师与一名乡村教师结对,形成协同发展大班级。通过智慧教育云平台,结对教师共同制订教学计划、进行集体备课、研讨课堂实施策略,并通过网络实现两个实体班级的融合教学互动。另一方面,通过"双师智能互联"行动,青州市推进了乡村学校课堂、管理、精准教学模式的应用,促进了城乡教育的优质均衡发展。乡村学生通过网络高速连接,能够与城区学生"同上一堂课",享受到了优质的教育资源。

五、推广应用价值

(一)准确锚定"三个课堂"县域需求

"三个课堂"建设是贯彻落实党的教育方针,促进信息技术与教育教学实践深度融合的重要举措;是推进"三个课堂"在全市中小学校的常态化应用,扩大优质教育资源覆盖面的有效机制,是推进县域促进教育公平,提升教育教学质量的重要措施。需要明确区域、城乡、校际差距,探索建立完善联盟合作共进校应用机制,持续优化教师教学能力和信息技术素养,学校办学水平普遍提升,是能够推进常态化发展的基础。

(二)探索"名师课堂"建设应用路径

如何充分发挥特级教师和省市两级学科带头人、骨干教师和"名教师"的示范作用,是推进"三个课堂"建设应用的关键环节,我市依托"青州市互联网学校"等平台开设"名师工作室",将传统线下的示范课、公开课上传至"名师工作室",面向全市教师开展听课、评课、研讨等活动,帮助更多教师突破专业发展的"瓶颈",整体提高学校教育教学质量,组织特级教师和省、市级学科带头人及骨干教师常态化开展在线直播教学活动,彰显名师风范,充分发挥专业示范引领作用。

(三)积极开展县域特色"名校网络课堂"

"名校网络课堂"也是推进县域教育资源均衡共享的重要手段,强调开放性,以优质学校为主体,通过网络学校、网络课程等形式,系统性、全方位地推动优质教育资源在区域、

全市乃至全省全国范围内共享,满足学生对个性化发展和高质量教育的需求。我市通过"名校网络课堂"实验校,统筹安排线上教学计划,相关学校制订课程录制计划、组织优秀教师摄制同步网络课程,通过教研部门对学科内容审核和电教部门对录制技术审核之后,依托"青州市互联网学校"等平台实现广泛共享。2022年年底实现优质课程资源系统化,整体形成全市中小学线上教学的常态化、教师使用资源的常态化和学生线上学习的常态化,实现面向农村边远学校常态化开展"双师"教学服务,形成了一条具有县(市)域特色数字化应用路径。

(四)助力城乡教育均衡发展

青州市通过"三个课堂"的推广应用,不仅实现了城乡学校硬件设施的均衡配备,还通过组建城乡联盟校、开展双师课堂和专递课堂等举措,激发了乡村教育的内在活力,提升了乡村教育的治理现代化水平。全市最偏远的农村学校也实现了与城区学校相同的硬件配备,城乡教育差距进一步缩小。青州市的两处乡镇被评为省级"强镇筑基行动"试点乡镇,相关工作办法被省教育厅推介。2023年,青州市成为山东省首批"乡村教育振兴实验区",标志着其在推动城乡教育均衡发展方面取得了显著成效。

(五)推动乡村教育振兴

青州市通过"三个课堂"的推广应用,不仅提升了乡村学校的教育教学质量,还推动了乡村教育的整体振兴。通过城乡联盟校的建设,乡村学校与城区学校实现了资源共享、师资互通,乡村学生的学习条件和教育质量得到了显著提升。青州市的"双师课堂"和"专递课堂"行动,不仅让乡村学生享受到了优质的教育资源,还通过名师的示范引领,提升了乡村教师的教学水平。青州市的成功经验为全省乃至全国提供了可借鉴的乡村教育振兴模式。

第二节 乡村教育数字化发展的学校实践案例
——"教—学—管—评—测—食"场景下的智慧校园建设探索

一、案例背景与问题分析

在乡村振兴与教育数字化深度融合的战略背景下,寿光市弥水未来学校作为新建乡村学校,承载着通过数字化转型破解教育质量提升与均衡发展双重使命的实践诉求。当前,传统教育模式面临诸多问题,如教学资源分布不均、个性化教学实施薄弱、教师教学效能受限、学生评价维度单一等,难以适应新时代乡村教育高质量发展的需求。与此同时,智慧校园建设普遍面临设施应用效能不足、投入与产出失衡、教师数字素养滞后、数据孤岛现象显著等现实困境,导致数字化技术难以深度融入教育全场景。本研究聚焦"教—学—管—评—测—食"多维场景,尝试构建系统性智慧校园解决方案,旨在探索技术赋能乡村教育转型的可行路径,为破解乡村教育数字化转型的结构性矛盾提供实证参考。

二、案例特色与创新

（一）理念创新：建构主义导向的数字化育人生态

本案例以"智慧童年"（见图 7-2）项目为理论框架，突破传统智慧校园建设的工具理性局限，建构"以学习者为中心、以场景为纽带"的数字化育人生态系统。通过"教—学—管—评—测—食"全场景覆盖，实现知识传递、能力培养与素养提升的深度融合，进而重构"五育融合"的实践路径。其创新性体现在将数字技术深度嵌入教育本体价值，形成技术赋能与育人目标协同发展的新型教育范式。

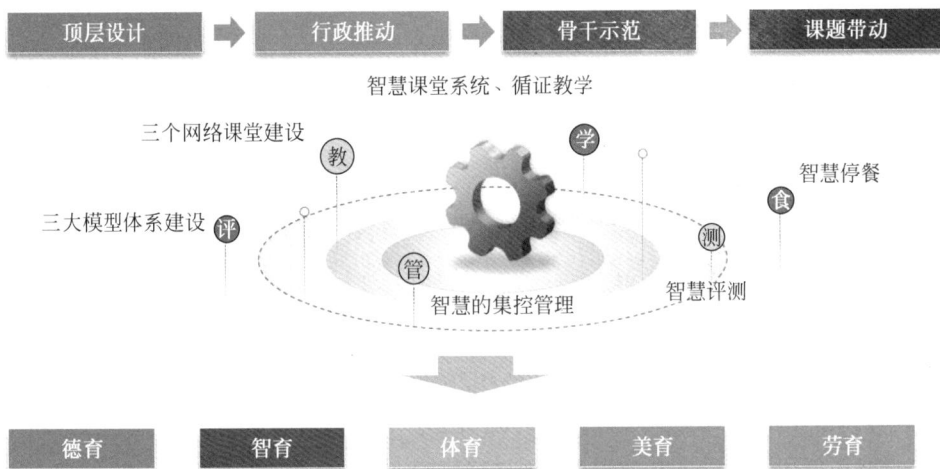

图 7-2　智慧童年整体架构图

（二）方式创新：多主体协同治理的推进机制

构建"顶层设计—行政驱动—骨干引领—科研反哺"四维协同推进机制，破解智慧校园建设中常见的系统性不足问题。在教师专业发展层面，运用"双微机制"（微任务、微团队），将教师创新实践任务细化，责任集中于小团体，有效促进教师数字胜任力向课堂教学行为的转化。

（三）技术创新：数据智能驱动的教育场景重构

基于多模态数据融合的教育智能中枢，构建"精准教学—智能治理—个性服务"三位一体技术体系：依托鸿合集控平台形成学生发展数字画像，借助极课系统实现教学决策的数据驱动；通过后勤物联网络打造智慧食育场景，创新"营养摄入—体质监测—健康教育"联动机制；开发"弥水小鹿""阳光心灵"等教育智能体，突破传统班主任工作的时空限制，构建 AI 赋能的德育与心理健康干预体系。其核心创新在于建立"技术集群—教育场景—主体需求"的动态适配机制，形成具有教育解释力的技术应用范式。

三、案例目标与实施过程

寿光市弥水未来学校致力于提升学校教育信息化水平,优化教育教学质量,促进学生全面发展,实现教育均衡。具体包括提高教师教学能力和素养,增强学生学习效果和综合素质,提升学校管理效率和科学性,构建数字化教育生态。

(一)夯实基础,加强设计,为发展注入"活力"

学校始建于 2021 年,参照省级规范化校园标准,信息化配备齐全,万兆光纤接入,无线校园全覆盖。底层网络架构作为智慧校园发展的基石,为大量终端和应用的接入提供了设备保障。学校顺应时代发展的潮流,以顶层规划凸显智慧校园发展愿景,为智慧校园顺利实施奠定机制保障。

1. 顶层设计,制定校园远景规划

学校成立由校长牵头的智慧校园建设专项工作组,统筹制定智慧校园发展规划,明确"设备建设—教师培训—教学应用—成果转化"一体化推进路径。在设备采购环节,建立"教师试用—需求反馈—优化调整"的评估机制,确保设备符合教学实际需求,以"易用性、实用性、有效性"为核心采购标准。设备投入使用后,实施"骨干引领、课题驱动"的应用策略,组建学科技术融合研究小组,开展"技术赋能教学"的实践探索,推动技术与教学的深度融合。同时,将信息化应用成效纳入教师评价体系,建立激励机制,促进教师主动参与智慧校园建设与创新实践。

2. 双微机制,推动项目落地开花

教师数字素养是智慧校园建设中最为关键的一环,但传统的培训模式收效甚微,往往是"培训时心情激动,回到学校一动不动",分析原因是教师没有将培训所学转化为教育教学改革实践,教师培训成果没有体现在立德树人、提高教育教学质量的实践当中。学校主动借鉴国家级成果,用"双微机制"(微任务、微团队)(见图 7-3)优化教师发展的路径和方向:微任务将教师创新实践的任务分割为小目标,通过细化任务降低创新改革的难度,使教师能够逐步适应并掌握新技术;微团队则将责任目标集中于小规模团体,通过明确分工和协作机制,避免职责不明、互相推诿的现象,同时增强团队凝聚力和执行力。这一机制不仅帮助教师将培训内容转化为实际教学行动,还通过小步快跑的方式推动智慧校园建设在课堂中落地生根。

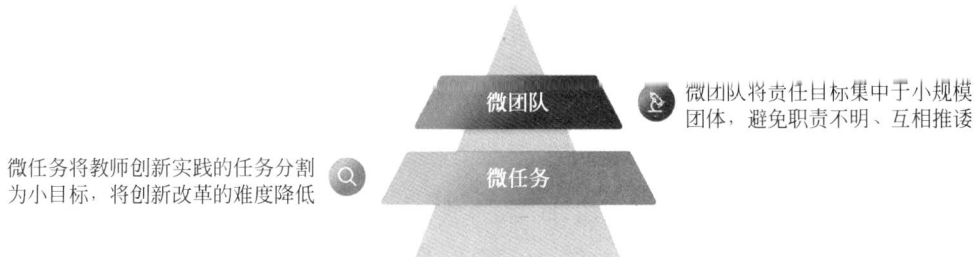

微团队将责任目标集中于小规模团体,避免职责不明、互相推诿

微任务将教师创新实践的任务分割为小目标,将创新改革的难度降低

图 7-3 "双微机制"

在"双微机制"思路下,学校迅速涌现出一批"微团队",如同点点繁星散落到教育教学的各个场域,他们将智慧校园建设的理念和目标分解为具体的任务,以主题式的项目和任务作为理念的实践载体,推动智慧校园在课堂中落地生根、开花结果。例如,以智慧阅读为研究方向的"卓思团队",通过深入探索开发的"321"智慧阅读模式,在寿光市"四创"项目中荣获一等奖;专注于智慧纸笔设备应用的"卓雅团队",其研究成果《深研国家智慧平台,数据助推教研模式变革》荣获寿光市政府教学成果一等奖。这些团队通过具体的实践探索,不仅验证了"双微机制"的有效性,也为智慧校园建设提供了可复制、可推广的实践经验。

3. 部门联动,形成系统智慧合力

智慧校园建设是一项系统工程,单靠一个部门无法实现,因此学校将"数字童年"规划切分成具体应用项目,覆盖"教—学—管—评—测—食"六大教育教学场景。以学生综合评价为例,信息化研究中心负责该模块,先由学生发展中心提出需求,信息化研究中心根据需求与开发商进行沟通,软件成型后交由各学部进行实地测试,信息化研究中心收集反馈信息与开发商沟通进行二次开发,经过多次测试与修改,最终交付版本符合教师使用需求。同时,评价系统形成实时真实数据,成为学生管理、学生发展的重要参考,将原来纸质的评价手册变成可以"连接"的活页。学校全方位的发展策略,为学校教育信息化的长远发展提供了有力保障,不仅在技术层面实现了突破,更在顶层设计、制度建设、人员培训和部门协作等方面展现了深度和广度,为下一阶段场景应用打下基础。

(二)打造场景,加强应用,为发展注入"动力"

场景打造是智慧校园发展从用到用好的必然阶段,是构建全新的、良性互动的教育新生态、提升学校教育信息化水平的关键一环。学校智慧校园应用与寿光市教育云平台深度融合,从"教—学—管—评—测—食"六个场景入手,为教育教学质量和学校管理效率提升提供新路径。教育教学中的"场景"在数字化手段的助力下,从传统走向"智慧"。

1. 场景一:教的"智慧"

以"名师网络课堂"建设为核心,构建"名师引领—资源共享—能力提升"的教师发展新模式。学校定期邀请省内名师开展线上教研活动,通过网络平台实现名师课堂直播、教学技术分享和经验交流,打破地域限制,促进教师专业素养快速提升;以"双师课堂"建设为抓手,实施"红蓝结对"工程,通过校内网络平台实现教案共研、资源共享和课堂协同,助力新教师快速成长,推动优质教学资源在校内全覆盖;以"专递课堂"为桥梁,依托寿光市教育云平台,向边远学校输送优质课程资源,同时吸收边远学校的"红色教育"特色资源,形成城乡学校资源共享、优势互补的协同发展机制。"卓越团队"基于专递课堂实践撰写的案例《弥水未来学校:专递课堂——架起优质教育均衡发展桥梁》,荣获寿光市优质均衡创建案例一等奖,为区域教育均衡发展提供了可复制的实践经验。

2. 场景二:学的"智慧"

依托智慧课堂系统,构建"数据驱动—精准教学—个性学习"的智慧学习生态。通过无感知数据采集技术,动态追踪学生学习过程,结合学情分析为每位学生建立个性化学情档案,深度优化教学策略与学习路径。同时,整合名师资源库,为学生提供多样化、个性化的学习资源与服务。在教研层面,推动"经验主导"向"循证主导"转型,基于学情数据进行精准分析,引导教师建立数据意识,提升教学研究能力,助力课堂深度变革。"卓雅团队"基于国家智慧教育平台开展的实践研究案例《从经验走向数据:基于国家平台的三段循证教研之路》,荣获国家中小学智慧教育平台应用优秀典型案例一等奖。此外,信息学奥赛社团课程团队创新利用 UMU 系统 AI 平台,突破传统辅导的时空限制,通过数据实时跟踪学习效果,优化辅导策略,显著提升网络辅导成效。团队辅导的李昊朔同学在第 21 届全国信息学奥赛决赛中荣获小学组一等奖,充分体现了数据赋能教学的实践价值。

3. 场景三:管的"智慧"

依托鸿合集控管理平台,构建"五育融合、精准管理"的智慧育人模式。平台通过定时任务功能,自动推送包括思想政治教育、国防教育、用眼卫生、心理辅导等主题的活动视频,同时整合名著阅读、课外拓展、新闻播报等延展性学习资源,助力学生德、智、体、美、劳全面发展。针对传统节日教育形式单一、效果有限的问题,平台在节日当天自动推送主题视频,以声画结合的方式生动展示节日的起源、演变、文化内涵和风俗习惯,并通过师生互动深化理解,让中华优秀传统文化教育在"润物细无声"中实现内化。这种智慧化管理模式,实现了线上与线下、知识与实践、教与学的深度融合,既通过主题预设避免了教育活动的随意性,又通过数据反馈为活动优化提供了科学依据,形成了"计划—实施—反馈—改进"的闭环管理机制,为学校育人工作的系统化、科学化提供了有力支撑。

4. 场景四:评的"智慧"

以积极心理学和教育评价理论为指导,构建"多维评价—动态反馈—科学决策"的智慧评价体系。学校依托学生评价系统,从思想品德、学业水平、身心素养、艺术素养和社会实践五大维度,细化 33 个评价指标,结合教师主观评价与数据分析客观评价,建立"智慧少年""文明少年""未来少年"三大成长模型,推动教育评价从单一化向多元化、从结果性向过程性转变。评价模块深度集成到办公系统和互动课堂系统中,实现多场景无缝衔接,既降低了教师使用复杂度,又提升了评价的及时性和科学性。同时,通过家长端开放评价数据,家长可实时查看学生表现并参与评价,形成"学校—教师—家长"三方协同的评价机制,有效强化家校共育合力,为教育决策提供精准依据,助力学生全面而个性化发展。

5. 场景五:测的"智慧"

依托"极课大数据"系统,构建"精准测评—个性辅导—动态优化"的智慧评测体系。系统通过持续跟踪学生学习进度,从知识掌握、能力发展、学习习惯等多维度评估学习效果,为教师提供精准的教学诊断依据,支持个性化辅导方案的制订与优化。智慧评测上线后,学校为每位学生量身定制学习方案,开展针对性、持续性的辅导,使教学更加精准高效。同时,系统向家长开放学习数据,增强了家长的参与度,形成了家校协同育人的良好氛围。此外,系统通过分析学生薄弱知识点,结合寿光市教育云平台的智慧作业模块,实现"一班多策"的个性化作业布置,确保每个学生都能获得适合自己的练习内容。这种数据驱动的评测模式,不仅显著提升了学生的学习成效,还推动了教学方式的现代化转型,为学校教育信息化的深化发展提供了坚实支撑。

6. 场景六：食的"智慧"

依托学校后勤网络系统，构建"数据驱动—精准配餐—智慧管理"的校园餐饮服务体系。系统将餐食制作与学生请假数据、学校活动安排、学生购餐偏好等信息深度整合，为餐厅提供精准的食材采购和配餐依据。餐厅员工可通过系统预测曲线提前掌握次日用餐需求，同时学生请假信息自动关联停餐流程，实现餐饮管理的智能化和精细化。自智慧停餐系统推广以来，累计停餐次数超过6万次，节约食材费用100余万元，显著提升了食堂管理效率与资源利用率。此外，系统通过分析学生用餐数据，为优化菜品结构、改善伙食质量提供科学依据，更好地满足学生多样化需求。智慧餐饮管理以其高效、节约、人性化的特点，不仅改变了传统校园餐饮的运作模式，还为师生提供了更加便捷、舒适的校园生活体验，成为智慧校园建设的重要组成部分。

六大场景的深度融合与创新应用，不仅显著提升了学校教育信息化的整体水平，更构建了一种以学生发展为核心、技术赋能教育为路径、均衡与质量并重的现代教育新范式。这种范式通过"教—学—管—评—测—食"的全场景覆盖，实现了教育资源的优化配置、教学模式的深度变革和育人效能的全面提升，为学校在智慧教育领域的持续探索提供了系统性支撑。这一实践不仅为培养具有创新精神、实践能力和社会责任感的学生奠定了坚实基础，也为区域教育高质量发展提供了可复制、可推广的实践经验，展现了教育数字化转型的深远意义。

（三）数据循证，加强分析，为发展注入"智力"

数据循证(见图7-4)是学校智慧校园推进的第三个阶段，此阶段以推进数字化赋能教学质量提升，构建数字化背景下的新型教学模式为主要目标。智慧校园建设只有将数据融入教学、服务教学，智慧校园才算完整，因此基于数据的循证是大势所趋。

在智慧校园建设的第二个应用场景阶段，数据已经产生，如利用极课大数据分析学情制订个性化学习方案，利用学生评价系统反馈学生综合发展状况，无一不是数据应用的体现，但是系统性不够，在整个系统中反馈机制欠缺，即使能够发现问题，但不知道出现问题的原因是什么。例如，学生在两位数乘以一位数计算中成绩低于平均，问题出在哪里，是听课问题还是作业问题，难以界定，由此制订的针对性方案也就很难发挥真正价值。

学校在原有"三段循证"教研的基础上，运用智能手段精准地采集、分析和量化课堂中教与学的行为，采用定性和定量相结合的方式，构建高效、合理的课堂教学行为诊断与分析方法。"三段循证"教研模式是对学生的学、教师的教，进行基于数据和证据的"循证"分析，教研方式从经验主导走向数据主导，引导教师跳出经验主义的窠臼，自觉建立研究意识，提升研究能力，助力课堂变革。

这里的"三段"是指教学活动的三个阶段，课前、课中、课后。课前，教师通过平台推送自学任务，学生自学，学生完成后，教师则根据问卷反馈、学习记录等模块的数据进行研判，对学生知识掌握程度、学习兴趣、学习效果进行精准分析发现存在的问题；基于问题进行备课并明确解决策略；课中，以观察量表作为依据，用智慧课堂系统进行数据采集，验证效果，采用适合学生当前水平的课堂教学策略；课后，教师需要复盘，利用课堂数据对发现的问题进行修改，同时利用智慧作业进行个性化作业布置，对课堂教学效果进一步

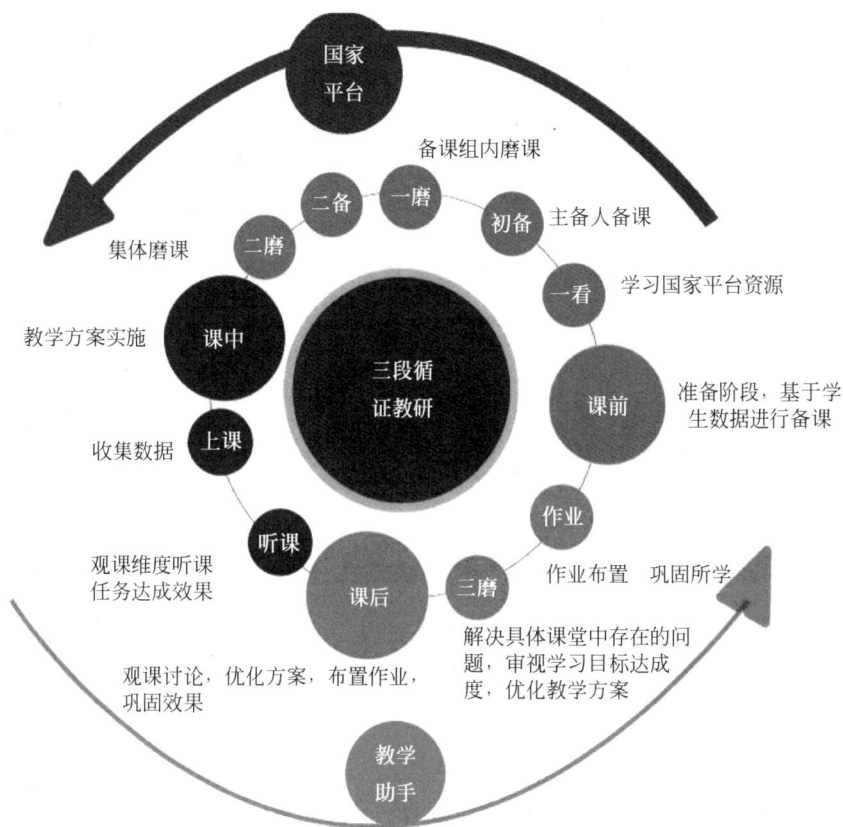

图 7-4　三段循证教研模式

巩固。

随着数据链条越来越完整,课前预习数据、课中行为数据、课后作业数据、测验数据等形成证据链,原本以为的知识点问题变成了课堂注意力不集中问题,原本以为的课堂不认真听讲问题变成了作业效果差、熟练程度不够的问题。随着数据积累,更多学生背后的"秘密"会被数据揭晓,循证教学模式正逐渐构建起教与学的新天地。

(四) 智能融合,理念革新,为发展注入"引力"

人工智能大模型对各行各业都产生了实质性的影响,教育也无例外,尤其是 RAG (retrieval-augmented generation)这种基于检索增强的生成技术,带给教育行业的变革将是历史性的。学校意识到,智慧校园的建设不能仅停留在技术层面,更重要的是教学理念和教学模式层面的革新。

1. 智慧助手助力班主任成长

学校自 2024 年 3 月起,组建"卓智"人工智能研究团队,深度探索智能技术与教育教学的融合路径,致力于实现教育质量的跨越式提升。基于"扣子"平台开发的智能助手"弥水小鹿",已构建包含 4 万余条专业知识的语料库,覆盖班规制定、安全管理、心理辅导、家校沟通、活动策划和学生评价等六大班主任核心工作领域,为班主任提供精准化、智能化的决策支持。尽管"弥水小鹿"在语义理解和场景适配方面仍需优化,但随着语料库的持续扩充和算法的迭代升级,其智能化水平将逐步达到专业水准。这一创新实践不仅降低了班主任工作的经验依赖,也为年轻教师快速适应班主任角色提供了有力支持,推动班主任工作从"经验主导"向"数据驱动"的范式转型,为智慧校园建设注入了新的活力。

2. 人工智能助力学生心理健康

在当代社会快速发展与竞争加剧的背景下,学生心理健康问题日益凸显,已成为影响其全面发展的重要因素。为应对这一挑战,学校将人工智能技术深度融入心理健康教育领域,构建智能化心理支持体系。在市心理专家团队的专业指导下,学校开发了"阳光心灵"智能体,通过自然语言处理技术和情感分析算法,实时监测学生心理状态,并提供个性化、即时性的心理辅导服务。该智能体不仅能够解答学生在生活、学习中遇到的心理困惑,还可通过数据分析识别潜在风险,为教师和家长提供早期预警和干预建议。这一创新实践不仅拓展了心理健康教育的覆盖范围,也为学生构建了全天候、全方位的心理支持网络,助力其身心健康成长。

3. 人工智能助力教师减负

针对小学中年级学生作文中普遍存在的语句不通、错字频现、标点使用不规范等问题,学校引入人工智能技术,构建智能作文批改系统(见图 7-5),助力教师从烦琐的基础批改工作中解放出来。教师只需将学生作文拍照上传,系统即可快速完成错别字纠正、病句修改、标点规范等基础批改任务,并生成详细的批改报告。这一技术应用使教师能够将更多精力聚焦于指导学生优化作文结构、提升语言表达、运用修辞手法等高阶写作能力的培养上,实现了从"基础批改"向"深度指导"的教学重心转移。通过人工智能与教学实践的深度融合,不仅显著提升了作文批改效率,还为教师专业发展创造了更多空间,推动了语文教学从"量"到"质"的转型升级。

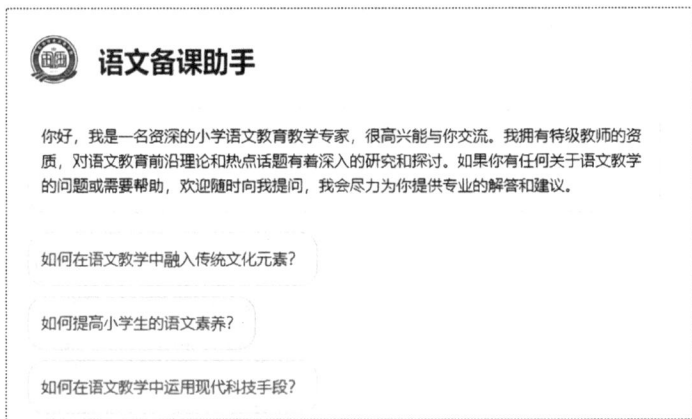

🏫 语文备课助手

你好,我是一名资深的小学语文教育教学专家,很高兴能与你交流。我拥有特级教师的资质,对语文教育前沿理论和热点话题有着深入的研究和探讨。如果你有任何关于语文教学的问题或需要帮助,欢迎随时向我提问,我会尽力为你提供专业的解答和建议。

如何在语文教学中融入传统文化元素?

如何提高小学生的语文素养?

如何在语文教学中运用现代科技手段?

图 7-5　智能体 Agent 语文备课助手

智慧校园建设通过人工智能技术的引入,实现了对教育教学的质的飞跃。不管是"弥水小鹿"智能体利用其丰富的知识库在多个领域辅助班主任的日常工作,还是"阳光心灵"智能体帮助学生解决生活和学习中的心理问题,都是为学生和教师创造了更加高效、更人性化的教育环境。

四、案例应用与成果成效

（一）教育信息化水平显著提升

学校以完善的底层网络架构为基础,深度融合寿光市教育云平台资源,构建了覆盖教学、管理、服务等多维场景的智慧化应用体系,实现了从传统教育模式向数字化、智能化教育生态的全面转型。在教学领域,智慧课堂系统通过实时数据采集与分析,帮助教师精准把握学生学情,动态优化教学策略,推动课堂教学从"经验主导"向"数据驱动"转变;在管理领域,鸿合集控管理平台与后勤网络系统的协同应用,显著提升了学校管理的精细化与科学化水平,实现了资源的高效配置与服务的精准供给。此外,"弥水小鹿"和"阳光心灵"等智能体的引入,成为学校信息化建设的创新亮点。这些智能体在班主任工作、心理健康教育等场景中发挥着独特作用,不仅提升了管理效能,还丰富了学校的数字化教育生态,为智慧校园建设注入了新的活力,形成了技术赋能教育的典型范例。

（二）教师教学能力与素养大幅提高

教师教学能力与素养的提升是教育发展的关键。"名师网络课堂"和"双师课堂"为教师提供了与省内名师交流学习的宝贵机会,促进了教学经验的分享与传播,助力教师们及时掌握前沿教学理念与方法,从而显著提升了教师教学水平。与此同时,"双微机制"的实施有效激发了教师的创新实践热情。教师们积极将培训所学知识应用于实际教学中,实现了培训成果向教学实践的高效转化。例如,"卓思团队"和"卓雅团队"凭借创新的教学模式和扎实的专业素养,在教学改革中取得了丰硕的成果。多个教学案例在市级、国家级评选中脱颖而出,充分展示了教师们教学能力的显著提升。此外,智能体的引入为教师的教学工作带来了新的变革。在班主任工作和学生心理健康辅导方面,智能体凭借其高效的数据处理和分析能力,为教师提供了有力的辅助支持。它能够快速准确地分析学生的学习情况和心理状态,帮助教师提前发现潜在的问题并及时采取干预措施。这不仅减轻了教师的工作负担,还使他们能够将更多的精力投入教学的核心环节中,如优化课程设计、改进教学方法和加强学生个性化指导等,从而进一步提升了教学的针对性和有效性。

（三）学生学习效果和综合素质增强

学生学习效果和综合素质的提升是教育目标的重要体现。在学的"智慧"场景中,学情档案库的建立为学生提供了更精准的学习支持。通过分析学生的学习情况,学校能够为每位学生制订符合其个性需求的辅导策略,助力学生学习成绩的有效提升。在综合素质培养方面,管、评、测等场景中的多种举措发挥了重要作用。例如,借助鸿合集控管理平台开展的传统文化教育,不仅丰富了学生的文化知识,还培养了他们的审美素养。基于学生评价系统的全面评价以及极课大数据系统支持下的精准辅导,帮助学生在德、智、体、美、劳各方面实现全面发展。信息学奥赛等竞赛中取得的优异成绩,正是学生综合素质提升的有力证明。此外,"阳光心灵"智能体为学生提供了及时的心理支持,有助于学生保持良好的学习心态和心理状态,进一步促进综合素质的提升。

(四)学校管理效率和科学性明显改善

部门联动机制的有效运行,保障了学生综合评价系统等多个应用项目的顺利实施。该评价系统不仅为教师教学提供了重要参考,还强化了家校之间的沟通与合作,使教育管理更加协同高效。后勤网络系统的应用实现了食堂的智慧管理。通过精准的数据分析和高效的运营模式,累计停餐次数显著减少,食材费用得到有效节省。这不仅提升了食堂的管理质量,还优化了学校的整体运营效率,使学校管理更加有序、高效、科学。"弥水小鹿"智能体在班主任日常管理工作中的应用,进一步优化了班级管理流程。它能够快速处理班级事务,提供精准的管理建议,从而提高了管理效率。这不仅是学校管理智能化的重要体现,也为学校的科学管理提供了有力支持。

五、推广应用价值

(一)理念与机制推广

学校"数字童年"项目理念和"顶层设计、行政推动、骨干示范、课题带动"四轮驱动机制以及"双微机制",为其他学校提供了全面且具有可操作性的智慧校园建设规划和教师发展路径参考。这些理念和机制尤其适用于新建校或面临智慧校园建设困境的学校。学校可以从顶层规划出发,凝聚各方力量,推动项目落地实施,并通过创新机制激发教师参与热情,解决教师在应用新技术过程中的实际问题。此外,学校在智能体应用方面的探索也为其他学校提供了宝贵思路,展示了如何将人工智能技术融入学校的日常管理和教学服务中,以提升整体教育质量。

(二)技术应用借鉴

在教学、管理、评价等场景中应用的各类技术平台和工具,如鸿合集控管理平台、极课大数据系统、UMU 系统 AI 平台等,以及人工智能技术在班主任工作、学生心理健康和教师减负等方面的应用案例,具有广泛的适用性。这些技术手段不仅提升了教学效率和管理水平,还为学生提供了更加个性化的学习支持。其他学校可以根据自身实际情况,选择合适的技术手段进行引进和优化,快速提升自身教育信息化水平,实现教育教学的数字化升级。特别是智能体的开发和应用技术,可作为重点借鉴内容,帮助其他学校在智能化教育服务方面取得突破。

(三)促进教育均衡发展

学校通过"专递课堂"等方式帮扶边远学校,展示了智慧校园建设在促进教育资源共享和均衡发展方面的潜力。这种模式可在区域内进行推广,鼓励优势学校与薄弱学校建立合作关系,借助智慧校园技术打破地域限制,实现优质教育资源的流动,缩小城乡、校际之间的教育差距,推动区域教育均衡发展。在这一过程中,智能体技术也可作为特色资源进行共享和推广,为边远学校提供更先进的教育管理和学生支持手段。

本 章 小 结

　　本章通过青州市和寿光市弥水未来学校的实践案例，详细展示了乡村教育数字化转型的具体路径与创新模式。青州市以"三个课堂"为核心，通过专递课堂、名师课堂和名校网络课堂的常态化应用，解决了乡村学校师资不足、课程开设不全等问题，推动了城乡教育资源的均衡配置和教学质量的提升。寿光市弥水未来学校则通过智慧校园建设，覆盖"教—学—管—评—测—食"六大场景，实现了教育教学、学校管理和学生发展的全面数字化，展现了智慧校园在提升教育质量和效率方面的巨大潜力。

　　未来，随着数字化技术的不断进步和应用场景的拓展，乡村教育数字化转型将迎来更多创新和突破。青州市和寿光市的实践案例为其他地区提供了可借鉴的经验，展示了数字化技术在推动乡村教育振兴中的巨大潜力。未来的研究可以进一步探索如何将人工智能、大数据等前沿技术更深入地融入乡村教育，构建更加智能化、个性化的教育生态，助力乡村教育的可持续发展。

参 考 文 献

中文文献：

[1] 中央网信办等 10 部门. 数字乡村发展行动计划(2022—2025 年)[EB/OL]. (2022-01-25). https://www.cac.gov.cn/2022-01/25/c_1644713313939252.htm? eqid=e3b08162000cf47c000000066437e8b4.

[2] 中央网信办等四部门. 2024 年数字乡村发展工作要点[EB/OL]. (2024-05-15). https://www.cac.gov.cn/2024-05/15/c_1717449025941328.htm.

[3] 中共中央国务院. 乡村全面振兴规划(2024—2027 年)[EB/OL]. (2024-01-23). https://www.gov.cn/zhengce/202501/content_7000493.htm.

[4] 中华人民共和国教育部. 关于加强新时代乡村教师队伍建设的意见[EB/OL]. (2020-08-28)[2025-02-06]. http://www.moe.gov.cn/srcsite/A10/s3735/202009/t20200903_484941.html.

[5] 祝智庭,胡姣. 教育数字化转型的本质探析与研究展望[J]. 中国电化教育,2022(4)：1-8,25.

[6] 许秋璇,吴永和. 教育数字化转型的驱动因素与逻辑框架——创新生态系统理论视角[J]. 现代远程教育研究,2023,35(2)：31-39.

[7] 程莉莉. 教育数字化转型的内涵特征、基本原理和政策要素[J]. 电化教育研究,2023,44(4)：53-56,71.

[8] 袁振国. 教育数字化转型：转什么,怎么转[J]. 华东师范大学学报(教育科学版),2023,41(3)：1-11.

[9] 钟志贤,卢洪艳,张义,等. 教育数字化转型成熟度模型研究——基于国内外文献的系统性分析[J]. 电化教育研究,2023,44(6)：29-37.

[10] 陈丽,张文梅,郑勤华. 教育数字化转型的历史方位与推进策略[J]. 中国电化教育,2023(9)：1-8,17.

[11] 付卫东,卢春华. 教育数字化转型中乡村教师焦虑的形态、动因及消解路向[J]. 电化教育研究,2023,44(10)：32-39.

[12] 王天平,李珍. 乡村教育数字化转型的价值取向与实践路向[J]. 重庆高教研究,2023,11(4)：14-22.

[13] 蒋士会,孙杨. 数字化转型之下的乡村教育现代化：价值、蓝图和策略[J]. 当代教育论坛,2023(5)：89-97.

[14] 张季平. 数字时代农村教育数字化转型：价值意蕴、面临困境与路径选择[J]. 农业经济,2024(9)：120-121.

[15] 贺小荣,李琼. 数字时代乡村教育治理现代化的实践困境及优化策略[J]. 中州学刊,2023(11)：93-101.

[16] 付卫东,汪琪. 乡村教育数字化转型：价值意蕴、风险隐忧与策略调适[J]. 河北师范大学学报(教育科学版),2024,26(5)：83-90.

[17] 邓崧,周娅婷,王正敏. "去中心化"情境下数字技术赋能乡村教育高质量发展——基于吉木乃县教育数字化转型的实践研究[J]. 教育学术月刊,2023(8)：87-94.

[18] 穆肃,周德青,胡小勇. 乡村教育服务数字化转型的 G-4C 协同模式及应用[J]. 电化教育研究,2024,45(9)：29-36.

[19] 李彦垒. 数字包容理念下乡村教育数字化转型：挑战与应对——基于 H 大学在 X 县的数字支教探索[J]. 河南大学学报(社会科学版),2025,65(1)：121-125,156.

[20] 邓亮,邓情情. 乡村教师数字素养提升的探索与思考[J]. 教学与管理,2024(7)：26-30.

[21] 方红,张天雅.数字化转型赋能乡村教师专业发展:现实阻力与实践路向——基于"AGIL"模型视角的分析[J].中国电化教育,2024(6):61-69.

[22] 戴妍,王奕迪.中国乡村教育振兴的未来图景及其实现——基于百年乡村教育发展连续统的视角[J].西南大学学报(社会科学版),2022,48(3):157-170.

[23] 邱利见,刘学智.人工智能时代的乡村教育振兴:机遇、挑战及对策[J].教育学术月刊,2023(5):47-53.

[24] 任胜洪,张蓉,胡梦.教育数字化赋能乡村教育现代化:应为、难为与可为[J].中国电化教育,2024(1):85-90,103.

[25] 潘新民,金慧颖.乡村学校数字化教学资源良性供给研究——基于教育生态学视角[J].教育学报,2024,20(2):43-52.

[26] 胡姣,彭红超,祝智庭.教育数字化转型的现实困境与突破路径[J].现代远程教育研究,2022,34(5):72-81.

[27] 许秋璇,吴永和,戴岭.中小学校教育数字化转型成熟度评价指标体系构建及测度方法[J].电化教育研究,2024,45(3):62-69.

[28] 刘思来,薛寒.我国基础教育数字化转型动因阐释、现实困境及行动路径[J].教育理论与实践,2024,44(13):17-25.

[29] 伊秀云,孙涛.数字化赋能乡村教育高质量发展:价值意蕴、现实挑战与推进路径[J].中国电化教育,2024(1):77-84.

[30] 徐显龙,江鑫广,许洁,等.教育数字化转型持续推进的理论模型、关键因素与提升策略[J].中国电化教育,2024(11):28-36.

[31] 余胜泉.教育数字化转型的关键路径[J].华东师范大学学报(教育科学版),2023,41(3):62-71.

[32] 吴砥,李环,尉小荣.教育数字化转型:国际背景、发展需求与推进路径[J].中国远程教育,2022(7):21-27,58,79.

[33] 任友群,冯晓英,何春.数字时代基础教育教师培训供给侧改革初探[J].中国远程教育,2022(8):1-8,78.

[34] 李凌艳,蒲素素,任昌山,等.教育数字化背景下乡村教师的专业发展参与:影响因素与整合机制——以贵州省某脱贫摘帽县教师为例的扎根分析[J].中国电化教育,2024(1):68-76.

[35] 庞丽娟,金志峰,杨小敏,等.完善教师队伍建设助力乡村振兴战略——制度思考和政策建议[J].北京师范大学学报(社会科学版),2020(6):5-14.

[36] 肖菊梅,赵静.数字技术赋能乡村教育治理:价值、挑战与实践[J].中国教育信息化,2024,30(11):15-23.

[37] 黄庆双,张岩.乡村教师数字素养的生成逻辑、困境根源与发展路径[J].现代教育管理,2024(12):108-116.

[38] 徐如梦,孙众.指向乡村教师数字素养提升的远程学习支持服务体系研究[J].现代教育技术,2025,35(1):120-127.

[39] 祝智庭,郑浩,许秋璇,等.教育数字化转型的政策导向与生态化发展方略[J].现代教育技术,2022,32(9):5-18.

[40] 李梦薇,陈飞.区域教育数字化转型升级的问题挑战与政策建议[J].中国电化教育,2024(12):65-72.

[41] 李锋,顾小清,程亮,等.教育数字化转型的政策逻辑、内驱动力与推进路径[J].开放教育研究,2022,28(4):93-101.

[42] 袁振国.数字化转型视野下的教育治理[J].中国教育学刊,2022(8):1-6,18.

[43] 柯清超,刘丽丽,鲍婷婷,等.国家智慧教育平台赋能区域教育数字化转型的四重机制[J].中国电化教育,2023(3):30-36.

［44］朱永新,杨帆.我国教育数字化转型的现实逻辑、应用场景与治理路径[J].中国电化教育,2023
(1)：1-7,24.

［45］顾小清,胡碧皓.教育数字化转型及学校应变[J].人民教育,2023(2)：47-50.

英文文献：

［1］Bharadwaj A,El Sawy O A,Pavlou P A,et al. Digital Business Strategy：Toward a next Generation of Insights[J]. MIS Quarterly,2013,37(2)：471-482.

［2］Nwankpa J K，Roumani Y. IT Capability and Digital Transformation：A Firm Performance Perspective[C]. International Conference of Information Systems. Dublin,Ireland,2016.

［3］Warner K S,Wäger M. Building dynamic capabilities for digital transformation：An Ongoing Process of Strategic Renewal[J]. Long Range Planning,2019,52(3)：326-349.

［4］Foster C,Azmeh S. Latecomer economies and national digital policy：an industrial policy perspective [J]. The journal of development studies,2020,56 (7)：1247-1262.

［5］Verhoef P C,Broekhuizen T,Bart Y,et al. Digital Transformation：A Multidisciplinary Reflection and Research Agenda[J]. Journal of Business Research,2021,36(3)：341-349.

［6］Soluk J,Kammerlander N. Digital Transformation in Family-owned Mittelstand Firms：A Dynamic Capabilities Perspective[J]. European Journal of Information Systems,2021,30(6)：676-711.

［7］Tolman E C. Purposive behavior in animals and men[M]. California：Univ of California Press,1951：8-19.

［8］Blömeke S,Kaiser G. Understanding the development of teachers' professional competencies as personally,situationally and socially determined[J]. International handbook of research on teacher education,2017：783-802.